高等师范院校系列教材
学前教育专业核心课教材 吴玲/执行总主编

学前儿童语言教育

主 编 卢长娥
副主编 王芬莲 王永杰 王亚东

Xueqian Ertong Yuyan Jiaoyu

北京师范大学出版集团
BEIJING NORMAL UNIVERSITY PUBLISHING GROUP
安徽大学出版社

图书在版编目(CIP)数据

学前儿童语言教育/卢长娥主编.—合肥:安徽大学出版社,2020.6
ISBN 978-7-5664-2053-4

Ⅰ.①学… Ⅱ.①卢… Ⅲ.①学前教育-语言教学Ⅳ.①G613.2

中国版本图书馆 CIP 数据核字(2020)第 095650 号

学前儿童语言教育

卢长娥 主编

出版发行:	北京师范大学出版集团
	安 徽 大 学 出 版 社
	(安徽省合肥市肥西路3号 邮编230039)
	www.bnupg.com.cn
	www.ahupress.com.cn
印　刷:	三河市人民印务有限公司
经　销:	全国新华书店
开　本:	170mm×240mm
印　张:	15.25
字　数:	290 千字
版　次:	2020 年 6 月第 1 版
印　次:	2020 年 6 月第 1 次印刷
定　价:	46.00 元

ISBN 978-7-5664-2053-4

策划编辑:李海妹	装帧设计:李　军
责任编辑:李海妹	美术编辑:李　军
责任校对:马晓波	责任印制:陈　如　孟献辉

版权所有　侵权必究

反盗版、侵权举报电话:0551-65106311
外埠邮购电话:0551-65107716
本书如有印装质量问题,请与印制管理部联系调换。
印制管理部电话:0551-65106311

编写说明

为更好地贯彻落实《国家中长期教育改革和发展规划纲要(2010—2020年)》和《国务院关于当前发展学前教育的若干意见》精神,我们以《幼儿园教育指导纲要(试行)》为指导,立足师范院校学前儿童语言教育课程的教学需要和学前儿童语言教育活动的实际情况编写了这部教材,供高等师范院校学前教育专业学生使用,亦可供幼儿师范学校五年制、三年制学生选用,还可作为幼儿园教师继续教育和进修的参考教材。

本书主要包括三部分,第一部分主要介绍学前儿童语言发生发展的理论(第一至五章);第二部分总体概述学前儿童语言教育活动的目标、内容、实施及评价(第六至七章和第十三章);第三部分主要介绍幼儿园常见的五种不同类型的学前儿童语言活动(第八至十二章)。

本书的编写遵循科学性与时代性并行、理论性与实践性并重的原则,力求反映学前儿童语言教育理论与实践研究的最新成果。

内容力求结构清晰、层次分明、立体多元。每章均设置内容提要、学习目标、阅读推荐、思考与探索等栏目,多侧面、多角度地呈现教学内容,提升了教材的实用性,方便教师使用。

在行文上,力求深入浅出、简明易懂、重点突出,使读者能够抓住要领,轻松阅读。

选用的案例,体现了能用、好用、实用的宗旨。读者通过对其进行分析、理解,能推进理论学习与实践操作的融会贯通。

本书由淮南师范学院卢长娥负责内容体系设计和统稿工作,组织文字编撰工作由安徽师范大学王芬莲、黄山学院王永杰和淮南师范学院王亚东负责。各章节主要编写人员分别是卢长娥(第一章第一、二节和第六、八、十、十一章)、王芬莲(第一章第三节和第二至五章)、王亚东(第七章)、叶敏(第九章)、王永杰(第十二章)和黄胜梅(第十三章)。

　　本书在编写过程中引用了国内一些专家学者的学术论著,选用的案例既有来自相关著作的,也有幼儿园优秀教师原创的,在此一并表示衷心的感谢。由于编者水平、能力及占有资源有限,书中难免存在不足或错误之处,敬请读者批评、指正。

目　录

第一章　学前儿童语言教育概述 …………………………………… 1
　　第一节　学前儿童语言教育的研究对象 ……………………… 1
　　第二节　学前儿童语言教育的研究任务 ……………………… 2
　　第三节　学前儿童语言教育的基本观念 ……………………… 7

第二章　语言的本质和功能 ………………………………………… 20
　　第一节　语言的本质 …………………………………………… 20
　　第二节　语言的功能 …………………………………………… 28

第三章　语言发生的生理机制 ……………………………………… 34
　　第一节　语言的发音器官和听觉器官 ………………………… 34
　　第二节　语言的神经机制 ……………………………………… 39

第四章　学前儿童语言获得与语言学习的基本理论 …………… 47
　　第一节　学前儿童语言获得的基本理论 ……………………… 47
　　第二节　学前儿童语言学习的基本理论 ……………………… 54

第五章　学前儿童语言发展的特点及教育 ……………………… 64
　　第一节　前语言发展期儿童语言发展的特点 ………………… 64

第二节 语言发展期儿童语言发展的特点 …………………… 73
  第三节 学前儿童的语言教育策略 ………………………………… 83

第六章 学前儿童语言教育的目标和内容 ……………………………… 89
  第一节 学前儿童语言教育的目标 ……………………………… 89
  第二节 学前儿童语言教育的内容 ……………………………… 99

第七章 学前儿童语言教育活动设计与实施 ……………………………… 108
  第一节 学前儿童语言教育活动的含义与特点 ……………… 109
  第二节 学前儿童语言教育活动的方法与途径 ……………… 111
  第三节 学前儿童语言教育活动设计的原则及步骤 ………… 116
  第四节 学前儿童语言教育活动设计的基本模式 …………… 122

第八章 学前儿童文学教育活动 ………………………………………… 127
  第一节 学前儿童文学教育活动概述 …………………………… 127
  第二节 学前儿童文学教育活动的目标与内容 ……………… 131
  第三节 学前儿童文学教育活动的设计与实施 ……………… 135

第九章 学前儿童谈话活动 …………………………………………… 148
  第一节 学前儿童谈话活动概述 ………………………………… 148
  第二节 学前儿童谈话活动的目标与内容 …………………… 154
  第三节 学前儿童谈话活动的设计与实施 …………………… 156

第十章 学前儿童讲述活动 …………………………………………… 163
  第一节 学前儿童讲述活动概述 ………………………………… 163
  第二节 学前儿童讲述活动的目标与内容 …………………… 169
  第三节 学前儿童讲述活动的设计与实施 …………………… 173

第十一章 学前儿童听说游戏活动 …………………………………… 180
  第一节 学前儿童听说游戏活动概述 …………………………… 180
  第二节 学前儿童听说游戏活动的目标与选编听说游戏活动的要求 …… 187
  第三节 学前儿童听说游戏活动的设计与实施 ……………… 191

第十二章 学前儿童早期阅读活动 …………………………………………… 198

第一节 学前儿童早期阅读活动概述 ………………………………… 198
第二节 学前儿童早期阅读活动的目标与内容 ……………………… 204
第三节 学前儿童早期阅读活动的设计与实施 ……………………… 208

第十三章 学前儿童语言教育评价 …………………………………………… 215

第一节 学前儿童语言学习和发展评价 ……………………………… 215
第二节 学前儿童语言教育活动评价 ………………………………… 224

参考文献 ……………………………………………………………………… 232

第一章
学前儿童语言教育概述

【内容提要】 本章主要厘清了学前儿童语言教育的基本概念,从广义和狭义两个方面对学前儿童语言教育的研究对象进行分析;指出学前儿童语言教育研究的主要任务是探讨学前儿童语言教育的作用、揭示学前儿童语言发展与教育规律、解释学前儿童语言发展过程及多种现象、研究学前儿童语言教育实践应用的理论和方法等;介绍了目前在我国学前儿童语言教育领域起指导作用的三个基本教育观念:全语言教育观、整合教育观和活动教育观。

【学习目标】 通过本章的学习,理解学前儿童语言教育的基本含义,明确学前儿童语言教育研究对象和学前儿童语言教育的研究任务,掌握学前儿童语言教育的基本观念及其理论依据,从而树立全面的、整合的和活动的学前儿童语言教育观,并将之运用在学前儿童语言教育实践活动中。

第一节 学前儿童语言教育的研究对象

语言是教育的工具,它既是教师教育教学的工具,也是儿童学习的工具。从古到今,人们对于儿童语言的研究与探索从未停止。儿童只有学好语言,才能有效地进入人类文化的宝库,使自身智慧、潜能得以充分发挥。学前教育活动是依赖语言的,所以学前儿童语言教育应当成为学前教育研究人员关注的课题之一。

学前儿童语言教育是研究学前儿童语言发生和发展的现象、规律及其训练方法的一门科学。它是学前教育理论的重要组成部分,与学前教育领域其他学科紧密联系,共同从不同侧面研究学前教育的理论与实践,为促进学前儿童身心全面、和谐发展服务。近二三十年来，学前儿童语言教育取得了突飞猛进的发展，已成为一门独立学科，也是学前教育的支柱学科之一，对学前教育相关领域的发展起到了巨大的推动作用。

学前儿童语言教育的概念有狭义和广义之分。狭义的学前儿童语言教育是指以3～6岁儿童掌握母语口语的过程，特别是掌握母语的听说训练和教育作为主要研究对象，强调对3～6岁儿童加强口语听说训练。之所以把"3～6岁儿童"作为研究对象，既有客观原因，也有主观原因。从客观上说，传统的学前教育就是指3～6岁幼儿园阶段儿童的教育。从主观上讲，一般说来，母语是人们掌握的第一语言，人们认为母语的学习方式主要是自然获得，教育在第一语言学习过程中并不起多大作用。因此，3岁前儿童的语言教育就被排除在学前儿童语言教育之外了。狭义的学前儿童语言教育无论是在研究对象上，还是在对学前儿童语言学习、第二语言学习的观点上，都是有失偏颇的。它既不利于学前阶段（0～6岁）语言一体化的研究与教育，也不利于学前儿童语言能力的健康发展，更不利于在实际教育工作中对学前儿童语言发展作具体指导。

广义的学前儿童语言教育是指以0～6岁儿童的所有语言获得和学习现象、规律以及训练与教育作为主要研究对象，强调对0～6岁学前儿童加强听、说、读、写的训练。广义的学前儿童语言教育，引进了"学前教育就是0～6岁儿童的教育"这一新的说法，正视3岁前儿童语言发生、发展的事实，系统地研究儿童语言发生、发展的规律。广义的学前儿童语言教育还注重培养学前儿童语言运用能力和提高学前儿童运用语言进行交际的能力。对此，霍姆林斯基曾有精辟的论述，他认为大自然是思维和语言的活的源头，学前儿童在与大自然有的互动中获得了智慧、思想，同时在思维和表达的过程中发展了语言。因此，广义的学前儿童语言教育应当在学前儿童认识世界、社会交往和日常生活中展开。

第二节　学前儿童语言教育的研究任务

了解学前儿童语言教育的基本任务，是学前儿童语言教育研究的前提。根据《幼儿园教育指导纲要（试行）》（以下简称《纲要》）的精神，学前儿童语言教育的基本任务在于促进学前儿童语言能力的发展，主要包括以下几个方面：一是提供普通话的语言环境，帮助学前儿童熟悉、听懂并学会正确说普通话；二是创造一个自由、宽松的语言交往环境，培养学前儿童的语言交往习惯，提高他们的语言交往能力；三是引导学前儿童养成注意倾听的习惯，发展他们的语言理解能力和表达能力；四是积极培养并提高学前儿童倾听和欣赏儿童文学作品的能力；五是引发学前儿童对阅读与书写的兴趣，培养相关习惯和能力；六是为学前儿童入学后的继续学习做好准备。

相应地,学前儿童语言教育的研究任务主要包括以下四个方面。

一、探讨学前儿童语言教育的作用

(一)促进学前儿童语言和行为的社会化进程

学前儿童语言教育的基本任务是促进学前儿童语言能力的发展。因此,学前儿童语言教育的首要任务应该是使学前儿童发音清晰、词汇丰富、口语表达能力和语言交往能力得到提高等。

在语言教育中,成人会为学前儿童提供多种多样的语言范例,包括日常对话、故事、诗歌等,让他们自己去感知、体会、理解和记忆。如家长和教师常常有意向学前儿童讲述自己的经历或感受、介绍文学作品等。在此过程中,学前儿童不断积累新的语音和词汇、吸纳新的句式和表达方法,逐渐把他人的语言内化为自己的语言,再用它来表达自己的思想和情感,并对他人的行为施加影响,从而更好地完成人际交往任务。人际交往的需要可以有效地激发学前儿童学习和运用语言的愿望,巩固和提高他们的语言交往能力。

学前儿童获得语言,在心理学上被视为儿童社会化发展历程中的一个里程碑,对他们的全面发展具有积极作用。学前儿童获得语言之后与周围人进行交流,有助于他们克服自我中心的心理,主动适应他人并进行行为调节,在此基础上逐渐形成语言自我调节能力,从而使自己的情感、态度、习惯、行为等与社会规范逐渐接近并相一致。如得到帮助时要说"谢谢",未经允许不能随便拿别人的东西等,都是社会对学前儿童的行为要求。这些要求一般先由成人用语言对学前儿童进行他律,继而他们逐渐自律,并形成较稳定的行为习惯。

学前儿童语言和社会化行为的发展,使学前儿童社会交往的精神需要得到一定满足,并获得社会交往的成就感。这种成就感鼓舞他们努力争取更多的交往机会,从而使得其语言能力和社会行为呈现良性循环发展的态势,进而加快其语言和行为的社会化进程。

(二)促进学前儿童认知能力和学习能力的发展

语言在人的认知和学习过程中起着非常重要的作用,语言的学习和运用对学前儿童的认知能力和学习能力的发展具有积极作用。

首先,学前儿童最初基本上都是通过直接感知来了解周围事物的。他们用眼睛看,用鼻子闻,用耳朵听,用手触摸,甚至通过拆卸、敲打等行为来了解事物的多种特征,如颜色、形状、声音、质地、结构和功能等。也就是说,如果事物不在身旁,他们就不可能认识这些事物。在学前儿童能理解语言之后,成人开始用语言向他们描述周围的事物,这扩展了他们的认知空间,帮助他们通过间接经验来认识世界。例如,学前儿童吃糖时会听到成人说"糖是甜的",经过这样的多次强化,他们逐渐知道了"甜"指的是一种味道,是糖的味道。之后,即使他们未能吃到西瓜,也能从成人的描述中知道西瓜是"甜"的。

其次,作为一种符号系统,语言总是代表着一定的事物。学前儿童在学习语言的过程中要接触大量的语言材料,如日常对话、多种题材的文学作品等。这些语言材料里往往包含着丰富的知识,如动植物的特征和习性、不同国家和地区的风俗习惯、日用品的功用等。这样,学前儿童学习语言的过程同时也成了他们接触和理解知识的过程。

再次,在语言教育活动中,学前儿童可以学会把所认识的事物的名称、形态、习性等信息用恰当的词语表达出来。如认识到白兔有头、身体、四肢,还有短短的尾巴、长长的耳朵、红红的眼睛和白白的绒毛以及以蹦蹦跳跳的方式行走。这些语言描述突出了动物的主要特征,有利于学前儿童加深印象,有助于他们更好地理解和记忆。

学前儿童学习语言的过程,离不开感知、记忆、思维、想象的积极参与。这不仅使学前儿童的认知能力得到锻炼和提高,也使他们学习能力得到极大提高。

(三)促进学前儿童语言兴趣的提高

随着语言的不断丰富和语言交往技能的不断提高,学前儿童学习和运用语言的兴趣也会越来越强烈。对听和说产生兴趣、自信心和主动精神的培养都有赖于语言听说能力的提高。学前儿童一旦产生学习语言的兴趣,就会主动寻找学习语言的机会,学习更多的语言符号,尝试更新的语言技巧,语言的潜能就能得到最大程度的发挥。这种兴趣不仅对学前儿童当下的语言学习活动有积极影响,还会影响他们入学乃至成年后学习和运用语言的兴趣,乃至他们将来的职业选择。

(四)为学前儿童之后学习书面语言奠定良好的基础

儿童的语言学习是一个连续的过程。这个过程以新生儿的第一声啼哭为起点,经历非语言交际、口头语言的使用、书面语言的使用三个阶段。在这三个阶段中,前一个阶段往往是后一个阶段发展的基础和条件。有研究表明,一些学生写作能力弱,其原因之一就是独白语言能力差。相比较而言,独白语言能力强的学生,不但说起话来条理清晰、生动自然,而且写出的文章一般都比较好。这是因为书面语言以口头语言为基础,口头语言发展得不好会严重影响书面语言的

第一章 学前儿童语言教育概述

发展。学前儿童正处于口头语言的学习使用阶段。在这一阶段,成人如果能帮助他们学会普通话的准确语音、理解和掌握大量的词汇,有意识地训练他们口头组词、造句和口语表达,并进行一些早期阅读准备,就可以促进他们思维的敏捷性、灵活性和逻辑性的发展,从而为其入学后学习书面语打下良好的基础。

二、揭示学前儿童语言发展与教育规律

多年来,我国的教育工作者通过不断实践、探索与研究,已揭示了学前儿童语言发展与教育的一些规律,如学前儿童先掌握前置的语法形式,后掌握后置的语法形式;先掌握无标记成分,后掌握有标记成分;先掌握肯定句,后掌握否定句;先理解"感觉比喻",后理解"关系比喻"等。因此,在实施学前儿童语言教育的过程中,学前教育工作者要根据这些规律开展教学活动。许多学前教育工作者在实践中总结出一些学前儿童语言教育的一般规律,并且在实际应用中也取得了一定的成效。但是,这样的探索所揭示的规律是否具有普遍性,还有待进一步检验。

三、解释学前儿童语言发展过程及多种现象

学前儿童语言发展的过程大致可分为以下几个阶段。

(一)喃喃语阶段(0~1岁)

喃喃语阶段也称"咿呀学语阶段"。在这一阶段,婴儿能自言自语似地发出声音,但我们还不清楚这些声音表达的是什么意思。当然,这一阶段的婴儿已能理解成人的一些表情和语调,还能对成人的某些手势和简单的指令作出相应的回应。

(二)单词句阶段(1~1.5岁)

在单词句阶段,儿童说出的句子由一个单词构成,一次只会说一个词,但他们常常用一个词来表达整个句子的信息。这种词的词义是过分扩展了的,如有的儿童把所有的四脚动物都叫作"猫猫"或"狗狗",把所有男人都叫作"爸爸"。他们在不同的情境下,伴随不同的情绪和动作,还往往用同一个词表达不同的含义,如"妈妈"可以表示"这是妈妈""妈妈来""妈妈抱抱我""妈妈帮我捡东西",也可能是"妈妈,宝宝肚子饿了""妈妈,我要小便"等。这个阶段通常持续半年时间。

（三）双词句阶段（1.5～2岁）

双词句是指由两个单词组成的句子。在双词句阶段，儿童开始把两个词以不同的方式组合在一起来表达语义。两个词的结合有着句子一样的语音模式，两个词之间也有着明确的句法和语义关系，如"妈妈抱抱""爸爸班班""奶奶开开"。这些双词句听起来就像发电报时所采用的省略语句，故又被称为"电报句"。

（四）简单句阶段（2～2.5岁）

2岁以后，随着掌握词语数量的迅速增加，儿童开始使用简单句，如"玩具没了""宝宝要睡觉"。在这个阶段，儿童使用的简单句多为简单的主谓结构句，如"宝宝吃"（由行为主体和动作组成），或谓宾结构句，如"坐车车"（由动作和动作对象组成），也有主谓宾结构句，如"妈妈拿球球"（由行为主体、动作和动作对象组成）。尽管儿童还没有完全掌握语法系统，但是简单句阶段反映出他们已能够正确地掌握语序、层次等基本句法结构。

（五）复杂句阶段（2.5岁以后）

一般来说，儿童到了2.5岁以后，已经能够使用基本类型的句子，语言交际能力得到迅速发展，在他们的言语中几乎可以听到多种词类。他们喜欢跟成人说话，喜欢听童话、故事、诗歌，并能记住其中的内容。这说明，此时的儿童不但能够理解并直接感知事物的词语内容，而且能理解性地描述他们熟悉但不是他们所直接感知的事物。到5岁左右，儿童习得语言的过程基本完成。尽管他们掌握的词汇数量有限，但已经掌握基本的语法，能够分辨表达方法正确与否，能够区别语句的同义关系与歧义关系。

四、研究学前儿童语言教育实践应用的理论和方法

应用既能体现科学的价值，也是验证科研成果真伪的途径。把科研成果应用于实践，是每一门成熟学科的使命。学前儿童语言教育作为应用学科，无论是在解决学前儿童语言教育实践中的具体问题、探讨学前儿童语言教育基本理论方面，还是在学前儿童语言教育实践与理论的相互转化方面，都肩负着这一神圣使命。

目前，在实际的理论研究和教学工作中，尚存在一些不可忽视的不良现象：一是学前教育理论工作者的研究常常和一线教师的实践脱节，致使学前儿童语言领域的教学研究和科学研究的总体水平不高，其应用潜力尚未得到充分发挥；

二是一线教师参与教育研究的意识不强,生搬硬套地应用学前儿童语言教育研究成果,不考虑本园儿童的语言发展现状和特点。因此,教育理论工作者与一线教师应该密切合作,共同研究、探讨学前儿童语言教育的理论和实践应用的方法,以推动我国学前儿童语言教育理论研究与实践应用的发展。

第三节 学前儿童语言教育的基本观念

一、全语言教育观

全语言教育是近年来西方儿童语言教育界很有影响力的一种理论。20世纪70年代,以心理语言学家古德曼为代表的一批学者,在美国中小学校的母语教学中开展了"全语言"的教育改革运动。这场教育改革成为美国、加拿大等国的一股潮流。从20世纪90年代开始,"全语言"运动引起了教育界的关注,并逐步传入我国,对我国的语言教育改革产生了积极的影响。

(一)全语言教育观的基本内涵

什么是全语言教育?古德曼认为,它是视儿童语言发展和语言学习为一个整体的一种思维方式。这种全新的语言教育观的内容体系不仅涉及语言观、学习观、语言学习观,还涉及课程观、教师观以及全语言教育的目标、内容、策略与方法等方面,其核心内容是学习者中心观、课程整合观以及语言核心观。因此,它不是某一种具体的语言教育方法,而是一种开放的、多元的、先进的教育理念。它的基本内涵包括以下几方面:

1.语言形式是全面的,语言运用是个性化的

全语言教育观认为,全面的语言形式既包括口语、书面语和体态语,也包括母语和第二语言,还包括通用语与各地方言等多种语言形式。每一种形式的语言都有特定的用语、表达方式和语法,都应该得到尊重。此外,儿童在语言运用过程中会表现出不同的特色,对此,教师要采取无歧视原则。

2.语言教育活动的目标是全面的

全语言教育观把培养儿童听、说、读、写等方面的情感态度、认知和行为能力作为语言教育的完整目标。它不仅重视对儿童口语听说能力和听说行为习惯的培养,也关注对儿童书面语言读写能力的启蒙教育;不仅注重母语教育,也提倡外语启蒙教育;不仅注重发展儿童日常交际口语,也强调培养他们对文学语言的敏感性。在所有的目标中,培养儿童的语言运用能力,特别是语言核心操作能力是语言教育的重点。

3. 语言教育活动的内容是全面的

全语言理论认为语言本身是完整的,不可分割成孤立的语音、文字、词汇和句子。儿童从出生起就具备了学习语言的基本条件。因此语言的学习过程也应该是完整的,而不能切割成相互孤立的听、说、读、写等分项技能成分。语言的学习顺序应该是从整体到部分,以整体带动部分,而非相反。

4. 语言教育的对象是全面的

全语言教育观认为,语言教育的对象要全面。它既要面向所有正常儿童,也要面向特殊儿童,如智力障碍儿童、语言障碍儿童、情感障碍儿童、肢体残疾儿童等。教育者要帮助儿童掌握适合自己的语言形式,促进他们语言能力的发展,以更好地适应社会。

5. 语言教育活动的过程应该是真实具体、形式多样的

儿童所学习的语言本身要真实有用。儿童需要学习的不应是"正确的""标准化"的语言,而应是将他们与社会生活经验紧密联系的语言,即能够用来沟通的语言。这种语言的学习才是有效、有用的。因此,教育者要注意引导儿童在具体情境中学习语言,脱离情境的语言对儿童来说是毫无意义的。

教师要扮演督导者、支持者和鼓励者的角色,为儿童提供来自他们生活经验的真实语言材料,并重视创设真实的双向交流情境,组织形式多样的语言教育活动,引导儿童在具体的交际情境中积极与同伴互动、主动学习语言。

(二)全语言教育观的理论依据

全语言教育观是多学科融合的结晶,它从语言学、教育学、心理学、心理语言学等学科中汲取了丰富的营养。夸美纽斯、杜威、皮亚杰、韩礼德等人关于遵循自然、以儿童为本位的教育哲学观及语言教育的方法论述为全语言教育观奠定了基础。

1. 夸美纽斯主张的语言教育的自然秩序

"全语言"概念是夸美纽斯在《世界图解》这本书里首次提出来的。夸美纽斯认为,语言教育要适应自然秩序,要重视语言的完整性,处理好语言与客观事物、思维及生活之间的关系。夸美纽斯运用图画书将语言与事物联系在一起,将语言的内容与形式统合为一个整体,从而孕育了全语言思想。他在《母育学校》中说,学习语言与认识事物应该同时进行,这样才能清楚地理解词义,理解词汇之间以及事物之间的关系。他主张成人应该运用表情、手势、动作帮助儿童理解成人的语言,让儿童尽量地以自己的语言表达所知所想;他还主张通过日常生活、周围环境、人际交往以及成人的示范谈话、提问及讲故事、做游戏等多种形式发展儿童的语言。他提倡要通过整合语言与生活,按照由易到难的顺序进行教学,批判了当时的学校中将文字与事物分离、语言与思维分离、语言与生活分离等违反自然秩序的做法。

2. 杜威的整体的、自然的语言教育思想

杜威提倡整体的、自然的语言教育。他认为,只有把学校与社会生活作为一个整体并关联起来,才能让儿童在真实的语言运用情境中发展语言能力。这种自然的语言教育是以儿童的兴趣为起点展开的。语言教育的目的是帮助儿童理解语言在具体情境中的意义,促使儿童理解事物、事件和情境的意义,引发儿童主动词汇的增加,使语言由最初的交际工具变成传播知识、发展思维和智力的工具。为此,语言教育应当遵循整体性原则,在经验课程中整合语言学习的因素,让儿童在真实、主动的活动中学习和运用语言。如果将文字与事物分离,以机械背诵教科书、反复做课堂练习来代替对语言的主动探究,那么儿童只能获得片面的间接经验。

3. 皮亚杰的儿童语言主动建构说

皮亚杰认为儿童语言的发展过程是儿童主动建构语言的过程,也是一个从整体到部分,从混沌到清晰的建构过程。如一些儿童刚开始使用某些词时并不理解它们,但随着认识能力的发展和语言运用次数的增多,他们就能够理解了。在最初获得语法结构时,儿童往往把成人的句子缩减为单词句、双词句等简略句。这说明他们正在改造成人句型的规则,正在使用所选词语来创造性地表达意思。可见,词汇的学习和语法规则的掌握,是儿童主动探索、建构语言的结果。正因如此,正常儿童无需正规训练,到5岁左右就能掌握母语口语。

此外,他还提出了基于建构的语言教学方法,即自然的、整体的教学方法。他认为语言经验法很有效,主张让儿童在表达自己经验的过程中学习阅读和写作:当儿童念念有词、信手涂鸦时,他们看到自己写的话,就有兴趣去阅读,这样他们就有了运用自己语言表达的经验,也提高了自己的阅读能力。

4. 系统功能语言学

20世纪50年代,英国著名的语言学家韩礼德创立了系统功能语言学。他认为语言是交际的工具,语言的使用表现为实现各种交际的功能。

韩礼德强调语言的功能决定着语言的形式,语言学习是先功能后形式的学习。儿童学习语言就是学会使用语言表达自己的想法,以达到自己的交际目的。只有当儿童知道语言的学习是可以用来满足某种交际需要之后,他们才会对这种学习感兴趣,然后才会去选择合适的语言。也就是说,儿童是在具体的语言交际活动中通过具体的话语操练、学习语言的。因此,儿童语言发展的过程是一个社会建构的过程,也是儿童掌握语言功能的过程。

因此,韩礼德认为,学校的语言教学不能依靠分项技能练习,而要在较高的认知水平上让儿童与日常生活的语言建立联系,并在此过程中引导儿童进行有意识的、反思式的学习;在语言知识的教学中,语法应该是功能的、有具体语义的、与体裁相关的,而不是形式的、句法的;语言的表征应是一种灵活的资源,而非机械的规则。

二、整合语言教育观

当今社会已经进入快节奏、高效率的信息化时代,人才观也发生了改变,各行各业迫切需要学识广博、具有多种才能的"通才"。通才不仅需要具备多学科、多领域的综合性知识,还需要具备良好的语言能力,以快速掌握各学科、各领域的知识并融会贯通,提高人际沟通的效率,促进相互合作。因此,儿童自小就应该学习和掌握"活"的语言,即与各个领域的知识相互联系、相互渗透的语言,与儿童其他各方面发展相辅相成的语言。在学前儿童语言教育领域,那种把语言与其他智能和情感割裂开来、把语言教育肢解成分项技能训练的观念已无法满足社会发展的要求。整合教育观顺应了时代的发展。

(一)整合语言教育观的基本含义

整合语言教育观把儿童的语言学习看成一个整合的系统,充分考虑儿童语言发展与其他智能、情感等方面发展的整合相关性,将语言知识、认知知识和社会知识融为一体,实现语言教育的目标、内容、方法、手段及形式、类型等方面的整合。

学前儿童在语言发展过程中对每一个字音、词汇和句式的习得,都是整个学习系统调整、吸收与发展的结果。如果离开了其他方面的发展,学前儿童的语言学习便是不健全的,也是难以成功的。同样,学前儿童在语言学习过程中点点滴滴的收获,也会对他们其他方面的发展起到促进作用。因此,语言教育应被视为学前儿童教育整体中的一部分,同时要加强语言领域与其他各领域之间的联系,将语言知识、认知知识和社会知识融为一体。

1.语言教育目标的整合

整合语言教育观首先体现在语言教育目标的整合上。相应的,它要求在制定学前儿童语言教育目标时,要树立整合的目标意识,既要考虑完整语言各组成部分的情感、能力和知识方面的培养目标,也要考虑语言教育活动可以实现哪些相关领域的目标,同时还要考虑哪些语言教育的目标可以在其他领域的教育活动中得以实现。语言教育目标应该成为以促进学前儿童的语言发展为主线,促进学前儿童各方面共同发展的整合性的目标体系,实现他们的整体的、综合性的发展。如大班谈话活动《过年啦》的教育目标可以设计为:能连贯地表达过年的感受,注意倾听同伴谈话并积极参与讨论;了解我国春节的传统风俗习惯,学会计划如何过一个快乐健康的春节。通过这个语言活动就实现了语言领域目标和社会领域目标的有效整合。

2.语言教育内容的整合

儿童的语言发展必须依赖三种知识的整合习得:社会知识、认知知识和语言知识。相应的,学前儿童语言教育的内容应该以这三种知识为主。这就要求教师在设计、选择教学内容时,充分考虑这三种知识的有效结合。这实际上也就是在整合渗透在各个领域、各个方面的语言学习机会。在整合性的学习中,语言教育内容与其他内容相互渗透和融合,使得学前儿童学到的语言是具体生动、丰富多样、真实有用的,同时也提高了他们在不同情境中运用语言的能力。如他们在美术活动中,学会了多个表示颜色的名词,以及多个描述图画的词句;在音乐欣赏活动中,学会了多个象声词和描述美妙音乐的词句;在游戏活动中,增强了语言沟通能力。此外,在组织其他非语言领域的教育活动时,教师可以采用讲故事的方法呈现教育内容并组织讨论、谈话活动,而这又可以培养学前儿童的语言理解和表达能力。

3.语言教育方法、手段和语言形式、活动类型的整合

语言教育目标与内容的整合,意味着语言教育方法、手段和形式、类型等方面的整合,这就要求教师以丰富多彩的活动形式来组织语言教育。

首先,实现多领域的教育方法、手段的整合。如学习诗歌时,可以配上合适的音乐,让学前儿童进行朗诵;在故事活动中,让学前儿童根据故事内容戴上头饰进行表演。这样,不仅可以增加学习的趣味性,还可以提高学前儿童的语言想象力和创造能力。同样,在其他非语言领域的活动中也可以用讲故事的方法开头,以谈话的方法展开,以讲述的方法总结。

其次,在多种语言形式之间进行整合。在语言教育活动中,教师把口语与书面语、手势语,母语与外语等不同语言形式和语言整合起来,把听、说、读、写等不同的活动形式整合起来。如在主题活动《给你一封信》中,教师除了可以为儿童朗读一封信,通过谈话帮助儿童理解信件内容,还可以引导儿童写信(由儿童讲述,教师记录),并把全班的信件装订成册,让儿童一起阅读。这样就把口语与书面语整合了起来,把听、说、读、写等活动形式整合了起来。

再次,实现不同语言活动类型的整合。如尝试打破谈话、讲述、听说游戏、早期阅读和文学作品学习等五大活动类型之间的界限,以学习某部文学作品为契机来设计整个语言教育活动,综合运用文学欣赏与创作、讲述、谈话、阅读等几种活动类型。如首先教师通过讲述让学前儿童欣赏文学作品,接着通过谈话活动帮助他们理解文学作品,最后用讲述来总结,并延伸出诗歌朗诵、戏剧表演、仿编

创编及阅读等类型的活动。这样,整个语言活动就会丰富有趣、灵活多变,有利于学前儿童对文学作品进行多角度、综合性、立体化的理解,也更容易发挥各种不同语言活动类型的功能。

(二)整合语言教育观的理论依据

整合语言教育观受儿童语言学习系统理论影响。儿童语言学习系统就是儿童在获得和发展语言过程中所有发展要素的形成结构。

1.语言学习三环学说与整合观的提出

最早提出以系统性方式研究儿童语言构成的是美国儿童语言发展学家路易斯·布伦姆和玛格丽特·莱希。在20世纪70年代,这两位研究者在分析、综合儿童语言和相关领域研究成果的基础上,创造性地提出了儿童语言学习获得的三环学说,并用三套环图(如图1-1所示)表明儿童语言学习系统由语言内容、语言形式和语言运用三方面构成,它们是儿童语言学习与发展的三个主要方面,它们之间相互作用并分别承担不同的任务。

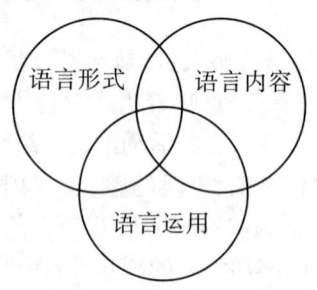

图1-1 三套环图①

(1)语言形式。语言形式指儿童语言中约定俗成的符号系统和系列规则,包括语音、词法、句法等。这些语言形式不可分割,语音离不开词汇,词汇构成句子。因此,儿童语音、词法、句法这三个方面的能力也是整体习得的。说话的目的和内容常常决定语言形式,因此,儿童对语言形式的掌握程度与他们想要表达的语言内容密切相关。

(2)语言内容。语言内容即语义,指词与词之间在传递信息及含义时的表征关系。它与同属于语义的语言话题之间有些微区别:语言话题是具体的、个人的、与上下文有关的,而语言内容则是一般的、非个人化的、独立于具体谈话上下文的。语言内容可以转化为一个具体的话题或一组有联系的不同话题。比如当

---

① 周兢:《学前儿童语言教育》,第53页,南京:南京师范大学出版社,2001年。

几个儿童在一起谈论服装和玩具的时候,把他们所说的话题归纳和提炼出来的就是语言内容。因此,语言内容是人类凭借共同经验所能分享的普遍内容。儿童的知识与生活内容越丰富,他们可以谈论的话题就越多,语言内容也就越丰富。

(3)语言运用。语言运用主要包括两个因素:一是语言的功能目的,即儿童说话的动机和原因;二是语言情境,它影响儿童如何理解对方的话语及选择何种语言形式去达到说话目的。

在运用语言进行交际的具体情境中,儿童需要学习考虑听众及交际情境中的其他因素,使用语言与他人沟通,并充分意识到选择不同的说话内容与方式可以达到不同的沟通目的。说话时对听众的多种情况进行充分估计是儿童的一种交际能力,这种能力使儿童能够在不同场合、面对不同对象时说出适宜的话语。

路易斯·布伦姆和玛格丽特·莱希强调,儿童语言的发展,无论是语言理解,还是语言表达,都是在语言形式、语言内容与语言运用三个方面交互作用中综合习得的。

三环学说提出了一个语言学习系统的理论。这个理论对当时的语言发展研究和语言教育研究产生了极大的影响。人们不再把儿童语言形式当作唯一的研究对象,也不再把儿童语言形式作为语言教育的唯一内容。

2.语言学习四范畴学说与整合观的确立

随着儿童语言和儿童发展等方面理论研究的深入,美国研究者伊丽莎白·卡洛·乌尔福克和琼·伦奇认为,三环学说无法解释儿童语言发展和语言学习的许多问题,应该从更大的范围对儿童语言学习系统进行整合思考。1982年,他们从相互作用观出发,提出了儿童语言学习系统四范畴理论(如图1-2所示)。

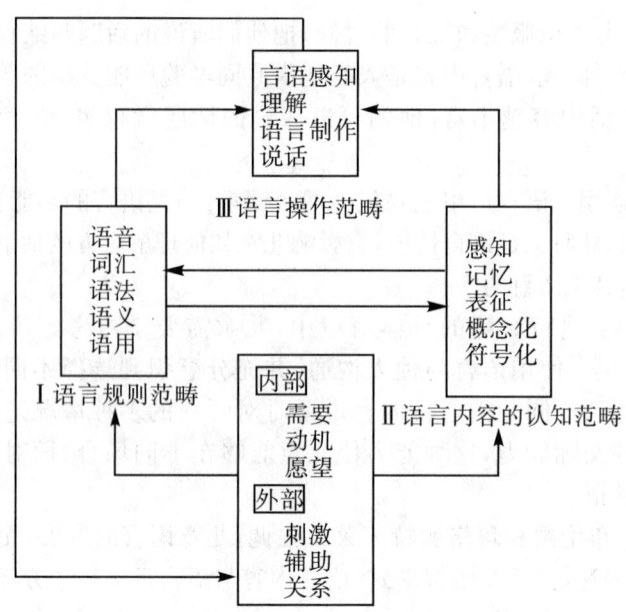

图1-2 语言学习的四范畴说示意图①

(1)语言规则范畴。语言规则范畴包含了语言信息传递所需用的语音、词汇、语法、语义和语用等语言系统因素的规则,儿童必须学会这些规则才能掌握和运用语言。

(2)语言内容的认知范畴。语言内容的认知范畴主要包括儿童在语言学习时参与其中的感知、记忆、表征、概念化和符号化等认知因素。这些认知因素会影响他们对语言的理解和语言材料的产生。因此,认知范畴的相关能力在儿童语言发展中不可或缺。

(3)语言操作范畴。语言操作范畴指人们运用语言进行交际的行为过程。语言结构、概念等是在语言操作中得以实现的。与人们将语言操作看作接受与表达、输入和输出或被动与主动的过程的传统观点不同,卡洛·乌尔福克提出语言操作应该包括言语感知、理解、语言制作和说话等方面,语言操作过程离不开认知的参与。

(4)语言交际环境范畴。语言交际环境范畴指儿童进行交谈时支撑他们说话的交流关系。将语言交际环境列为儿童语言学习系统范畴之一,可见社会情境在儿童语言发展中的重要性。对语言使用者来说,语言交际环境具有内因与

---

① 周兢:《学前儿童语言教育》,第56页,南京:南京师范大学出版社,2001年。

外因两种属性。前者可促使交际双方产生交谈的需要、动机和愿望,后者则具有刺激、辅助和保持交谈双方言语相互契合的作用。

卡洛·乌尔福克和琼·伦奇认为,构成儿童交际能力的社会知识、认知知识和语言知识三位一体,都是儿童在与社会环境的交互作用中获得的。因此,儿童只有在社交情境中才能成为积极的语言交际者。

影响语言交际环境范畴的因素主要有三个:一是儿童本身对交际环境的影响,包括其态度、目光、表情、姿势、动作等因素和语言运用能力;二是家庭关系的影响,良好的亲子沟通关系对提高儿童的交往能力有促进作用;三是社会生活背景影响着儿童的交际环境及他们对不同交际情境的敏感性。可见,儿童的语言发展始终受交际环境的影响。

四范畴理论是对儿童语言学习系统理论的一个杰出贡献。在它的促使下,最终形成了一种新的有关儿童语言学习的模式,即整合观模式。

三、活动教育观

儿童的心理是在与周围环境的交互作用中发展起来的,同样,儿童的语言也是在与周围环境的交互作用中发展起来的。这里所指的周围环境,既包括社会文化的和自然物质的环境因素,也包括语言的和非语言的因素。儿童需要通过主动积极地与周围环境中的语言和非语言信息、材料交互来发展他们的语言。因此,学前儿童语言教育的一个突出特点就是以活动的组织形式来帮助学前儿童学习语言。在活动中,要糅合儿童发展的多种因素,允许与儿童语言和其他方面发展有关的多种符号系统的参与,从而促使儿童在外界环境因素的刺激和强化作用下,积极运用语言,在生动活泼的操作实践活动中动脑、动口、动手,成为主动探究并积极参与活动的语言加工创造者。

(一)活动教育观的含义

学前儿童语言教育领域的活动教育观,是指以活动的形式来组织学前儿童语言教育的过程,引导他们在活动中学习语言。在教育过程之中,教师要提供给学前儿童运用语言的机会,鼓励他们主动地以多种方式运用语言。

1.提供给学前儿童充分运用语言的机会

学前儿童的语言发展是学前儿童通过与外界环境中的各种语言和非语言材料交互作用得以逐步实现的。学前儿童语言发展需要外界环境中的人、事、物的各种信息,但这些信息不是由成人强迫灌输的,也不是学前儿童被动接受的,而是他们在宽松自由的状态下,通过自身积极活动获得的。学前儿童语言教育就是引导学前儿童积极地与语言及相关信息进行相互作用的过程,如引导他们进行自由交谈、当众讲述、表演故事、仿编诗歌、阅读、涂鸦等活动。

2.通过多种形式的操作，促进学前儿童语言的发展

学前儿童语言的发展有赖于其认知的发展，而他们认知的发展主要依靠其自身的动作。他们正处于由动作思维向具体形象思维发展的阶段，对客观事物的认识主要依赖自身的各种操作活动，通过动手、动脑以及手脑并用的操作活动来发生与环境的交互作用。这些亲自操作活动不但使学前儿童获得成功的体验，而且还可以增强他们运用语言的积极性，激发他们语言学习的内在兴趣和动机，变被动学习为主动学习，真正实现以活动的形式促进语言的发展的目的。

3.在活动中发挥学前儿童的主体作用和教师的主导作用

发挥学前儿童的主体作用，是指教师在设计和组织语言教育活动时能够充分考虑学前儿童当前的语言发展水平和发展需要，为他们选择相应的教育内容和形式，提供合适的教育环境和条件，使他们在语言活动中始终有积极的动机、浓厚的兴趣和主动参与的精神。学前儿童主体作用发挥的关键在于教师对他们的学习兴趣和内在动机的激发和引导。而教师在语言活动中的主导作用主要体现在以下几方面：

(1)创设良好的语言教育环境。在学前儿童与环境相互作用的关系中，教师是一种中介力量。教师要精心设计环境，并指导学前儿童与环境交往。教师在活动之前要精心准备，为学前儿童提供恰当的语言材料、操作材料、背景材料、适宜的心理氛围等，组织、安排他们与一定的语言材料及相关的信息材料相互作用。

(2)指导学习方法，引导学前儿童完成学习任务。教师通过提示、提问、讲述或暗示、示范等方法，指导学前儿童感知和探索环境中的相关信息，帮助他们找到获得知识的途径和有效的学习方法，从而引导其完成学习任务。

(3)因材施教，引导每个学前儿童获得发展。教师要了解每个儿童语言发展的个性特点，在活动中有针对性地给予指导，争取让每个学前儿童都有表达和表现的机会，进而最大限度地发展和提高其语言能力。

(4)及时强化并不断提出新要求。教师在语言活动过程中要及时评价和强化学前儿童的进步表现，并不断鼓励他们大胆表现。在活动结束时要总结活动的成果，找出他们的闪光点，并提出新的要求，帮助学前儿童明确更高的目标，为下个环节的活动奠定基础。

总之，教师在学前儿童活动中扮演着态度友好宽容、促进学前儿童积极参与和良性发展的引导者的角色。

(二)活动教育观的理论依据

1.不同时期教育家的活动教育思想及实践

(1)近代教育家的活动教育思想及实践。活动教育思想最早萌发于近代欧洲文艺复兴时期,是向以"知识本位""教师中心""注入式教学"为特征的传统教育不断挑战和抗衡的产物。以维多利诺、拉伯雷和蒙田为代表的一批人文主义教育家反对当时摧残儿童身心发展的强制性教学,反对纯书本学习,提出应尊重儿童的个性,要把儿童当儿童看待,主张让儿童通过观察、参观考察、游戏和劳动等来理解事物,获取经验。维多利诺曾在他创建的"快乐之家"中使用活动字母教具教拼读和拼写,用游戏方法教算术,运用绘图、测量方法教几何知识;在学习拉丁文时,他鼓励学生用拉丁文互通信件,使繁杂枯燥的拉丁文变得简单有趣。①

后来的自然主义教育家进一步拓展了活动教育观。夸美纽斯强调直观教学的原则,要求教育者在教学中运用观察实物或者图片及模型的方法教学,重视参观、实验等活动策略;卢梭反对压制儿童的个性和自由,反对严格的纪律和死记硬背,主张让儿童自由活动和游戏,让他们用自己的方法去看、去想、去感觉一切事物,他认为凡是儿童能从直接经验中学习的事物,都不要让他们从书本中去学,经验主要来源于活动,来源于体验;裴斯泰洛齐主张教学应该从直接经验开始,强调多感官学习的重要性;福禄倍尔更是强调学前教育应以自我活动为基础,把游戏当作发展学前儿童自主性和创造性的主要形式,他亲自为学前儿童设计了一套操作材料——"恩物",并指导学前儿童进行绘画、做手工,以及初步的自我服务、照料植物等活动。游戏、手工作业和实物教学逐渐成为幼儿园普遍应用的教育形式和方法。

(2)现代教育家杜威的"做中学"思想及实践。实用主义教育家杜威是现代活动教育观的集大成者。杜威系统地提出并实践了以"做中学"为核心的实用主义教育思想。他认为教育应以儿童及其活动为起点、目的和中心,学校教育的作用就是传递、交流和发展经验,个体要获得真知,就必须在活动中主动去体验、尝试、改造,必须去"做",因为经验都是由"做"得来的。他批判"静听式"的传统课堂教学,认为它使儿童处于被动吸收的状态,"做中学"比"听中学"更好,因为儿童好动的本能是他们后天发展的动力和源泉,儿童只有在活动中学习才能取得良好的效果。同时,教学是改造原有经验并获取新经验的过程,而在这一过程

---

① 李淑华:《外国教育简史》,第 77 页,南昌:江西高校出版社,1998 年。

中,通过活动形式能达到更好的效果。他主张教育要适应儿童的天性,以儿童为中心,教育应与社会生活相联系,以活动为课程核心,来发展儿童的社会经验。他认为教学应该从儿童的经验和兴趣需要出发,根据他们的年龄特征组织多种形式的活动。幼儿园的教育活动主要就是游戏活动,此外,还可以组织折纸、照料植物、讲故事、唱歌、戏剧表演、制作玩具等活动。

2.当代心理学家皮亚杰的发生认识论

皮亚杰创立的发生认识论和儿童心理学深刻地说明,活动在儿童智慧、思维及认识的发生、发展过程中起着决定性作用。这为活动教育观提供了充分的心理学依据。他的主要观点如下:

(1)儿童的发展依赖于其自身的活动。皮亚杰深刻地揭示了活动在儿童认识发展中的根本作用。他认为,活动是人类生存发展的一种基本方式,人对客体的认识是从人对客体的活动开始的。活动既是认识的源泉,又是思维发展的基础。只有活动,才能引起儿童思维和认识的发展。

语言学习从本质上说也是一种行为活动,它是儿童当前的认知机能与其当前所处的语言及非语言环境相互作用的结果。儿童是在与周围语言及非语言环境相互作用的过程中,主动建构起关于外部世界的知识,从而促使自身认知结构和语言结构得到发展的。

(2)同化和顺应是儿童认知和语言发展的两种机制。儿童的语言发展,是儿童主体因素与客观环境因素相互作用的结果,是通过同化和顺应从一个阶段发展到另一个阶段的过程。通过同化作用,儿童将外界的新信息融入自身已有的认知结构和语言结构;通过顺应作用,儿童改造或者创新自己的认知结构和语言结构以接纳新事物,使其发生质的变化。同化和顺应相互依存、互相促进,共同推动儿童认知和语言的发展。

(3)儿童认知与语言发展的影响因素。皮亚杰认为,影响儿童认知与语言发展的因素主要有生理机能成熟、与外界物质环境相互作用而得到的经验、社会环境及平衡化过程。这四个因素都是认知与语言发展的必要而非充分条件。

其一,神经系统和内分泌系统的生理机能成熟是儿童认知与语言发展的物质条件和基础。

其二,通过与外界物质环境的相互作用而得到的经验是儿童认知发展和语言发展的必要条件。

其三,儿童的活动都发生在在一定的社会环境中。社会环境包括儿童所参与的社会生活、语言信息的交换和文化教育等。

其四,平衡化过程。平衡是对上述三个因素之间相互作用的协调,它是动态的,具有自我调节的作用。在遇到新的刺激时,儿童如果用原有图式同化成功,便能维持平衡;反之,个体便会产生顺应,即调节原有图式或重建新图式,直至达到新的平衡。因此,平衡化过程把儿童的认识和语言水平不断地推向更高的发展阶段。

皮亚杰从心理学角度为活动教育观奠定了坚实的认识论基础。

▶阅读推荐◀

1. 周兢.学前儿童语言教育[M].南京:南京师范大学出版社,2001.
2. 张明红.学前儿童语言教育与活动指导(第3版)[M].上海:华东师范大学出版社,2014.
3. 祝士媛.学前儿童语言教育(第2版)[M].北京:北京师范大学出版社,2011.
4. 余珍有.试论10年来我国幼儿园语言教育的发展——兼论《幼儿园教育指导纲要(试行)》的进一步贯彻落实[J].幼儿教育(教育科学),2011(10):15—19.
5. 郑荔."语言资源观"与学前儿童语言教育[J].学前教育研究,2014(10):11—16.

▶思考与探索◀

1. 试述学前儿童语言教育的含义及其研究对象。
2. 试述学前儿童语言教育的主要研究任务。
3. 简述全语言教育观、整合语言教育观和活动教育观的基本内涵,并联系实际谈谈如何在幼儿园的语言教育实践中贯彻这几种语言教育观。
4. 观摩一次幼儿园语言教学活动,并分析该活动体现了哪些语言教育观。

第二章
语言的本质和功能

【内容提要】 本章在介绍语言概念的基础上阐述了语言的几个本质属性：社会性、工具性、符号性、民族性等，并介绍了语言在社会学和心理学发展中的主要功能。

【学习目标】 通过本章的学习，正确理解语言的概念，把握语言的本质特点及主要功能，并树立正确的语言观和语言教育观，正确对待各种不同形式的语言。

第一节 语言的本质

一、语言的概念

(一)广义的语言

广义的语言，是指人类所使用的一套能用来表达思想感情，与他人进行沟通交流的工具，如面部表情、手势、信号、标志、音乐、美术、雕塑等。像人们在日常生活中所说的"体态语言""服装语言""舞蹈语言""建筑语言""计算机语言"等等，这些都是广义的语言。

其实，如果从更广泛的意义上来讲，语言不仅存在于人类社会中，也普遍地存在于自然环境中。人类有自己的语言，动物也有自己的语言。如蚂蚁发现食物会招来蚁群，蜜蜂发现蜜源也会报告同伴。尽管人类的语言与动物的语言有着本质的区别,但它们的基本功能是一致的,即传递和交换信息。甚至,一般的物质放在一起都会产生宇宙信息的交流与交换,因而有学者把语言的概念延伸到整个宇宙之中的任意两个物体之间,认为"两个物体之间进行信息交换的媒体和介质"都可以称为语言。①

(二)狭义的语言

狭义的语言主要指口语和书面语,是指人类所创造的以语音(或文字)为形式,以词汇为材料,以语法为结构规律而构成的音义结合的符号系统,是人类用来表达意愿、交流思想感情的工具。它是由特定社会群体共同约定制造出来,并为大家所公认和统一使用的。

本书涉及的语言概念主要是指狭义的语言,包括口语和书面语两种形式。这二者关系密切,有联系也有区别。

首先,书面语是在口语的基础发展起来的。书面语从口语中吸取营养成分,而且受到口语的制约。从发生学上看,口语是第一性的,书面语是第二性的。因此,有些语言只有口语形式而没有书面语形式。当然,也有些语言只有书面语形式而没有口语形式。

其次,口语和书面语不仅载体不同,而且词汇和句法结构等也有较大的差异。如口语词汇较为通俗,句子简短,结构松散,不太规范,容易受到时空条件的限制;而书面语词汇较为精炼文雅,结构严谨规范,不受时空条件的限制。

(三)语言和言语

在语言学中,"语言"与"言语"是两个不同的概念。在英语中,这两个词语就分得比较清楚。

那么什么是言语呢?从心理学角度来看,言语指个体运用所掌握的语言知识表达意愿、交流思想感情的过程。

使用特定语言的人,他听话、说话、阅读、写作、思考,他的听、说、读、写、思的活动,就是作为交际活动过程的言语。言语既是说话这一行为的产物,又是听话这一行为的对象,或者是思考的载体。可见,言语就是人们运用语言进行表达和交流的行为,是语言能力的外在表现形式,本身不等于语言。言语活动是人类的一般交际形式。人与人之间信息的传递,思想感情的表达和交流,一般都是通过言语进行的。言语交际的过程,实际上就是言语产生(编码)和言语理解(译码)

---

① 韩宝育:《语言与人的意义世界》,第 16 页,北京:中国社会科学出版社,2002 年。

的过程,是在社会交际中运用语言的过程。此外,语言和言语之间还有如下区别:

第一,语言是工具,言语是对工具的使用。语言是人类社会最重要的交流工具,也是社会的规则体系。而言语则是人们学习和应用已有的工具——语音、词汇和语法规则进行交际的过程。

第二,语言是社会现象,而言语是个体的心理现象。语言依存于社会,言语则依存于个体。一种语言是一定社会成员所共同使用的,但言语则具有个性,每个人说话都带有其个人的特点和风格。

第三,语言是抽象的,言语是具体的。语言存在于言语中,人们只能听到和看到它的外在表现形式——言语(外部言语)。语言学家只有对大量的言语素材进行抽象概括,才会从中发现语言的各种单位和规则。

第四,语言是有限的,言语是无限的。任何一种具体语言中的语言单位都是有限的,如语音、文字、词汇的数量都是有限的,组词造句的规则也都是有限的。但是,人们利用这些有限的语言材料却能造出无限的具体言语。

第五,语言是静态的,言语是动态的。语言的规则都是约定俗成的,不允许处于频繁的变动之中,因而语言在一定时期内处于相对静止、稳定的状态。而言语则是具体的、特殊的、动态的,人们往往在言语交际中不断创造出新的成分。

第六,语言是规范的,言语可能是不规范的。每种语言都是经过抽象的规范的符号系统,而个体的言语中却可能存在各种不规范的成分。

当然,语言与言语之间也有非常密切的联系。

首先,语言源于言语。从人类社会历史的角度来看,是先有言语而后有语言的。而从个体来讲,每个个体都是学习和应用已有的语言系统创造新的言语。

其次,语言存在于言语之中。语言只有通过言语活动才能体现它作为交际工具的功能,成为"活的语言"。言语是我们观察、学习和研究语言的工具。

最后,言语依赖于语言。言语活动是依靠语言材料和语言规则来进行的,每个人说话都是千差万别的,但必须遵守共同的语言规则,否则彼此无法沟通。可见,语言对言语有着强制性的规范作用。

综上所述,语言与言语之间既有区别又有联系,它们相互依存、密不可分。

二、语言的本质特征

(一)社会性

社会性是语言最基本的属性。语言既随着人类社会的产生而产生,也随着人类社会的发展而发展;既随着人类社会的分化而分化,也随着人类社会的统一而统一。

1.语言随着人类社会的产生而产生

语言是人类所特有的一种社会现象,也是人类与其他动物的根本区别之一。虽然各种动物都有传递信息的特殊方式,但其他动物的"语言"不过是一种传递有限信息的本能。即使是高等动物,也只能通过几种到几十种叫喊声及面部表情和肢体动作进行简单的信息交流,在信息表达的复杂性、精确性、系统性及创造性等方面跟人类的语言有着天壤之别。

现代科学研究表明,有声语言是在距今四五万年前的旧石器时代晚期(晚期智人时期)产生的,很可能是从原始人类各种复杂的叫唤声发展演变而来的。在此之前,原始人已经可以使用动作、表情、手势以及比黑猩猩叫声更复杂的叫声等前语言交际手段。随着发音器官的不断进化和思维水平的逐渐提高,这些声音逐渐清晰起来,并可以被分解和组合,于是,真正的人类语言产生了。

因此,从语言的起源看,语言是人类长期进化的结果。

2.语言随着人类社会的发展而发展

社会是不断发展的,语言也是不断发展的,因而语言往往表现出时代特色。一个社会的某个历史时期的新词汇的出现往往是与社会政治、经济、文化发展密切相关的。据统计,从公元401年到公元425年,汉字新增了一千多个。这显然跟魏晋南北朝时期的民族交融、社会变动导致大量新事物、新概念出现有关。[①]此外,科技发展、人口流动、社会生活方式改变也会促进语言的发展变化。

3.语言随着人类社会的分化而分化

人类社会在发展过程中由于种种因素会出现分化。一方面,社会在发展过程中出现的地域分化往往会导致"地域方言"或"亲属语言"的形成。如古代的拉丁语随着古罗马帝国的解体而分化为现代的法语、西班牙语、意大利语和葡萄牙语等几种"亲属语言";而汉语和藏语也是来自原始汉藏语的亲属语言。即使在使用同一语种的社会群体内部,也会有不同的地域方言之分。现代汉语就存在

---

① 徐通锵:《基础语言学教程》,第272页,北京:北京大学出版社,2001年。

北方方言、吴方言、闽方言、粤方言等七大方言。①

另一方面,一个社会内部的各种社会群体,由于社会地位、宗教信仰、文化程度、社会分工及性别等不同,会形成不同的社会方言。比如社会上层人群往往受过较多的文化教育,他们的言谈更规范,而下层人群受过的文化教育较少,不规范的口语较多;青少年比较活跃,容易接受一些流行语,老年人沉稳,不太喜欢流行语等。此外,不同领域也都有各自的专门术语,如数学领域有微分、积分、方程等;语言学中有音位、元音、声母、韵母等。

4.语言随着人类社会的统一而统一

语言是一种社会现象,也是使人和文化融合为一体的媒介。可以说,一个社会就是依赖统一的语言把全社会成员凝聚在一起的。当社会发展到某一特定阶段,如政治高度统一,生产高度发展,交通日益便利,各民族、各地区之间的商业贸易、文化交流等社会交往活动日益频繁密切时,为了便于沟通,人们就会确定全社会成员共同使用的社会通用语、共同语,如我国古代的"雅言""通语""官话",以及今天在全国范围内推广的普通话等,都是民族共同语。

(二)工具性

1.语言是人类最普遍、最重要的交际工具

人类的交际工具多种多样,除了一直使用的语言和手势、表情、体态,还有服装、信鸽、花卉、烽火、鼓声、号角等实物。这些实物作为交际工具,在特定的情况下使用都很有效。如2000多年前的烽火信号就是有效的交际工具;一些民族使用不同的鼓声来传递信息;花卉也是很多民族的交际工具,不同的花卉表达不同的感情;现代社会的交际工具更是纷繁复杂,不计其数:红绿灯、铃声、喇叭、旗语、电报代码、数学符号……不过这些交际工具大多是在语言和文字的基础上产生的,而且在交际功能、交际范围、内部结构的精确性、复杂性及信息量等方面与语言无法相比。它们只能作为语言交际的辅助形式,弥补语言交际的一些不足。

可见,运用语言进行交际是人类最普遍、最重要的一种沟通方式。

2.语言是思维的重要工具

(1)语言是人类思维过程的加工手段,也是思维成果的表达形式。语言是思维的载体,正常人的思维活动需要借助于语言材料——字词、句式乃至篇章进行。没有语言,概念无所依托,思维和想象活动也就难以清晰、流畅地进行,思维成果也就无从表达。尤其是人类所独有的高级心理机能——抽象逻辑思维活

---

① 曹炜:《语言学概论导学》,第200~202页,北京:北京大学出版社,2002年。

动,更是离不开语言这个工具和手段,它也被称为"语言的思维"。在生活中,我们可以观察到,幼儿在解决较困难的任务时,常常借助自言自语,或不出声的嘴唇活动来思考,成人在遇到复杂问题时也可能会这样。西格尔的研究也表明,言语暗示对3岁儿童的概念获得影响甚微,而对已经较好地获得了母语的4岁儿童的概念形成则影响明显,因为语言已经开始成为他们获得概念的中介。即使是已经获得内部语言的成人,在解决问题时,其言语动觉冲动的紧张度也会随着思维任务的性质和熟悉程度的不同而发生变化。①

(2)语言作为人类思维成果的储存形式和传递方式,能够促进人类思维的发展。人类通过自己的思维活动去认识客观世界,进行抽象、概括形成概念,而这种思维成果只有和语言结合起来,通过字词、句子固定下来才能成为现实,也才可以被储存下来。纵观人类文明的发展史,每种重大发现和发明创造成果都是借助于语言才得以记载保存下来,并被传播、继承和创新的。同时,正是因为有了语言,个人的思维成果才可以互相交流,进而成为集体的智慧,并且代代相传。可见,语言促进了人类思维的快速发展。

(3)从个体发展来看,儿童的语言发展与思维发展也是相辅相成的。当一个幼儿只会说单词的时候,他的思维也是混沌一团、模糊不清的,如喊"妈妈",可能表示"妈妈,我要吃奶",也可能表示"妈妈抱我"……一旦他们能清楚、明确地表达自己的意思,如"妈妈,我要喝水",就表明他们对客观世界的感知和理解更加清晰、准确和完整,思维能力已经进一步发展了。语言也为儿童提供了许多间接经验,能帮助他们更好地感知和认识世界。比如文学作品,它们是丰富的信息集合体,可以促进儿童对各种概念的理解,促进他们的记忆力、想象力和思维力的发展。所以,儿童语言的发展也会促进他们思维的发展。

可见,语言和思维互相支持、互相促进。思维是语言通向现实的桥梁,而语言则是人类进行思维的工具。

(三)符号性

1.语言是一种音义结合的符号系统

符号是实在意义的一种标记或代码,对意义起表征作用。如红灯表示"停",绿灯表示"行",黄灯表示"等一等"。所有符号都包含了形式和意义两个方面,语言符号也是由音、义两方面结合构成的,音义结合是语言符号最基本的性质。"音"是语言符号的物质表现形式,"义"是语言符号的内容,只有音和义相结合才

---

① 赵寄石、楼必生:《学前儿童语言教育》,第37~39页,北京:人民教育出版社,1993年。

能指称现实现象,构成语言的符号。如,我们都知道,"水"或"water"代表"一种无色、无味、透明的液体",像"水"或"water"这样的字或词都是现实现象的语言符号。掌握了语言符号,就知道了它们分别代表哪一类事物;语法则把这些符号按照一定规则组织起来,形成一个完整的、有规律的系统,整个语言就是以符号为基础而构成的系统。

2.语言符号系统的特殊性

跟其他符号系统相比,语言符号系统还有一些特殊的属性。

(1)语言符号具有任意性。语言符号的语音形式和内容意义之间本来没有必然的联系,完全是任意的。音义结合的任意性也是人类语言具有多样性的一个重要原因。比如对于水这种物质,英语说"water",汉语普通话说"shuǐ",汉语的一些方言说"seǐ""sheǐ""suǐ""fěi"等。

(2)语言符号具有约定俗成性。用什么样的声音形式表达什么样的意义,什么样的意义用什么样的语音来表达,这都是由社会全体成员共同约定并共同遵守的,是一种自然约定。语言自始至终是社会集体意志的产物,而不是个体或少数人创造的,语言的产生和发展变化不以个体的意志为转移。如人们一开始就约定用"jiǎo zi",这种发音表示"饺子"这种食物。

(3)语言符号具有系统性。语言是一个十分复杂庞大的系统,没有任何一种符号能与语言相提并论。首先,语言符号的系统性表现在它的层级性上。语言符号系统由语音、语义、词汇、语法这些子系统构成,同时语音、语义、语汇、语法这些子系统也自成体系,每个子系统又由更小的系统构成,如语音系统就可以分为音段系统和超音段系统,音段系统又可以分为元音系统和辅音系统等。这样就使语言符号形成了不同的层级系统。

其次,语言符号的系统性还体现在任何语言单位都处在组合关系和聚合关系中。如"购"和"物"这两个语言单位在"购物"这个结构中就是组合关系。当然,这种组合关系不是任意的,而是有一定的规则要求的。比如我们可以说"打饭""打水",但不能说"打书"。

聚合关系又称"联想关系",是指具有组合功能的语言单位之间的关系。具有相同聚合关系的语言单位就构成某种聚合类。如在"新书""旧书""奇书"这三个结构中,"新""旧""奇"三个语言单位有相同的组合功能,都具有相同的聚合关系,可以在"书"前替换使用。在下面的语言结构中,提起"我",就很容易联想到"你""他""她""你们""我们"和"他们"等。这些可以互相替换的人称代词构成了一种聚合关系,而后面的谓语动词"唱歌""跳舞""弹琴"等也是可以互相替换的,也构成了一种聚合关系。

我	唱歌
你	跳舞
他们	画画
……	……

正因为如此，人们可以用有限的语言符号生成一个意义复杂的符号系统。

(4)语言符号具有生成性。任何一种语言的单位和规则都是有限的，但人们却可以利用这些有限的单位和规则造出无限的句子，进而随心所欲地表达自己的意思，而且永远存在着创造新句子的可能性。这就是语言符号系统的生成性。其主要原因首先是部分构词法能够反复使用，其次是句子中同一个词也可以使用多次。如"他""你""知道"这三个语言单位，在理论上可以生成无数个句子：他知道；你知道；他知道你知道；你知道他知道；他知道你知道他知道……只是在现实中，由于记忆和发音器官的限制，句子无法无限加长罢了。

生成性是语言能成为人类最重要的交际工具的关键属性，也是人类语言有别于动物"语言"的重要特点。因此可以说，语言是一种特殊的符号系统。

(四)民族性

1.语言是一个民族的标志和形象

因为不同民族所处的自然环境、社会文化背景不同，所以他们的语言各具特色。首先，语音方面的差异表现最为明显。如同样表示"石头"，汉语与英语的表现便不同，汉语普通话读"shí tou"，英语叫"stone"。其次，在词汇方面，每个民族都会有一些独特的词汇，如汉语里的"小生""花旦""青衣"等都是对中国传统戏剧角色的称谓，"汤圆""馒头""饺子"等都是中国传统食品的名称。另外，对同一个意思，不同民族的表达方式不同。如汉语中的"红茶"在英语中对应的是"black tea"，而非"red tea"。最后，不同民族的语言在语法方面差异也很大。汉语在语法上缺少严格意义的形态变化，但英语的语法却非常复杂，有时态、体、格、级、数、人称等。

语言的民族性使得不同民族的语言在不同层面上难以一一对应。因此，教育者在第二语言或外语教育中应该让儿童了解相关的文化背景，否则，他们就难以理解和接受。

2.语言具有强大的民族凝聚力

语言是一个民族内部的交际工具，同时也保存了该民族的文化历史传统。而个体在学习和运用母语的过程中也建立起基本的人际关系，掌握了本民族的文化，熟悉了周围的社会环境，形成了本民族共同的世界观和价值观。正是借助于母语，个体才对自己的民族和国家产生了归属感，对本族、本国的文化产生了认同感。反过来,一个国家或民族也正是借助于共同语言来统一全体成员的思想观念、风俗习惯、道德风尚和社会情感的。因此,语言具有强大的民族凝聚力,往往是一个民族尊严的标志或象征。正因为如此,为了强化社会凝聚力,每个政权都会在开国布政时确立国语。如果一个民族被迫放弃本族语言,而使用另一种语言,特别是入侵民族的语言,往往会被视为民族的耻辱。

3.语言的强弱盛衰往往意味着该民族政治、经济发展的强弱盛衰

一个民族语言的发展状况往往受到该民族政治、经济、文化发展的影响,与该民族的命运、政权的交替、国家的兴衰、战争的胜败息息相关。如古代罗马、希腊等帝国,其兵马所到之处,语言总是如影随形地渗透,甚至往往比刀枪更有征服力。英语、法语、西班牙语和葡萄牙语之所以能够在全世界范围流行,就是因为以这些语言为母语的民族曾经非常强大,对其他民族进行了殖民征服。

第二节 语言的功能

语言在人类的生活中发挥着非常重要的作用,也正因为如此,它才成为每个人必须掌握的工具。语言的功能可以分为社会学功能和心理学功能两方面,前者是外显的、人际的功能,主要包括交际功能、信息功能、标志功能、文化录传功能等;而后者则是内隐的、主观的功能,主要包括思维功能、认知功能、调节功能、智力开发功能和审美愉悦功能等。

一、语言的社会学功能

(一)交际功能

交际功能是语言最重要的社会功能。语言作为联系全社会成员的桥梁和纽带,是全社会成员统一使用的交际工具,这是语言最本质的特点,也是语言作为一种社会现象区别于其他社会现象的本质特点。人们进行交际的根本目的就是交流思想,沟通感情,表达自己的愿望和要求,协调彼此的社会活动。在社会交际中,人们需要借助于语言这个工具进行协商、维持或改善人际关系,往往根据社交场合、身份或角色的不同而采用不同的用语。

(二)信息功能

信息功能是语言最基本的社会功能,每个人在说话时都在传递某种信息。书面语往往比口语具有更强大的信息功能,因为文字信息可以保存,跨越时空,流传久远,如各种图书文献。正如萨默瓦所说:"语言使我们能够记忆过去,应对

第二章　语言的本质和功能

现在,预期和规划未来。"此外,街头的各种广告语、宣传标语,各种商品的使用说明书,饭店的菜谱,旅游景点的旅游指南之类的文字资料都发挥着语言的信息功能,具有很强的实用性。

(三)标志功能

语言是一个民族、一个地区、一个社团的标志,也是一个人身份和文化素养的标志。不同民族的语言有不同的文化特色,语言是民族的重要标志之一。而一个民族内部,由于居住地区不同、社会阶层不同,还会形成不同的地域方言和社会方言。这些不同的地域方言和社会方言,也有各自的特色,成为不同地区和不同社会阶层的标志。因此,每一个人使用的语言,就好像随身携带的身份证,标明他属于某个民族、属于某个民族的某个地区或某个社会阶层。正因为如此,语言也就成为各民族、各地区和各社团内部的人相互认同的标志和情感维系的纽带。

所以,如果一个人充分了解交际对象的语言和文化背景,在交际时尽可能采用对方的语言,就容易拉近彼此的心理距离,使交流顺利地进行。

(四)文化录传功能

语言是人类最重要的一种文化,同时它也是人类文化最重要的记录者和传播者。

1.语言是记录文化的工具

语言通过多种方式记录和传承文化,如口头流传的民间故事、各种器物上刻画书写的文字和各种文献、著作等。

此外,各个民族的语言本身就是对历史文化的记录和展现。如汉语中的成语、谚语、歇后语等清晰地折射出中国的传统文化。诸如"完璧归赵""卧薪尝胆""四面楚歌"等成语反映了古代一些重大史实;而"笨鸟先飞""勤能补拙""愚公移山"等成语则反映了中国人推崇勤劳苦干的传统。

2.语言是传播文化的工具

由于语言可以在空间上进行横向交流,文化也就借助于语言在社会上广为流传。比如《安徒生童话》《格林童话》《一千零一夜》等文学作品已经被翻译为多种语言,很多国家的儿童都可以阅读欣赏;中国的《红楼梦》被翻译介绍到国外,使得外国人可以了解中国晚清时期的社会生活状况。

可见,特定的语言本身就记录了特定时期的历史文化。而且,正是因为有了语言这个工具,不同民族和不同地域的文化才被横向交流,前代的文化才可以纵向传承并不断发展。因此,有人把语言称为古代文化的"活化石",或社会生活的

"全息坯"。一个民族的语言就是这个民族的历史和文化。儿童学习母语,也就是学习本族的文化和历史,同样,他们学习外语,就是学习外族的文化和历史。

二、语言的心理学功能

(一)思维功能

语言是思维的工具。人类的思维可以分为三种类型:动作思维、形象思维和逻辑思维(抽象思维)。任何思维都必须凭借一定的思维工具才能发挥作用,这三种思维凭借的思维工具各不相同。动作思维凭借的主要是现场情景,形象思维凭借的主要是事物的形象和表象,逻辑思维则主要是运用概念、判断、推理等方式。而概念、判断、推理是由词语、句子乃至篇章等语言形式构成的,因此,逻辑思维所凭借的思维工具主要是语言。人们在进行思维活动时,往往混合、交替使用这三种类型的思维,而逻辑思维的使用领域是最广泛的,人们几乎离不开它。因此,从这个意义上说,语言是最重要的思维工具。

(二)认知功能

认知是人类的一种高级心理活动,思维能力和知识背景在认知活动中起着相当重要的作用。因为语言是人类思维最重要的工具,而人类的绝大部分知识又是积淀于语言之中的,所以语言对认知活动起着举足轻重的作用,主要表现在以下方面。

1.语言影响人们的认知方式

一个民族的语言系统,不仅储存着这个民族的传统文化,还体现了该民族特有的思维方式和认知方式。任何一种语言都代表着一种思维方式,而且对使用该语言的个体的认知方式起着塑造作用。所以,掌握一种新的语言,就是掌握一种新的思维方式。如世界上说不同语言的人,对光谱基本色的切分各有特色,即使是生活在同一地理区域和文化环境中的民族和部落在色彩的划分和称呼词汇上都有区别。英语的基本色彩词汇有六个,汉语有七个,印第安部落有些只有三个。[①]

2.语言影响人们的认知过程

语言是思维的工具,而任何一种语言都代表着一种思维方式。因此,人们所掌握的语言往往会影响其对客体感性材料的加工和处理。如当一个不认识猫的

---

① 朱文俊:《人类语言学论题研究》,第283页,北京:北京语言大学出版社,2000年。

第二章 语言的本质和功能

学前儿童看见一只猫时,他并不知道它是何物,只是通过无意记忆记住它的形象。一旦他掌握了"猫"这个词语,猫的各种属性特征都会引起他的有意注意,他会更主动地去观察和记忆,更清楚、全面地了解猫的特性。又如,如果让儿童多学习一些关于颜色的词汇,那么他就会有更强的辨别色彩的能力。可见,语言的学习会加速儿童认知发展的过程。

3.语言影响认知结果的形成和传播

语言不仅是思维的工具,还是帮助人们固定和保存思维成果的工具。语言是较方便、较明晰、较普遍的固定形式,它可以把思想物质化,并在物质化的过程中使思想更清晰。如,人们借助"宇宙""太空""分子""原子"等名词来描述对于宏观世界和微观世界的认识。因此,当人类在某领域有了新的发现时,往往要定义一批新的科技术语,创造一批新的特定符号。这也从另一个侧面反映了语言对认知结果的影响。此外,思想也只有通过语言传播、继承,才能成为社会的财富,才能充分发挥作用。可见,语言对认知的影响是非常巨大的。

(三)调节功能

1.注意的调节

注意是一种很重要的心理品质,直接影响人们活动的效率。恰当的语言提示对于注意力有调节作用,使人们能按要求把注意力聚焦在当前的某一特定事物或活动上。在给学前儿童讲故事时,如果讲故事的人先给出故事的名称,学前儿童往往能够产生有意注意,较快地理解故事的大意。如果讲故事的人发现听故事的学前儿童注意力涣散时,可以说:"请注意听讲!看哪个小朋友听得最认真,等会能把这个故事表演得最好。"这样的语言调控往往具有一定效果。

2.情绪的调节

语言有无穷的魅力,可以对个体的情绪起到明显的调节作用。它可以使人喜悦,也可以使人悲伤。俗话说:良言一句三冬暖,恶语伤人六月寒。因此,我们在教育中也要善于利用语言对儿童情绪的调节作用。比如当一个刚入园的学前儿童哭闹不止时,如果教师拿着玩具对他说:"宝宝别哭,小青蛙来跟你交朋友了。看,多可爱!呱呱呱!"这很可能会缓和这个学前儿童的不良情绪;而当某个学前儿童在走独木桥畏惧不前时,成人一句"宝宝真勇敢",往往会使他表现得勇敢、自信。

3.行为的调节

个体的行为动作是在一定心理驱动下做出的,语言可以通过调节个体心理达到调节行为的目的。也就是说,运用语言也可以调节儿童的行为发展。比如当学前儿童在绘画时,成人表扬他:"不错,有进步!这个苹果的色彩涂得很好!"

这就可能激发他对绘画活动的兴趣，进而取得更大的进步；而当学前儿童能克服困难做一些力所能及的事情时，如吃饭、穿衣、扣纽扣、系鞋带等，成人夸奖说"宝宝真能干"，这往往会使他们的自理能力越来越强。

（四）智力开发功能

语言既是人类智力的重要构成部分，又是其他各种智力形式的基础。语言在人类的多种智力开发中占有重要地位。首先，语言本身是一个复杂的系统，它的各种单位和规则本身就是智力训练的材料；其次，对儿童进行语言运用的训练，也是对他们的智力进行开发的一种有效手段。学习语言文字能培养和提高儿童的学习兴趣及热情，使他们从小形成较强的学习能力。

（五）审美愉悦功能

语言是人类最重要的交际工具，同时也是人们审美欣赏的对象。语言是人类进行文学创作的工具，文学作品是语言艺术的结晶。那些生动形象、优美感人的文学作品展现了人类高度的智慧和丰富的情感，同时也带给人们启迪和审美享受。如鲁迅所说，好的语言文字可以达到"三美"：意美以感心，音美以感耳，形美以感目。如唐诗宋词就是语言美的典范，不仅文字精练，格式讲究，而且抑扬顿挫、富有音乐节奏感，很好地体现了语言的"三美"。

此外，很多语言文字作品如谜语、笑话、影视剧本、小说等不仅具有审美功能，还具有游戏和娱乐功能。

综上所述，语言具有社会功能和心理功能，而社会功能中的基本功能是交际功能，心理功能中的基本功能是思维功能。正因为如此，我们说语言是人类进行交际和思维的最重要的符号系统。了解语言的这些功能，可以使语言教育工作者明确语言在社会生活中的重要作用，努力提高自身语言素养，并积极研究语言和语言教育，从而提高学校语言教育活动的水平。

▶阅读推荐◀

1.闫文培.全球化语境下的中西文化及语言对比[M].北京:科学出版社,2007.

2.徐通锵.基础语言学教程[M].北京:北京大学出版社,2001.

3.鲁苓.语言言语交往[M].北京:社会科学文献出版社,2004.

4.徐世璇.濒危语言研究[M].北京:中央民族大学出版社,2001.

5.王铭玉,贾梁豫.外语教学论[M].合肥:安徽人民出版社,1999.

6.昝飞,马红英.言语语言病理学[M].上海:华东师范大学出版社,2005.
7.曹炜.语言学概论导学[M].北京:北京大学出版社,2002.
8.韩宝育.语言与人的意义世界[M].北京:中国社会科学出版社,2002.
9.胡明扬.语言和语言学(修订版)[M].北京:语文出版社,2004.

▶思考与探索◀

1.语言和言语的关系是怎样的?
2.语言的本质是什么?它具有哪些功能?
3.我们应如何对待母语与第二语言(外语)?应如何对待普通话与方言及少数民族语言?

第三章
语言发生的生理机制

【内容提要】 本章主要介绍了学前儿童语言发生的生理机制,包括发音器官、听觉器官及大脑皮层主要语言中枢的特点和功能等,并阐释了学前儿童语言发展过程与生理机制发育之间的关系。

【学习目标】 通过本章的学习,了解发音器官、听觉器官及大脑皮层主要语言中枢的特点及功能;掌握学前儿童的发音器官、听觉器官及神经系统的发育与语言发展之间的关系,学会辩证地看待学前儿童语言中枢的机能成熟与外部刺激之间的关系。

语言发生是个多义概念,在儿童语言学领域,它指的是儿童从不会说话到学会说话的过程,或者是指儿童对某一语言的使用从不会到学会的过程。

人类语言之所以有发生和发展的可能,跟人类所特有的生物学特点是分不开的。也就是说,人类确实有一种与生俱来的语言获得的生理机制。这种生理机制是人类祖先长期以来与环境相互作用的结果,是发展的产物,它为个体语言的发生和发展提供了自然条件和物质前提,为个体的语言模仿和学习提供了可能性。人类语言活动的生理机制复杂而精巧,主要包括语言的发音器官、语音听觉器官及语言的神经机制等方面。

第一节 语言的发音器官和听觉器官

一、发音器官

发音器官的成熟是儿童言语发生、发展的重要生理前提。人的发音器官分

第三章 语言发生的生理机制

为呼吸器官,喉头和声带及口腔、鼻腔、咽腔三大部分。

(一)发音器官的构造

与自然界的其他声音一样,人类的语音是因物体的振动而产生的。这个物体就是人的发音器官。跟成人一样,儿童的发音器官包括三大部分。

1.呼吸器官

呼吸器官包括从口腔、鼻腔,到咽喉、气管乃至肺脏的一连串管道,主要部分是肺支气管和气管。肺脏呼吸时所产生的气流是人类发音的原动力。肺通过扩张和收缩,吸入和呼出气流,当气流通过管道上的某些部位发生冲击摩擦时就形成了声音。语音一般都是在气流呼出时发生的。

2.喉头和声带

喉头下连气管,上接咽部,是由几块软骨构成的一个精巧的小室。小室的中间就是声带,它由附在喉头上的两片黏膜组成,两片声带之间有狭缝,叫作"声门"。声带是主要的发音体,声音的高低取决于声带的厚薄、长短及其收缩程度。喉头则起调节声带开闭及松紧的作用。

3.口腔、鼻腔和咽腔

人类的口腔、鼻腔和咽腔都有腔室,它们是三个共鸣器,使声音产生不同的语音音色。鼻腔是固定的形式,而口腔则有形式的变化。在语音中,口腔共鸣音占绝大多数,鼻腔共鸣音占少数。声音的节奏快慢和清晰度取决于对舌头、小舌及软腭等部位活动程度的控制。

(二)发音程序

一般而言,发音器官的发音程序是这样的:空气在一定压力下由肺部发出,通过声带间的狭缝时使声带振动,产生声音。由于三个共鸣器的共鸣作用,声音的响度增加,加上口腔内部各部分器官的运动,便形成了不同的语音音色。

婴儿具有发音器官,但要完全发出音节分明、有意义的语音,还需要在社会环境中长期接受成人语音的刺激,并经过大量的模仿练习才能逐渐成功,这个过程需要 3~4 年。

(三)发音器官的发育与学前儿童语言的发展

1.发音器官的成熟是学前儿童语言发展的前提

随着发音器官的发育成熟,学前儿童逐渐发出音节分明的语音。学前儿童的喉头和声带处在不断发育之中。新生儿不能发出音节分明的语音的原因之一就是他们的发音器官还没有发育成熟。一两岁的幼儿喜欢说单音叠词,如"猫猫""狗狗""鞋鞋""车车"等,这主要是因为这一时期的幼儿的大脑和发音器官发育都还不够成熟,发音器官缺乏足够的锻炼,重复一个属于同一个音节、同一个声调的音,不费力。如果发出不同的两三个音节,发音器官就要变换动作,对他们来说比较困难。

2.随着发音器官逐渐发育成熟,儿童的发音也日趋准确

学前儿童的舌头及软腭、鼻腔等部位发育还不够健全,会影响其发音的准确性,有些语音他们还难以模仿发出,有些语音即使勉强发出也是含混不清。如很多学前儿童平舌音与翘舌音不分,前鼻音与后鼻音不分。随着年龄的增长,他们的发音器官逐渐发育成熟,发音也越来越准确、越来越稳定。

3.学前期是儿童语音可塑性最强的时期

随着学前儿童年龄的增长,声母、韵母发音的准确率会逐步提高,错误率逐渐降低。有研究发现,4 岁的城市儿童能够发准 97% 的声母和 100% 的韵母,同龄的乡村儿童能发准 74% 的声母和 85% 的韵母。学前儿童汉语发音的正确率分别是:3 岁时约 10%,4 岁时约 35%,5 岁时约 60%,到 6 岁时则上升为约 70%①。可见,儿童的语音发展与发音器官的成熟程度有着非常密切的关系。学前期是儿童学习语音的关键时期,也是他们语音可塑性最高的时期。3～4 岁儿童最容易学会世界各民族语言的发音,因而被称为"国际公民"。这个时期的儿童学习外语或第二语言,可以获得比较纯正的目标语言的发音。

(四)学前儿童发音器官的保护

任何一种发音器官的病变都会引起发音的异常。要保证儿童发音器官的发音质量,就要注意从小保护好他们的发音器官。

1.养成良好的卫生习惯和形成良好的生活规律,预防呼吸道疾病

学前儿童的发音器官正处于发育过程之中,比较娇嫩,容易被感染。因此,成人要教育他们勤刷牙漱口,经常清洁口腔、鼻腔,正确擤鼻涕,不用脏手抠挖鼻孔,以免引起细菌感染,造成鼻炎等疾病。同时,成人要教育学前儿童养成良好的作息习惯,适当锻炼,积极预防感冒,预防不同类型的鼻炎、咽炎、气管炎、肺炎、哮喘等呼吸道疾病。

2.培养良好的发音习惯,保护声带

因为声调过高或过低都会引发学前儿童声带过度疲劳,所以成人要教育学前儿童养成正确的发音习惯,说话、朗读、唱歌的声调要适合他们自身的音域特点,并为他们选择合适的歌曲和朗读材料。另外,要提醒学前儿童不要长时间大

---

① 周兢:《学前儿童语言教育》,第 12 页,南京:南京师范大学出版社,2001 年。

第三章 语言发生的生理机制

声喊叫、哭闹或唱歌,以免声带受伤。

3.远离环境污染,保证良好的生活环境

空气污染会直接危害学前儿童的发音器官。因此,无论是在室外还是在室内,无论是在休息时还是在活动时,都要保证空气清新流通,让学前儿童尽量远离各种污染。另外,还要保证他们生活环境的温度和湿度适宜,常带他们去环境优美、空气清新的地方游戏、锻炼,以利于他们发音器官的发育和保护。

二、听觉器官

(一)听觉器官的构造

人的外部听觉器官主要由外耳、中耳和内耳三部分组成。外耳包括耳廓、外耳道;中耳包括鼓膜、鼓室、听小骨(咽鼓管);内耳包括半规管、前庭、耳蜗。其中,内耳的耳蜗是听觉器官的重要组成部分。学前儿童基膜纤维的感受能力较成人强,所以他们的听觉较成人敏锐。到一定年龄之后,人的听觉通常会随年龄的增长而变得越来越不敏感。与成人相比,学前儿童的外耳道比较狭窄,鼓膜较厚。5岁时外耳道壁还未完全骨化和愈合,这一发育过程一般要到10岁才能完成。

(二)听觉的形成过程

听觉是这样形成的:耳廓收集到的声波通过外耳道引起鼓膜振动,进而引起听小骨的振动并把声音放大后传到内耳,内耳中耳蜗上的听觉感受器产生兴奋,并由听觉神经传到大脑皮层的听觉中枢,就形成了听觉,就可以听到声音了。这个过程就是:声音—外耳—中耳—内耳—听觉神经冲动—听觉中枢—产生听觉。

人耳的构造与它感受声音的能力是相适应的,而人类发出声音的范围与听觉的范围也是相符合的。人耳对语音的各种频率特别敏感,使人有可能在感知言语时区别细微的差异。

(三)听觉器官的发育与学前儿童语言的发展

1.听觉器官的发育是学前儿童语言发展的前提条件

掌握语音必须依靠听觉系统的发展,倾听是学前儿童感知和理解语言的基础和前提条件。儿童语音听觉系统的不断成熟与发展,也为儿童倾听能力的培养提供了重要的生理基础和物质前提。研究表明,儿童的听觉系统发展较早,妊娠24周的胎儿的内耳已经发育并能听到多种声音,如母亲的心跳,甚至外界的声音。6个月以上的胎儿对母亲的语言有所反应,对不同的乐曲声也有不同的反应。出生后的婴儿很快就能够辨别语音的细微差异,听到父母说话就会心跳加快,这是他们与外界沟通的开始。

这些听觉经验对学前儿童早期的语言发展具有十分重要的意义。婴儿早期的与他人的交往行为正是以他们的各种听觉经验为基础的,这些听觉经验成为婴儿之后语言发展的基础。随着年龄的增长,特别是在掌握语言、接触音乐环境的过程中,学前儿童的听觉系统不断发展与成熟。

2.学前儿童对母语比较敏感,对母亲的语音最敏感

出生不久的婴儿就喜欢人类的声音胜过其他声音,他们能够把语音与其他声音区分开,同时他们喜爱母语的声音胜过其他语言的声音。而在对周围人的语音感知中,婴儿对母亲的声音最为敏感。母亲也很了解这一点,她们在跟婴儿说话时声音温柔亲切,而且故意放慢语速,夸大那些重点字词的发音,这就是"儿向语言"。这种语言可以使婴儿听清楚母亲发出的那些重要的音节,为婴儿的早期模仿发音提供了基础,同时也为婴儿和成人的早期咿呀对话提供了条件。这种对话从婴儿出生两个月左右就可以进行。因此,成人要创设条件让其多听、多说、多看、多与人交往,提供多种形式的语言刺激和语言交流,使其在能够发出这些语音之前学会正确辨别这些语音。

3.学前儿童对母语的辨音能力随着年龄的增长而不断提高

日常观察表明,大班幼儿辨别母语声音细微差别的能力比小班幼儿强得多。小班幼儿由于声音辨别能力差,往往不能区别成人发音的细微差别,从而在发音时常常出现错音、丢音、换音等语音错误现象,如把"老师"发成"老希",把"肉"发成"又",把"岗亭"发成"钢琴"等。

4.学前儿童对母语和外语的近似音辨别有个敏感期

在对母语和外语的近似音感知辨别方面,学前儿童有个敏感期。在敏感期内,他们的听觉比成人敏锐。研究表明,6个月大的婴儿已经能够区分出母语中的某个词与从未听过的外语中的某个近似音,而10个月大的婴儿却无法分辨这种细微区别。

(四)学前儿童听觉器官的保护

听觉对学前儿童的语言发展非常重要,如果在语言发展期间存在声音语言输入障碍,如中度以上听觉障碍,就会影响学前儿童对语言的理解和表达,导致语言发展障碍。因而要注意保护好学前儿童的听觉器官。

1.保护耳朵,避免外伤

鼓膜、听小骨损伤或障碍,会导致听力下降,甚至耳聋。因此要教育儿童不要用尖锐的器物挖耳,避免耳朵部位受到重力撞击,避免被打耳光。

2.远离各种噪音污染

教育学前儿童在巨大声响发生时,要迅速用手捂耳并尽量远离声源,避免损

伤听力。如果长期处于过于嘈杂的高频噪音或低频噪音环境中,学前儿童的听力神经也会损伤。

3.防治相关疾病

因为学前儿童的咽鼓管较成人的粗短,近水平位,所以当鼻咽腔受到感染时,就会引发中耳炎。因此,要注意预防学前儿童患外耳道疖,以及感冒和鼻咽炎等疾病引发的中耳炎,一旦患急性中耳炎,要及时治疗。同时,儿童游泳时需戴防水耳罩,不要潜水过深,以免感染。

4.慎用可能造成听力损害的药物

在儿童生病时要尽量选择那些毒副作用小的药物,慎用耳毒性药物,如庆大霉素、链霉素等,防止造成儿童药物性耳聋。

第二节 语言的神经机制

人类的言语活动具有异常复杂的神经机制,大多数言语活动都需要不同脑皮质的整合作用。脑和神经系统也是学前儿童一切心理活动和语言发生发展必不可少的物质基础。随着神经语言学的发展,语言的实质及其神经机制将得到深入研究。

一、大脑两个半球的不对称性与语言功能的定位

（一）左脑"优势半球"说与语言功能的单侧化

人脑由左右两个半球组成,虽然在解剖形态上左右两个半球非常相似,但是它们的结构和功能却存在很大差异。在结构上,人脑的右半球略大于和重于左半球,但左半球的灰质要多于右半球;左右半球的颞叶明显不对称,各种神经递质的分布也不平衡。在功能上,大脑两个半球差异更大。大脑两个半球功能的这种不对称现象,就是"单侧化"。

早在19世纪后期,法国布洛卡和德国威尼克相继在大脑左半球上发现了语言表达中枢（即布洛卡区）和语言理解中枢（即威尼克区）。随后,学术界普遍认为,对于大多数人而言,左半球是占优势的半球,它不仅支配着语言功能,还主宰着认识功能。调查统计结果也表明,绝大多数人的语言中枢都位于左侧大脑。研究显示,在178名脑卒中病人中,左脑损伤者的失语率占89.2%,而右脑损伤者的失语率则占7.5%。[1] 这些都表明了语言功能的"单侧化"。

因此,大脑两个半球在语言功能方面明显不对称,就语言功能而言,左脑是

---

[1] 张积家:《普通心理学》,第402页,广州:广东高等教育出版社,2004年。

"优势半球"。

(二)大脑两个半球各有优势,分工协作

20世纪50年代,美国的生理学家斯佩里等人根据裂脑人实验,进一步揭示了大脑两个半球的功能不对称现象和右半球的许多功能。结果发现,两侧大脑半球各有所长,相互补充,共同完成大脑的整体功能,二者之间是分工合作的关系。通常左脑的主要功能是语言、书写、逻辑推理、数学运算、抽象思维等,右脑的主要功能有空间方位辨别、几何图形识别、形象思维、音乐、美术、舞蹈、情感、创造性及综合活动等。

当然,右半球也不是丝毫没有语言功能,但其功能远比左半球差。此外,两侧大脑半球虽有明显的分工差异,但也不是绝对不变的。在生命的早期,两个半球的功能都有一定的可塑性,两侧大脑具有同等的语言潜力,之后才逐渐形成差异。当一侧半球受到损伤时,其功能也可由另一侧代偿。年龄越小,可塑性就越大。而在大脑功能单侧化之后,代偿就要困难得多。总之,语言功能的左脑单侧化也不是绝对固定不变的。

二、大脑皮层的语言功能定位

大脑分为左、右两个半球,以沟和裂为界线,可把大脑皮层分为额叶、顶叶、枕叶和颞叶四个部分,每个部分都跟语言功能的执行有关。(如图3-1所示)

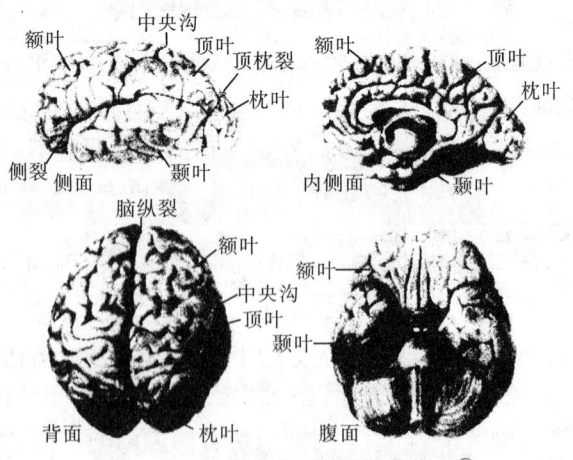

图3-1 大脑皮层不同脑区的位置[1]

---

[1] 张积家:《普通心理学》,第58页,广州:广东高等教育出版社,2004年。

（一）各脑叶与语言活动的关系

1. 额叶

额叶位于大脑前部,包括中央前回、额上回、额中回、额下回,约占大脑皮层面积的三分之一。研究发现,左额叶负责词语的认知记忆,右额叶负责图像的认知记忆。左额叶损伤的患者虽有复述的能力,但对变化的词序掌握有困难,并且其行为难以接受语言的调控。

2. 颞叶

颞叶位于大脑外侧裂下,外侧面被两个沟分成上、中、下三个回。与言语活动关系密切的是左侧颞叶,它主司听觉、语言和记忆功能,如受损会导致听力理解障碍。

3. 顶叶

顶叶位于额叶、枕叶之间,包括中央后回、顶上回和顶下回。由于其所处的特殊位置,顶叶的感觉联合区域可进行多种感觉信息与言语的整合,如受损会导致书写、阅读障碍。

4. 枕叶

枕叶位于顶叶之下、颞叶之后,呈三角形。枕叶包括视觉皮层和一级视觉区。枕叶受损的患者可能无法认读书面语,也不能抄写。

（二）大脑皮层的语言中枢

随着科技的发展,人们对语言功能在大脑皮层定位的研究日趋精细。研究表明,大脑对语言的控制是在皮层特定区域内完成的。(如图3-2所示)

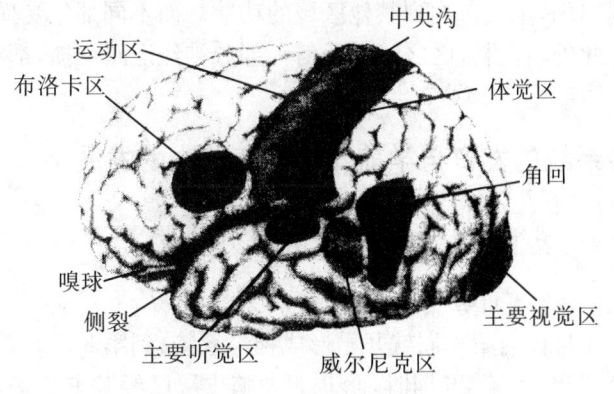

图3-2 脑内的语言区[①]

---

① 张积家:《普通心理学》,第400页,广州:广东高等教育出版社,2004年。

1.布洛卡区——表达中枢

布洛卡区位于左半球额叶后下方。法国神经解剖学家布洛卡在对15例大脑病变患者进行检查后发现,大脑左半球额下回后部损伤是这些患者言语丧失的关键原因,所以,该区域被命名为"布洛卡区"。该区域受损的患者会出现发音障碍、语言理解力受损等症状。

2.Exner区——书写中枢

Exner区即书写中枢,位于额上回,主管书写功能。该区域受损的患者会无法协调头、眼移动和手的活动。

3.威尔尼克区——听觉中枢

威尔尼克区位于颞上回的后方,是与角回连接的部位。该区的主要功能是分辨语音,形成语义。该区域受损的患者会出现接受性失语症。1874年,德国神经学家威尔尼克通过病体解剖发现,大脑左半球颞上回病变患者有严重的语言理解障碍,无法理解话语,其语言表达虽然流利,但往往杂乱无章,词不达意。他通过进一步研究得出,影响言语感觉/理解功能的区域包括大脑半球后部的颞叶、顶叶等比较广的区域,所以该区域被命名为"威尔尼克区"。

4.角回——阅读中枢

角回是位于顶叶、枕叶交界处的言语中枢,它负责听觉语音信息与视觉文字信息之间的转化。它使人可以写下听到的内容,朗读看到的文字。该区受损的患者不能将书面语转化为可被理解的语音形式,也无法理解书面语的含义。

当然,以上大脑皮层的语言功能定位只是相对的。各功能区只是实现某种功能的核心部分,其他区域在实现某种功能时往往也要起一定作用。大脑皮层的各个功能区并不是彼此孤立的,它们之间互有一定的代偿作用。如果某一区域的功能受到损伤,也会影响到其他区域的功能。而不同部位受损,也可能引起类似的症状。此外,各语言区之间的任何一部分神经通路受损,都可能导致不同类型的语言障碍产生。

三、神经系统的发育与学前儿童语言能力的发展

(一)大脑的发育与学前儿童语言能力的发展

1.儿童大脑的发育过程

人类胎儿在母体内第4周就开始形成神经系统;到第8周时,胎儿的大脑皮层已经可以分辨出;到第26周时,胎儿的大脑皮层已经基本具备和成人的大脑同样的沟回及皮层的6层结构。

刚出生时,婴儿的平均脑重为390克,出生后第一年脑重增长最快,以每天

大约1克的速度增长,9个月时平均可达660克,2.5~3岁时平均可达1000克,6~7岁时平均可达1280克,达到成人平均脑重1400克的90%。

大脑皮层的细胞主要在胎儿期第15~18周时开始形成并不断发育,表现为脑细胞数目增加,体积增大。2岁左右学前儿童的脑细胞的大量增殖已基本停止,但大脑的发育仍在继续,主要表现为脑细胞体积的增加,轴突和树突的延长和分枝,神经纤维迅速形成髓鞘。到6岁末,几乎所有皮层传导通路都已完成髓鞘化,这使得儿童大脑神经传导的数量增多,速度加快,内在联系复杂化,髓鞘化是脑内部发育成熟的重要标志。

2.大脑的发育是学前儿童加工词语、形成概念的重要基础

词语概念的形成依赖于大脑吸收和整合词语所代表的事物或现象的全部信息。只有通过神经网络才能整合加工这些信息,才能全面、深刻、准确地理解词语。同时,随着大脑的发育,到18个月之后,学前儿童的形象表象和动作表象进一步发展,词语才有了形象的依托,也使他们大脑加工语言信息的能力得到发展。如当学前儿童听到"车"时,就会联想到自己的玩具车或马路上的车,听到"娃娃"时,他们就会联想到自己的布娃娃,从而加深对这些词语的理解。

3.学前儿童语言能力的发展与大脑发育同步

学前儿童语言的发展与大脑的发育密切相关。研究表明,在词汇量方面,18个月大的婴儿掌握的词汇量只有几十个,到24个月时大约有300个,3岁时达到1000个左右;在语句数量方面,20个月左右的婴儿掌握的双词句大概是50个,以后每个月成倍增长,到24个月时可达1000多个。此外,学前儿童构词造句能力的发展也是与大脑同步的:从刚学说话开始,从单词句发展到双词句再到完整句,从简单句到复合句。可见,儿童语言能力的发展与大脑的发育进程是同步的。

(二)语言中枢的发育与学前儿童语言能力发展

1.神经系统的发育顺序和语言中枢的发育顺序

学前儿童整个神经系统的发育顺序是从下到上,即遵循脊髓—脑干—皮层下中枢—皮层晕样的发展顺序。而其大脑皮层的发育顺序是从后到前,即中央回后部的各皮层区先发育,逐渐向中央后回部推进,最发达的额叶最后完成发育。

四大语言中枢的发育顺序依次是:听觉中枢(威尔尼克区)、阅读中枢(角回)、表达中枢(布洛卡区)和书写中枢(Exner区)。

2.儿童语言能力的发展顺序

儿童大脑和各语言中枢的这种发育顺序与儿童语言行为发展顺序基本上一

致。这个发育过程表明,儿童语言中枢的发育成熟顺序决定着他们听、读、说、写的先后顺序。儿童口语能力发展先于书面语能力发展。在口语中,儿童的语音听辨能力和词义理解能力的发展,早于发音能力和表达能力的发展。这是跟听觉中枢早于表达中枢的发育顺序相一致的。书面语的阅读能力发展先于书写能力发展,这是跟阅读中枢早于书写中枢的发育顺序相一致的。

3.语言中枢成熟水平的差异导致学前儿童语言能力发展差异

语言中枢的成熟水平差异导致了学前儿童语言能力发展的差异,具体表现为:

(1)开口说话时间不同。有的婴儿在出生后七八个月时就能说出"爸爸""妈妈"等有意义的双音节词语,有的要到1岁左右甚至2岁多才能说出这样的音节。这可能是由于他们的语言运动中枢发育或者口腔运动能力发展迟缓,使得语言吸收和加工储备阶段较长造成的。当然,这些儿童也可能突然变得能说会道起来,表达能力迅速赶上甚至超过那些说话早的儿童。

(2)发音的清晰度不同。有的儿童很小就伶牙俐齿,发音清晰响亮,成人很容易听懂;有的儿童的发音则含混不清,只有关系亲密的抚养者才能明白他们的意思。

(3)语言表达的丰富性不同。有的儿童很小就掌握了丰富的词汇,用词准确,而且能使用多种多样的句式,表达清晰准确、完整规范;有的儿童词汇贫乏,词不达意,语句结构不完整,句式单调,从而导致其语言内容贫乏单调或模糊不清。

(4)语言兴趣点不同。儿童在很早就表现出对不同语言刺激的关注和兴趣,如有的喜欢跟成人口头交流,有的喜欢看图画书,有的喜欢信手涂鸦,有的喜欢创编、仿编文学作品,有的喜欢复述和表演文学作品。此外,他们感兴趣的话题也各不相同。

(5)对语言刺激的敏感度不同。有的儿童对语音刺激非常敏感,喜欢模仿成人的各种语音,能够区分不同发音的细微差别;有的儿童对新的词汇、新的句型、新的篇章特别敏感,乐学易会;还有的儿童对画面和文字符号的刺激很敏感,喜欢阅读。

(6)语用方式不同。有的儿童善于运用语言进行人际交流沟通,他们能够根据语境和交往对象的不同而灵活采用适宜的语言表达方式,能够根据说话人的反馈进行积极有效的互动;有的儿童不善于运用语言交际,在语言交际中表现得比较机械刻板,不会根据说话对象和具体情境调整自己的说话方式。

(7)语言创造力不同。有的儿童喜欢进行创造性地表达,组词造句的能力很强,很早就会仿编、创编故事或诗歌、散文,语言学习态度非常积极。如有个学前儿童与朋友告别时,脱口而出:"桃花流水深千尺,不及晨晨送我情。"有的儿童在语言学习中则循规蹈矩,缺乏创造性和积极性。

以上这些都说明,因为语言中枢成熟顺序和成熟水平的不同,学前儿童在语言能力发展上存在差异。教育者要根据学前儿童的年龄特点和语言发展的实际水平循序渐进、因材施教,鼓励他们创造性地运用语言。

四、语言中枢的机能成熟与外部刺激的辩证关系

一方面,学前儿童的语言能力依赖大脑的整体功能及语言中枢的机能成熟;而另一方面,大脑的结构和各种机能又是在社会环境的刺激中发育并逐步走向成熟的。可见,这些因素互为发展条件。大脑的遗传素质决定了语言发展的潜力,而后天的语言刺激则使这种潜力转化为现实。如早期胎教可以促使胎儿大脑功能得到发育,早期阅读教育活动可以促使儿童阅读能力得到发展,早期的听说练习可以促使儿童的口语能力得到发展。这些都说明,儿童早期的脑功能,包括语言功能的发展,具有巨大的潜力,通过后天的教育训练,可以改善儿童相应的脑功能,包括语言功能。

人脑皮质投影图也可以证明这个结论。从人脑皮质投影图(如图3-3所示)可以看出,人体某个器官使用得越多,它在脑皮质中相应的代表区域就会越大。如手在皮质上的投射面积比脚的投射面积大,嘴唇的投射面积则更大。如果儿童经常进行听说练习或早期阅读训练,就可能会扩大其语言器官在大脑皮层上的相应投射面积,增加通向语言中枢的神经联系,促进语言中枢的成熟,进而促进语言能力的发展。而由于语言的工具性,语言能力的发展又可进一步促进儿童其他各方面的发展,进而促进他们大脑相关中枢的发育。可见,语言刺激、生理成熟与语言发展之间相辅相成、互为条件、相互促进。

(A)感受性的皮层投影(由左下到右上)			(B)运动系统的皮层投影(由右下到左上)		
1.内脏	11.大拇指	21.肩	1.咽喉	11.中指	21.小腿
2.喉头	12.食指	22.头	2.舌	12.无名指	22.脚趾
3.舌头	13.中指	23.颈	3.下腭	13.小指	
4.牙齿	14.无名指	24.躯干	4.唇	14.手关节	
5.下唇	15.小指	25.腹	5.脸	15.腕	
6.唇	16.手关节	26.小腿	6.眼睛	16.肘	
7.上唇	17.腕	27.脚掌	7.眉	17.肩	
8.脸	18.前臂	28.脚趾	8.颈	18.躯干	
9.鼻子	19.肘	29.性器官	9.大拇指	19.腹	
10.眼睛	20.手	10.食指	10.食指	20.膝盖	

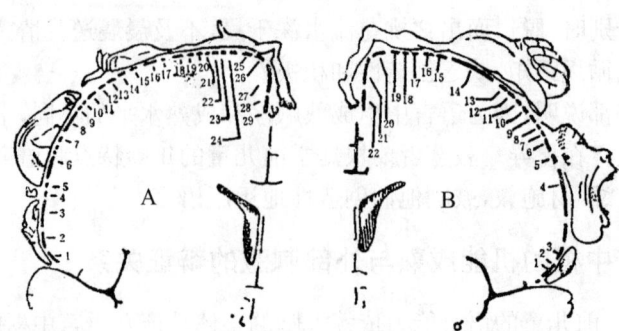

图3-3 身体的各个表面在脑皮质投射区中的投影面积①

由语言刺激、生理成熟与语言发展之间的辩证关系可见,通过优化外部环境刺激促进儿童语言中枢乃至整个大脑机能的成熟是非常必要和重要的。

▶阅读推荐◀

1. 赵寄石,楼必生.学前儿童语言教育[M].北京:人民教育出版社,1993.
2. 张明红.学前儿童语言教育[M].上海:华东师范大学出版社,2001.
3. 桑标.儿童发展心理学[M].北京:高等教育出版社,2009.
4. 张积家.普通心理学[M].广州:广东高等教育出版社,2004.

▶思考与探索◀

1. 试述儿童发音器官、听觉器官及语言中枢的成熟与语言发展的关系。
2. 儿童语言中枢的成熟水平不同会导致他们语言能力发展出现哪些差异?
3. 试述加强语言训练、优化外部刺激与促进学前儿童语言中枢发展的关系。

---

① 赵寄石、楼必生:《学前儿童语言教育》,第62页,北京:人民教育出版社,1993年。

第四章
学前儿童语言获得与语言学习的基本理论

【内容提要】 本章主要介绍了学前儿童语言获得与语言学习的基本理论：后天环境论、先天决定论、先天与后天相互作用论等，同时还阐述了学前儿童语言学习的特点、影响因素及途径。

【学习目标】 通过本章的学习，能了解学前儿童语言获得理论的各学派观点并对其进行分析和评价；熟悉学前儿童语言学习的主要特点和学习途径，了解影响儿童语言学习的多种因素，并尝试分析儿童语言发展过程中存在的一些具体问题。

第一节 学前儿童语言获得的基本理论

儿童语言的获得也叫"语言习得"或"语言发展"，是指儿童在正常的社会交际环境中，不知不觉地、自然而然地掌握母语的基本结构，学会使用本民族的通用语言。

学前儿童获得母语的速度之快、效率之高，非常惊人，相比之下，成人学习第二语言要困难得多，往往是学习多年还难以灵活运用。为什么会出现这种差别呢？目前，学界关于儿童语言获得的理论可以概括为三种：后天环境论、先天决定论和先天与后天相互作用论。这三种理论争论的焦点在于：学前儿童在最初的几年里是怎样快速、高效地掌握母语的，到底是哪些因素在发挥决定性作用。

一、后天环境论

后天环境论主要强调后天环境和学习对语言获得的决定性影响，该理论以行为主义学习理论为依据,强调语言是一种后天获得的行为习惯,是后天学习的结果。根据对语言行为获得的方式和途径的不同看法,这一理论又可以分为模仿说和强化说。

(一)模仿说

模仿说认为,儿童是通过对成人语言的模仿而学会语言的。模仿说又可以划分为机械模仿说和选择性模仿说。

1.机械模仿说

这一理论最早是美国心理学家阿尔波特于1924年提出来的。他以心理学家华生的行为主义心理学为依据,把语言看作一种习惯,认为儿童学习语言就是对成人语言的模仿,儿童语言只是成人语言的简单翻版。该理论对20世纪60年代以前的心理学研究产生了深远而持久的影响。

应该承认,模仿行为在儿童语言发展中的确比较重要。儿童早期的语音和词汇都是模仿父母的,父母与其交谈越多,他们掌握的词汇量就越大。但任何一种语言的句子都是无限的,儿童不可能在有限的时间里模仿成人所有的话语。此外,这一理论完全忽视儿童在语言发展过程中的创造性和先天因素的作用,显然是有失偏颇的。

2.选择性模仿说

较早对选择性模仿说进行论述的是美国心理学家怀特赫斯特。他认为,儿童的语言学习并非是对成人语言的机械模仿,而是选择性模仿。当儿童能够理解和接受某种语言现象时,就会对这种语言进行选择性模仿。儿童由模仿而获得的往往不是具体的内容,而是成人示范的语言结构。如通过模仿"宝宝的鞋""宝宝的车",儿童可以获得语法框架"宝宝的……"这样就可以替换使用适合新语境的词语,或根据情境重新组合而产生新的结构,便产生了儿童自己的话语,如"这是宝宝的小鞋,那是妈妈的大鞋"。此外,选择性模仿说认为儿童的模仿具有一定的选择性和创造性,在时间上不是即时的,在形式上也非一一对应的;选择性模仿是在自然状态中发生的,不是在强化和训练的情况下发生的。

一般认为,选择性模仿说强调儿童模仿的前提是对某种语言现象的理解和接受,并强调儿童对语法结构的模仿是掌握语言的关键,注意到了儿童在语言模仿中的主动性和创造性,这些都是符合事实的。但在儿童语言发展中,选择性模仿并不是唯一的模仿方式,而是与其他类型的模仿行为交替使用,如机械模仿、延迟模仿等,它们在儿童语言发展的不同阶段的作用是不可相互替代的。此外,模仿往往受到儿童的言语技能的影响,儿童对于超过他们言语技能的范型往往不能模仿,或者表现为不完全模仿。

（二）强化说

在行为主义各学派解释儿童语言发展的理论中，斯金纳的强化说是最有影响力的，它在 20 世纪 40 年代至 50 年代初非常盛行。

斯金纳的强化说以刺激—反应论和模仿说为基础，并强调"强化"在儿童语言学习中的作用。他认为语言也是一种行为，儿童是通过不断强化学会语言的，学会某种语言就是在后天环境中养成某种习惯。也就是说，儿童学习语言无非就是他们通过自主或无意识的发音对成人的话语做出正确的反应。而后，成人就会给予物质上或口头上的奖励去强化这种行为。儿童在此基础上继续模仿成人的发音、词汇以及语法应用，并逐渐形成一种语言习惯。在儿童牙牙学语的早期，成人给予的强化刺激紧跟在儿童言语行为之后发生，这就是"强化依随"。斯金纳认为，强化依随在儿童语言行为形成过程中起着决定性作用，它有两个显著特点：

1. 成人最初强化的是婴儿的偶然言语行为

成人最初强化的是婴儿偶尔发出的某些近似于言语的活动。反应和强化只是时间上的关系，不是有目的的意志行为。

2. 强化依随的程序是渐进的

婴儿初学语言时，只要他所说的话语稍微接近成人示范的语言，成人就可以给予强化，然后再强化那些更加接近示范语言的话语。通过这种逐步接近目标的强化方法，学前儿童最终掌握了复杂的语言系统。

在现实生活中，父母的确经常给予儿童积极的反馈，以使其发出更多、更准确的语音、词汇，并以正确的语音、词汇进行强化。正因为如此，乳儿期的牙牙学语也朝着成人所期望的语音、语义方向发展。

但是，儿童的话语是无限的，成人不可能对儿童所有的话语都做出强化反应。而且，在儿童语言发展的自然环境中，成人比较关注的是儿童语言内容的正确性，而非语法结构的正确性。因此，强化只是儿童语言学习的一种重要方式，而不是唯一方式。

二、先天决定论

与后天环境论针锋相对的先天决定论强调先天禀赋的作用，认为儿童语言获得不是后天学习的结果，而是生理上预先设定好的，是一种本能和自然的过程。其中较有影响力的是美国语言学家乔姆斯基的"转换生成说"和勒纳伯格的"自然成熟说"。

（一）转换生成说

乔姆斯基对斯金纳的强化生成说进行了猛烈的抨击和彻底剖析，并在《句法结构》一书中提出了转换生成语法理论。

1.儿童语言能力是天生的，不是强化和归纳的结果

各民族儿童在短短几年内就掌握本族语的基本语法，并且一致地表现出从单词句到双词句再到完整句、从简单句到复杂句这样共同的掌握规律，不可能是强化和归纳的结果，应该是天生的。

2.语言是一种规则体系，而非习惯的总和

儿童之所以能掌握语言，是因为他们具有天生的、受遗传因素决定的掌握语言规则的能力，即语言能力。

3.儿童生来就具有一个语言学习装置

儿童生来就具有一个语言学习装置。这个装置为人类所独有，正常人从出生到12岁，该装置的语言习得机制都在发生作用。语言习得机制可以离开人类的其他功能而存在，甚至与智力关系不大。它包括人类语言普遍的特征（普遍语法）和先天的判断、评价语言信息的能力。

4.普遍语法体现了人类语言的共性

普遍语法是语言中高度抽象的规则，存在于人类语言的深层结构中。因而不同种族、不同语言环境中的儿童都能按照基本相同的方式和顺序掌握本族语言。在接触一定数量的成人语言之后，儿童就会利用语言学习装置对语言现象进行判断、分析，从而确定母语的具体结构，进而获得母语。语言获得的过程就是由普遍语法向个别语法转化的过程。也就是说，在语言发展过程中，儿童获得的不是一句句具体的话语，而是关于语言的特定规则系统，即句子的深层结构，所以儿童能够理解和创造无限多的新句子。

在语言习得方面，乔姆斯基强调先天因素的作用和儿童在语言获得过程中的主动性、创造性，打破了行为主义理论一统天下的局面，具有划时代意义。

当然，先天论也有许多不能令人信服的地方。其一，这一理论是思辨的产物，人们无法证明儿童头脑中是否存在语言习得机制，普遍语法是否存在也是一个被争论的问题；其二，先天论过于低估后天环境的作用；其三，它从另外一个角度否定了儿童在语言获得过程中的主动性和积极性，完全否定了教育的作用，也不能令人信服。

（二）自然成熟说

自然成熟说是由美国心理学家勒纳伯格提出来的。他的基本观点如下：

1.儿童的语言能力是先天的

他认为儿童的语言能力是先天的,因为这符合他认定的先天行为的几个标准:这种行为在个体相关需要产生之前就已经出现了,它的出现跟个体主观因素及外部因素无关,直接教授和反复训练对这种行为的获得影响甚微;这种行为的获得通常与个体年龄等因素有关,往往有个关键期,它的发展具有阶段性。儿童的语言行为完全符合这些先天性行为的标准,因而具有先天性。

2.儿童的语言能力是自然成熟的

勒纳伯格以生物学和神经生理学为理论基础,认为语言能力是人类所特有的,语言有高度专门化的生理机制,包括语言发音器官、特殊的脑中枢神经以及听觉系统。他把儿童语言的发展看作受这些生理机制制约的自然成熟的过程。儿童出生时,发音器官和大脑等神经系统发育都不成熟。随着年龄的增长,这些与语言有关的生理机能逐渐成熟并进入一种语言准备状态,一旦被适当的外界条件激活,就能使潜在的语言结构状态转变成现实的语言结构。儿童的语言能力就此显现出来,并逐渐发展成熟。世界各民族儿童的生理发展是相似的,因此儿童语言的发展过程和速度也是相似的。他认为儿童语言的发展过程与生理机制的成熟过程密切相关,因此儿童的语言获得是由遗传因素决定的。

3.儿童语言的发展有关键期

勒纳伯格指出,既然语言是大脑功能成熟的产物,那么语言的获得就必然有个关键期。这个关键期就是从2岁开始到十一二岁。在关键期内,儿童学习语言比较轻松,速度也较快。只要有特定的语言环境刺激,儿童不需要经过专门训练就可以掌握任何一种语言。但是在儿童成长过程中,语言能力要从右半球转移到左半球,即大脑的侧化。侧化一般就发生在关键期。因此,到青春期之后,儿童对语言的学习就变得困难了。在因大脑损伤而造成语言障碍的情况下,年幼儿童的语言能力往往恢复得较快、较彻底。但如果脑损伤发生在青春期之后,那么伤者恢复语言能力的可能性就小了。因为如果在大脑侧化之前左半球受损,语言能力就始终保留在右半球;如果在侧化之后左半球受损,人就会失去语言能力。

语言发展的关键期学说可以解释为什么成人的语言学习能力不如儿童,为什么兽孩被发现之后,语言能力仍然不能顺利提高。但语言的关键期究竟在几岁,关键期对于语言学习的影响究竟有多大,这些都是众说纷纭的问题。另外,还有一些现象是它无法解释的:为什么生活在不同语言环境中的儿童能够获得不同的语言系统,能听、说不同的语言;为什么本身正常而父母聋哑的儿童不能学会正常人的口语,而只能使用聋哑人的手语等。

三、先天与后天相互作用论

先天与后天相互作用论的代表性观点是瑞士儿童心理学家皮亚杰的认知论。

（一）皮亚杰的认知论

皮亚杰的认知论为儿童语言获得的研究奠定了基础，其基本观点如下：

1. 人类有一种先天的认知机制

皮亚杰认为人类有一种先天的认知机制，但它不是乔姆斯基所说的语言习得机制，只是人类的一般性的加工能力。它既适用于人类的认知活动，也适用于人类的语言活动。儿童语言发展具有普遍性，就是因为人类具有普遍的认知机制。

2. 语言的发展以最初的认知发展为基础

儿童并没有特殊的语言学习能力，他们的语言学习能力只是一般人类认知能力的组成部分。认知能力的发展决定语言能力的发展，语言是个体认知发展到一定阶段的产物。语言的发展以最初的认知发展为基础，认知发展的顺序和普遍性决定了语言发展的顺序性和普遍性。

3. 儿童的语言能力是主体因素与客观环境相互作用的结果

儿童的语言能力既不是先天就有的，也不是后天学习得来的，而是儿童的认知能力与现实的语言环境和非语言环境相互作用的结果，是通过同化和顺应而不断发展的过程。

皮亚杰的这一理论既不同于先天论，也不同于后天论。它强调了智力成长和语言发展之间的关系，关注儿童的经验背景和成长中智力对其语言交往能力的影响，并特别强调了主客体相互作用在儿童语言获得中的重要作用，阐明了思维和语言之间相互影响、相互制约的关系，对于理解儿童如何获得语言有着很重要的意义。

认知论的不足之处在于儿童语言的发展受多种因素的影响，仅仅强调认知这一个因素未免片面，而且皮亚杰只强调认知发展对语言发展的影响，忽视了语言发展对认知发展的影响，这也有失偏颇。

（二）规则学习说

规则学习说是在先天论和行为主义的双重影响下形成的一种儿童语言发展理论，主要代表人物是布朗。规则学习说的主要观点如下：

1.儿童先天具有一种理解母语的处理机制

这种机制主要是学习和评价能力,而非乔姆斯基所说的语言普遍特征。儿童运用这种先天的语言处理机制,通过对语言输入进行处理,归纳出母语的普遍特征和个别特点。

2.儿童的语言学习主要是对规则的学习

在儿童早期语言发展中,存在许多过度概括的现象。这说明儿童对语言的学习主要是对规则的归纳,凭借的是工具性条件反射,是"刺激—概括"的学习过程,是先天因素和后天因素的相互作用和相互补充。

规则学习说与后天环境论的区别在于:它强调儿童的语言学习有先天能力的存在。与乔姆斯基的转换生成说的区别在于:它认为儿童学习语言的先天能力中不包括语言的普遍特征,认为语言学习是一种在先天能力参与下的条件反射,对语言规则的学习是归纳的而非演绎的。

(三)社会交往说

社会交往说的主要代表人物是布鲁纳、贝茨等人,其观点如下:

1.语言获得需要多方面因素的支持

社会交往说认为,儿童的语言获得不仅需要先天的语言能力,也需要一定的生理条件和认知的发展,更需要在现实社会交往中发挥语言的交际职能,儿童不是仅仅依靠某一方面的因素就可以获得语言的发展的,从而否定了先天决定论和后天环境论。

2.强调与成人的社会交往活动对儿童语言获得的重要性

社会交往说认为,儿童和成人语言交际的互动活动是儿童语言发展的决定性因素。也就是说,儿童是通过社会交往习得语言的,他们必须通过社交语言活动来获得语言。

3.社会交往是每个儿童的天性

儿童在会说话之前就已经会使用体态语与成人交际,并能逐渐听懂一些成人的话语。在单词句和双词句阶段,儿童能够将语言、体态、体态与语言相结合的方式作为交际手段,最后过渡到完全运用语言进行交际。

目前,规则学习说和社会交往说是在理论界得到较多认同的理论,但对这两个方面的研究还没有完全展开,所积累的材料有限,对于某些问题的看法也还存在不同的结论,所以还需要对这两种学说进行进一步的探索。

第二节 学前儿童语言学习的基本理论

一、学前儿童语言学习

学前儿童语言学习,就是指学前儿童通过参与有目的的教育教学活动而掌握某种语言的过程,也就是儿童掌握语言符号并使用这种语言符号与它所代表的事物建立联系的过程。学前儿童学习语言一般包括四个环节:语言输入—内化—语言输出—反馈。这种学习不一定都是立竿见影的,往往有一个积淀和内化的过程。

从理论上说,语言学习与语言获得是有区别的,但现实中二者并非泾渭分明。因为学前儿童虽然具备先天的语言潜能,但其发展必须依赖后天的学习。在学前儿童掌握语言的过程中,他们的语言潜能才能充分开发。后天环境因素的影响越来越大,成人有目的的教育训练也越来越多,儿童学习的成分越来越多。因此,在现实中,儿童语言获得的过程也可以看成后天语言学习的过程。

二、学前儿童语言学习的特点

与成人的语言学习比较,学前儿童的语言学习呈现出一些不同的特点。

(一)语言学习是学前儿童语言主动建构的过程

学前儿童学习语言是积极主动建构,而非被动接受成人灌输语言符号的过程。

首先,学前儿童在与成人互动交流时,不仅仅是被动接受信息,还会通过自己的言行主动影响周围人的言行。如当成人与6个月大的婴儿讲话时,婴儿同样也会发出"哦哦""啊啊"的声音,有时甚至会主动发声吸引成人关注,挑起"话题"。而成人也会考虑他们对语言的接受和模仿能力,并针对其年龄和生活经验采用特定的"儿向语言",这实际上也是儿童对语言环境的反作用力。

其次,在与成人进行语言交流的过程中,学前儿童会接触到各种语言模型示范,他们往往会主动选择那些自己能够理解和模仿的模型加以模仿和练习,因而,在他们语言发展的早期出现了大量的单词句和双词句。

再次,学前儿童往往根据自己的需要进行创造性、变通式模仿。如将语言模型稍加改动,增添、减少或变换个别语言单位,然后将其作为自己的语言表达出来。这种根据自己需要进行的创造性和变通式的模仿,正是学前儿童主动参与语言构建的过程。如一个4岁幼儿在背诵古诗时,经常修改原诗,把"朝辞白帝彩云间,千里江陵一日还"的第二句改成"千里江陵不日还",把"不敢高声语,恐惊天上人"改成"不敢大声讲,怕惊天上人",把"举头望明月,低头思故乡"改成"抬头望明月,低头思故乡"。

最后,在语言交际环境中,当学前儿童有表达和沟通的需要时,他们才会感到学习新的词汇和语句的需要,才会有意识地利用交往机会主动模仿新的词句。这样,他们在人际交往中就形成了一种主动建构自己的语言的习惯。

(二)语言学习是学前儿童各方面综合化发展的过程

语言学习是学前儿童各方面综合化发展的过程。

首先,这是由语言本身的特点决定的。语言本身是音义结合的符号系统,学习语言,必须将语音、语义及情感色彩结合在一起学习。因此,学习语言的过程往往就是认识事物的过程,也是情绪情感表达的过程。同时,也只有对各种事物有充分了解和深刻体验,才可能真正理解相应的语言形式,才可能逐渐灵活运用语言。如对"橘子"这个词,学前儿童必须观察橘的形、色,品尝其味等,才能真正理解这个词并学会正确运用。教师在讲故事时,往往要运用多种方法、手段把故事讲得绘声绘色。这样学前儿童才能充分地理解故事内容,进而掌握和运用其中的语言知识,并进行生动的故事表演。

其次,语言的工具性使得学前儿童的语言学习和其他方面的学习紧密联系、相互渗透。学前儿童的交友、游戏,以及幼儿园的健康、艺术、科学、社会等各领域的学习活动无不渗透着语言的学习。学前儿童在学习过程中努力运用多种语言去描绘、概括、思考,在认识事物、发展思维的过程中也丰富了语言表达。

可见,语言获得的过程也是学前儿童自身素质综合化发展的过程。

(三)语言学习是学前儿童语言个性化的过程

学前儿童成长的语言环境都不同,有生活经验和语言经验的积累不同,还有个体气质与性格、能力等因素的不同,使其语言学习的过程和结果都带有鲜明的个性印记。即使是在同一个家庭中长大、接受同样教育的孩子,他们的语言表达也各有特色。如对话题的偏好呈现明显的性别差异,男孩大多喜欢谈论"汽车""枪""打仗""盖房子"之类的话题,而女孩大多喜欢谈论"花""服装""布娃娃""过家家"之类的话题。即使针对同一情境、同一话题,他们使用的话语也不可能完全相同,使用的句式、词汇、口头禅甚至语气、语调、语速也都有差异。此外,每个学前儿童对语言的敏感性不同,学习速度、学习效果以及运用语言交际的积极性也各不相同。

（四）学前儿童的语言学习是循序渐进、逐步累积的过程

掌握一种语言不是一蹴而就的，需要经历从无到有、积少成多、逐步积累、逐步完善，从不理解到部分理解再到完全理解的过程。在语言学习和语言运用中，学前儿童常常犯错误，特别是在早期学习阶段。随着年龄增长，他们在学习过程中不断地自我纠正或被成人纠正，反复训练，错误出现得越来越少，表达得越来越清晰流利、准确恰当、灵活多样。可见，学前儿童的语言学习是一个循序渐进、逐步累积的过程，这也是每个学前儿童语言发展过程的共同特点。

因此，在对学前儿童进行语言教育时，要充分了解儿童当前的语言发展水平，根据他们的"最近发展区"，采用合适的"儿向语言"示范，并提出适当的语言教育要求。同时，教育者要以亲切的态度激励学前儿童积极运用语言，以多样化的方法、手段调动他们学习语言的兴趣，促进其语言能力不断发展。

三、学前儿童语言学习的影响因素

（一）生理因素

生理因素方面主要包括语言生理机制和年龄等。

1.语言生理机制

学前儿童语言的生理机制是通过遗传获得的，包括三个方面：一是健全的发音系统，包括肺、喉头、声带、口腔、鼻腔等，这是发音所必需的动力部分、发音器官和共鸣腔系统；二是健全的大脑神经系统，如语言表达中枢、语言听觉中枢等各大语言中枢乃至整个大脑神经系统，这涉及学前儿童接受语言信息、分析语言信息、传递语言信息的能力；三是完善的感知觉系统，包括眼（视觉）、耳（听觉）、皮肤（触觉）、口（味觉）、鼻（嗅觉）等。这些生理机制在学前儿童语言发展中具有重要作用，为其语言学习和发展提供了可能性和规定性。

儿童认识事物时，先是利用各种感觉器官将外界信息通过神经系统传递给大脑，在大脑神经系统记录、储存、分析加工信息后，再借助发音系统将其运用到口语中。这一过程的顺利完成基于学前儿童语言生理机制的完善。如果语言生理机制有缺陷，就会对学前儿童的语言发展带来不利影响。如先天盲童难以发展色彩方面的词汇；先天聋童无法听辨语音；腭裂会出现构音障碍；腺样体增生会使鼻音较重；上下颌咬合不良会影响发音；脑瘫既会影响语言中枢的发育，也会影响参与发音的肌肉的协调运动，所以脑瘫患儿常伴有语言发展迟缓和构音障碍。

2.年龄因素

研究表明,学前儿童的语言学习有个关键期。在关键期内,学前儿童的语言学习比较容易,错过了关键期就比较困难。当然,即使在关键期内,学前儿童的语言学习也受年龄影响。年龄是影响词汇发展最主要的因素,也是影响语法发展和语义理解的一个重要因素。随着年龄的增长,儿童对语义的理解日趋准确,掌握的词汇越来越多,能够运用的短语、句式结构也越来越多,表达的语义也越来越丰富。如一个幼儿在3岁半时,大人给她讲《司马光破缸救人》的故事并问她:"除了破缸,还能用什么办法救人?"她只会简单地回答,"把水舀出来""用石头砸缸"。到了3岁11个月时,大人又给她讲了一遍这个故事并提出同样的问题。她想了想,说:"可以把绳子甩进去,把他拉出来,还可以去拿梯子,让一个小孩站在树上把梯子放进缸里,叫缸里的小孩爬上来。"

比较而言,这个幼儿第二次回答的语句的结构更复杂,语义更丰富、更有创新意义,这显然跟她的年龄增长及思维发展密切相关。

(二)心理因素

1.知识经验的积累

知识经验的积累和语言的发展是相互促进的。在探索世界、认识事物的过程中,儿童不可避免地要和成人进行语言交流。因此,一个儿童的知识经验越丰富,他运用语言的机会就越多,语言能力相对就越强。相反,如果一个儿童缺乏相关知识经验,当他们跟别人交流时就很可能产生理解偏差,或者词不达意、表达有误。如一个2岁儿童把狗称作"猫猫",把鸡称为"鸭鸭"。因此,不断丰富儿童的生活经验可以促进他们的语言发展。

2.认知能力的发展

语言能力和认知能力的发展关系密切。年幼儿童认知能力有限,他们的语言理解能力和表达能力往往不高,具体表现为对复杂语言的理解不够准确,表达也不完善,甚至出现错误。如一个3岁儿童指着玩具说:"这是黑色的小白兔,那是灰色的小大象。"显然,这是因为他的认知能力有限,不清楚动物的分类标准和对词性的理解存在偏差,把合成词"白兔"和"大象"当成了单纯词用,在前面任意添加互相矛盾的修饰词导致了构词法的错误。随着认知能力的发展,儿童的语言能力会越来越强。

3.个性心理的差异

个体的气质、性格、社交能力等都会影响学前儿童的语言学习。一般而言,外向、自信、善于交际的儿童会大胆模仿、敢于表达,因此他们就有更多的语言学习和运用的机会,语言发展得较好;而性格内向、自信不足、胆小害羞的学前儿童往往会失去很多运用语言的机会,语言发展相对较差。研究表明,女孩的语言发展快于男孩,原因之一就是女孩比男孩更喜欢与成人交往,三四岁的女孩要花25%的时间跟人交往,她们在做事之前喜欢向成人请示。①

(三)社会因素

1.社会生活环境

有关社会生活环境因素对语言发展影响的研究很多,如对狼孩的研究。由于早期被剥夺语言环境的刺激,兽孩的语言能力发展几乎是空白;又如在孤儿院长大的儿童,由于缺乏与成人的情感和语言的交流,他们开始说话的年龄均较晚。这些都说明,儿童语言发展的水平和速度与周围环境中语言输入的质与量都有关,特别是在早期,能够接受大量、优质语言刺激的孩子,其语言发展往往会快于其他儿童,相反,语言发展就会相对落后。正因为如此,现今儿童的语言发展状况好于过去的儿童,城市儿童的语言发展状况好于农村儿童。

大众传媒对儿童的语言发展也会产生不可忽视的影响。影视剧、动画片、广告等在开阔儿童的视野、丰富语言环境的同时,也给儿童的语言发展带来一些负面影响。如曾在我国热播的日本动画片《蜡笔小新》,其主人公小新的语言过于成人化,根本不符合他的年龄特点,却被很多幼儿模仿,这会误导儿童的语言发展。即使是那些内容健康的音像制品,对儿童来说也未必是多多益善。如美国某研究小组采访了1000多名8~16个月的美国儿童及其家长,发现每天看1小时录像的儿童的词汇量比没有看录像的同龄人平均少6~8个单词,词汇量少17%左右。旨在提高儿童语言能力的录像为什么会带来适得其反的效果呢?研究者认为,看录像并不能让儿童通过互动交流学习语言,而那些不看录像的儿童却在与他人的互动交流中学习了更多的语言。

2.家庭环境

影响儿童语言发展的家庭环境因素主要有父母的文化背景及语言能力,父母的职业,家庭经济状况,家庭关系(主要包括亲子关系和夫妻关系)及家庭心理氛围,以及家庭的教育观念、教养态度和教养方式等。这些因素相互交织,共同影响儿童的语言学习和发展。

父母的文化背景和语言能力会影响家庭的文化氛围和语言环境质量。文化教育水平较高的父母往往更重视早期教育,为儿童提供较丰富的图书和玩具,引导儿童参加较多的文化活动,让儿童接受较好的早期教育,对儿童的语

---

① 李宇明:《儿童语言的发展》,第286页,武汉:华中师范大学出版社,2004年。

言学习产生更有利的影响。研究者还发现,儿童早期语义、词汇发展依赖于其语言输入环境质量,父母的语言输入特点会直接影响儿童的语言发展,尤其是母亲言语中词汇的丰富性、词汇输入的频率对儿童使用的词汇具有显著和积极的预期作用。①

家庭关系、沟通方式及家庭氛围也会对儿童的语言发展产生重要影响。民主平等、温暖和谐的家庭关系及开放畅通、丰富多样的沟通方式能激发儿童语言交流的欲望,同时,愉快融洽的家庭氛围也能让儿童说话时更有信心,对其语言的发展大有帮助。相反,不融洽的家庭关系、不良的交流方式和消极的心理气氛会使儿童不乐于沟通交流。这不仅影响孩子的身心健康,还妨碍其语言发展。

3.早教机构的教育质量

早教机构的办学宗旨、教育观念、师资力量、语言环境以及语言活动的组织实施各不相同,这些都会对儿童的语言学习产生不同的影响。如果早教机构的教育观念先进,语言环境良好,图书资料丰富,人际关系融洽,教师综合素质较高,对待儿童有耐心,重视发挥儿童的主体性和创造性,语言教育活动开展得生动有趣、丰富多彩,而且重视家园合作,发挥教育合力的优势,那么儿童的语言发展就会较快、较好。

4.成人的语言观

语言观是指人们对于语言的态度和看法,如对待口语与书面语、母语与外语的态度,对于民族共同语和方言的地位的看法等。特定的语言观念会对儿童的语言学习产生潜移默化的影响。如西方人一直有重视演讲和辩论的传统,早在古希腊时代,演讲和辩论活动就受到重视和推广,学校里也开设了修辞学、辩证法等相关课程。到了中世纪时,演说被列为"七艺"之一。今天,演讲和辩论仍然是很多西方国家学生的必修课。这种重视口语的观念也使得西方人比较重视儿童早期的口语发展和教育。

相反,中国人自古以来就有重视书面语、轻视口语的观念,都特别重视对儿童进行识字读经、赋诗作文的教育,而忽视口语教育,这种语言观念影响至今。

(四)语言学因素

语言学因素包括语言形式因素和语言运用因素,它对儿童语言发展影响巨大。

---

① 李晓燕:《不同教育背景母亲在亲子会话中词汇运用的差异比较》,载《学前教育研究》,2010(3)。

1.语言形式

不同民族的语言及不同地域的方言在语音、语法、词汇、语义等方面有不同的特点,复杂程度也不同,这就造成了儿童习得方式和习得顺序的不同,对某一语言现象乃至某种语言习得的速度不同。新生儿对母语的语音更敏感。如果置身于多语言环境中,儿童往往优先习得母语。此外,不同民族语言的语法不同,导致各族儿童掌握语言的速度各不相同。如汉语的复数表达方式较为简单,说汉语的儿童在两三岁时就可以掌握复数表达方式,而英语的复数方式相对要复杂一些,说英语的儿童往往要到六岁左右才能掌握。

2.语言运用

语言运用指在具体的交际情境中操作和使用语言进行交流的现象。它是儿童语言发展的动力和源泉。在不同场合下运用语言的机会越多,儿童的语言发展就越快。

对于正常儿童来说,语言运用影响着他们的语言发展水平。他们在学会说话之前,就已经能够通过表情、手势、体态伴随语音与成人进行交流,表达自己的思想感情,进而形成社会性交往的行为习惯,语言发展逐渐从模糊到清晰、语言交流的类型不断丰富、语言运用的灵活性不断增强,最终学会语言交流,实现从完全依赖体态语进行交流到运用口语进行交流的过渡。

对于孤独症儿童来说,缺乏语言交流行为是导致他们语言能力发展滞后的重要因素。罗林斯等人在对孤独症儿童和智障儿童的比较研究中发现,由于缺乏语言交流行为,虽然孤独症儿童积累了许多词汇,但是他们的语言能力发展落后于弱智儿童。①

四、学前儿童语言学习的途径

学前儿童的语言学习既包括以语言为对象的学习,也包括以语言为工具的学习。因为学前儿童学习语言和用语言学习是同时发生、相辅相成的。

(一)在社会模仿中学习

因为儿童生来就具有强烈的学说话动机,所以他们对语言的模仿、学习多是自发的,是在与周围语言环境的相互作用中自然而然地进行的。儿童模仿、学习语言的渠道和机会很多,只要他们有兴趣,随时随地可以进行。儿童的语言模仿方式大致有以下四种。

---

① 周兢:《重视儿童语言运用能力的发展——汉语儿童语用发展研究给早期语言教育带来的信息》,载《学前教育研究》,2002(3)。

1.即时的、完全的模仿

即时的、完全的模仿即机械模仿。如一个幼儿说:"嘀嘀,我开'嘀嘀',去北京,到站了。"另一个幼儿立刻模仿说:"嘀嘀,我开'嘀嘀'去北京,到站了。"

2.即时的、不完全的模仿

儿童听到范句后,往往会立即进行不完全的模仿。如一个幼儿在听到古诗《静夜思》后,她立刻模仿说:"春眠××晓,处处××鸟。×××××,花落掉了。"其中很多语音她还不能清晰地模仿发出,只好囫囵带过。

3.延迟模仿

延迟模仿指听到范句后不是立即进行模仿,而是间隔一段时间以后在某种场合中复述出来,有变形或创造性因素。如一个3岁幼儿在家里模仿老师的话说:"大灰狼要吃小兔子,叫小兔子开门,兔妈妈把大灰狼打死了。小朋友,动物小兔和大灰狼的外形有什么不同?请想一想。好,请你起来讲一讲!"

4.选择性模仿

选择性模仿也称"创造性模仿",即按照语言范型的结构、功能在新的情境中表述新的内容,是一种有创新的模仿,而不是简单的重复。比如,一个3岁女孩,看到大人安慰哭泣的小伙伴:"你是男子汉,很勇敢,不怕打针!"她立刻说:"妈妈,我是女子汉,我也很勇敢,我打针不哭!"一个5岁男孩听了故事《西游记》中唐僧批评孙悟空滥杀无辜后,看到有人践踏花草,他立刻就说:"你们是在滥杀无辜!"

在儿童语言发展初期,即时的模仿较多,之后延迟模仿和选择性模仿逐渐增多,选择性模仿是儿童在整个学前期模仿说话的主要形式。成人可以在语言教育中采用示范、模仿和强化的策略,引导儿童进行创造性模仿。

(二)在语言运用中学习

儿童是在认知活动、交往活动、游戏中学习语言的,也就是在语义、语用和句法的相互作用中学习,同时也是在与他人的互动过程中学习。在这一动态的学习过程中,儿童不断积累语言经验,语言发展很快。

1.在认知活动中学习语言

首先,儿童在对周围环境的探索中学习语言。儿童有强烈的好奇心,尤其在认识新事物的过程中喜欢向成人提出问题,如"这是什么?""干什么?""为什么?""后来怎么样了?"成人往往会运用通俗易懂的语言进行引导和解答,或者引导儿童自己去探索答案并表达出来。这样,儿童就在探索新事物的过程中学习了多种语言表达方式。

其次,儿童在加工信息中学习语言。儿童在对每天接受的大量信息进行整合加工后形成相关概念,同时也理解和储存了大量词语。比如,当儿童断断续续地接受了"燕子""麻雀""鸽子""老鹰""孔雀"等动物名的有关信息,他们通过信息整合加工很快理解了"鸟类"这个词语,同时也记住了"鸟类"这一词汇。

2.在交往活动中完善语言表达

儿童在与成人的信息和感情交流中,往往会主动、积极地观察、模仿成人的规范话语。通过多种类型的模仿,他们的语言表达会越来越完善。同时,他们在语言表达中常会出现语音、语法、语义、语用等方面的问题和错误,以及顿悟和创造,这些都会引起周围人的积极反馈,得到成人及时的补充、修正和强化。

此外,儿童在与同龄人的自由交流中会互相启发,进而丰富各自的语言表达。

积极的互动交流会给儿童的语言发展不断带来挑战,使他们在语言形式的模仿、语义内容的理解和话语的动态建构方面日趋完善。

3.在游戏中加强语言运用

游戏是儿童最基本的交往活动。在多种游戏中,儿童需要与同伴沟通,相互理解和协调配合,而这一切都离不开语言的运用。如在角色游戏中,每个角色所表达的情境性话语都不相同,儿童要互相支持配合。而在规则游戏中,游戏规则的制定和执行过程也都需要孩子们相互协商配合。因此,在多种游戏情境中,儿童的语言运用能力得到很好的锻炼,语言感知、语言理解、对答应变和协调等能力得到很好的发展。即使是在独自游戏中,儿童的语言能力也会得到发展。他们往往把自己假想为不同的角色,边想、边玩、边说,这种在不同情境下的独自言语正是社会性交往语言产生的基础。

▶阅读推荐◀

1.高敬.幼儿园教育活动设计与实施[M].上海:上海交通大学出版社,2013.
2.李宇明.儿童语言的发展[M].武汉:华中师范大学出版社,2004.
3.刘宝根.学前儿童语言教育与活动指导[M].上海:华东师范大学出版社,2014.
4.周兢.重视儿童语言运用能力的发展——汉语儿童语用发展研究给早期语言教育带来的信息.学前教育研究[J],2002(3):8—10.

▶思考与探索◀

1.试归纳不同学派关于儿童语言获得理论的主要观点,并评价其价值与不足。
　　2.自然成熟说和社会交往说分别对儿童语言教育有什么启示?
　　3.观察并举例说明学前儿童语言学习的特点。
　　4.试述学前儿童语言学习的影响因素。

第五章
学前儿童语言发展的特点及教育

【内容提要】 本章主要介绍了学前儿童在各个阶段语言发展的特点及实施早期语言教育的策略。第一节阐述了前语言发展期儿童在前语言感知能力、前语言发音能力及前语言交际能力等方面的特点；第二节阐述了语言发展期儿童在语音、词汇、语法、语义、语用等方面的特点；第三节阐述了如何从语音、词汇、语法、语用等方面对学前儿童进行相应的教育。

【学习目标】 通过本章的学习，了解学前儿童语言发展在各个阶段的特点，掌握实施学前儿童语言教育的相关策略并尝试将其运用到教学实践中。

儿童一出生就是社会人，学会用语言与他人进行沟通交流，不仅是他们发展的重要途径，也是他们生存的必要保障。因此，儿童对语言的获得不仅是对语音、词汇、语义和语法的理解和表达，还包括语言运用能力的获得。研究表明，世界各民族儿童的语言发展都遵循一些共同的规律，他们掌握母语所经历的几个阶段及各阶段发展所需时间也大致相同。一般以儿童说出第一批能够被理解的词为界，将学前儿童语言发展分为前语言期（0～1.5岁）和语言发展期（1.5～6岁）两个阶段，并在此基础上进一步划分出语言能力发展的具体阶段。

第一节 前语言发展期儿童语言发展的特点

儿童出生后的前18个月虽是整个生命历程中生理和心理发展速度最快的时期，但还不具备完备的语言能力，我们通常把这一时期称为儿童语言发展的

第五章 学前儿童语言发展的特点及教育

"前语言期"。这个阶段的儿童在语言发展方面以语音为核心,发展起前语言感知能力、前语言发音能力和前语言交际能力等三方面能力,为语言的正式发展做好充分准备。

一、前语言感知能力的发展

在前语言期,儿童感知语音的能力是他们获得理解性语言的基础,也是他们之后表达性语言发展的先决条件。因此,听觉的发展在这个时期具有更重要的意义。这个阶段儿童逐渐发展起来的前语言感知能力可分成三个层次:辨音、辨调、辨义。

(一)辨音水平(0~4个月)

从出生到4个月左右,儿童形成了感知和辨别单一语音的能力。

1. 分辨语音与其他声音

从出生开始,婴儿就对这个充满声音的环境非常感兴趣,就能分辨出人类说话的声音,而且喜欢人类说话的声音胜过其他声音。出生不到10天的新生儿就能以目光凝视或转移、停止吮吸或继续吮吸、停止蹬腿或继续蹬腿等行为,来对周围的说话声和或其他声音做出不同的反应。他们不仅能够辨别多种类型的语音和语音属性,还会有选择地注意某些发音的特点。可见,婴儿从出生起就具备辨别语音和其他声音的特殊能力,这种能力能帮助他们以最快的速度将人的声音从背景环境中分离出来,为接下来分清单个语音及词汇奠定了基础。

2. 感知不同话语声音的差别

婴儿在出生后喜欢母语甚于外语,而且更偏好本地方言的语音模式和母亲的语音模式,这是新生儿学习语言的动力基础。曾有专家对出生12小时的新生儿做实验,利用电脑记录婴儿吸奶嘴的频率和强度。实验表明,在播放从未听过的外语时,婴儿的反应比较微弱,但是当听到父母说的母语时,婴儿的反应比较强烈,吸奶嘴的强度和频率陡升。这显示出惊人的事实:胎儿在子宫里就开始学习语言,而且出生后偏好母语的节奏。出生24天的婴儿就能敏锐地辨别不同说话人在音高、音量和音色综合而成的语音轮廓方面的不同。他们能区分男人的声音和女人的声音,抚养者(如父母)和陌生人的声音,并做出明显不同的反应。

3. 感知单纯语音的差别

语音学意义上的单纯语音是指由于发声位置和方法不同造成的语音的差别。观察表明,两个多月的儿童能够从多种混合话语中分辨出不同的语音,并且在刚刚开始的发音活动中进行尝试,如/a/、/o/、/ei/、/n/、/hɑ/等。这表明婴儿已经开始获得对语音内部要素的感知和分辨能力。甚至有实验表明,出生不到一天的婴儿就能分辨出词频,听到实词时反应强烈,听到虚词时反应微弱。这些都说明婴儿对语音信号的频率特征的分析是非常精细的。

(二)辨调水平(4~10个月)

1.语音感知水平进一步提高

进入辨调阶段后,儿童的前语言感知水平向前跨了一大步。他们已经能区分汤匙敲击声与咳嗽声的不同、咳嗽声和鸟鸣声的不同。这时,他们对人的声音非常敏感。在埋头喝奶时,只要听到有人说话、唱歌,他们就会转过头来看看。这时可以利用话语反应情况判定法判定婴儿的语言理解能力,即在自然语境中看婴儿对语言刺激是否能做出恰当的反应。如指着红旗对6个月大的婴儿说:"红旗,这是红旗。"反复几次后问他:"红旗在哪?"如果他仰起头盯着红旗看,就说明他已经理解成人话语的含义。8个月左右的婴儿对于成人的语言指示不但会用转头和目光示意,而且会用手指认或者抓取相应的物品。这些都说明这个阶段儿童对语音的感知能力有了很大提高,开始真正理解语音的含义了。

2.开始察言观色,在情境中理解语言

一般而言,4~10个月的婴儿开始会察言观色,会在理解语言时考虑语言交流情境,如成人的语气、语调以及手势、表情等。他们能从成人整段语音的不同音高、音长及语气语调变化中体会其社会性意义,进而判断交往对象的情感态度,并能给予相应的社交性反馈。如面对成人的严厉责骂,他们往往会号啕大哭;面对成人的逗乐,他们会感到愉快;面对成人冷淡的表情、语调,他们会给予冷淡的回应。

相关实验表明,此阶段的婴儿对人类的面部表情和语气语调表达的感知十分敏锐,知道面部表情和语气语调应该协调配合,这也是他们准确理解成人话语的基础。

(三)辨义水平(10~18个月)

1.开始真正理解语义

10~18个月时,婴幼儿开始进入对语音的辨义阶段,他们越来越多地将语音表征和语义表征联系起来,开始真正理解成人的语言,并很快积累大量的理解性语言。借助成人的语言和目光看向及手势指向的实物,他们能很快把语音和语义结合起来,对词语做出正确反应。如成人看着苹果并指着它说:"苹果,哇,又香又甜的苹果!"婴幼儿很快就能理解"苹果"这个名词。当成人问"苹果在哪儿"时,他们往往会指向相应的实物或图片。用这种方法可以使这个阶段的婴幼儿很快掌握生活中常见物品名称的语音,并分辨出一些类似语音的含义。如对

于类似的问话"妈妈呢"和"爸爸呢",他们能够做出不同反应;对"跟妈妈再见"和"跟姐姐再见",也能够做出不同的反应。这些都说明,婴儿不仅能感知语调,还对词语的语音有比较准确的感知辨别能力。

2.理解的词句数量增多

此阶段儿童的理解能力迅速发展,到1岁左右,已经能够理解几十个常用的名词和动词。食物和身体部位名词是他们最先掌握的词汇,如称谓语"爸爸""妈妈""爷爷""奶奶"等,食物名词"牛奶""糖果""饼干"等,动物名词"鸡""鸭""鱼""老虎""兔子"等,动词"抱""坐""走""看""打"等。他们还能够理解简单的祈使句和疑问句,还可以回答问题,并遵循指示做出简单反应。此时的婴幼儿已经开始听懂自己的名字,会以微笑、注视、手舞足蹈等方式回应别人的呼唤。这个阶段的婴幼儿不一定能主动说出理解的语词和句子。这种能够理解却不能主动应用的语言叫"被动性语言",它的交际性功能非常有限。只有在既能理解又能表达的主动性语言出现时,儿童积极的言语交际能力才开始发展。

二、前语言发音能力的发展

前语言发音指儿童正式说话之前的各种语音发声,类似于说话之前的语音操练。儿童自第一声啼哭到开始正式说话,经历了大量的发音练习,大致可分为以下三个阶段。

(一)单音发声阶段(0~4个月)

0~4个月的婴儿能够模仿发出一些简单的、无意义的音节,多为单音节。

1.新生儿的"非自控音"

在出生到第20天这一阶段,新生儿的发音以哭声为主,还有咳嗽声和吃奶时发出的声音等,这些声音大多是新生儿不能自己控制而发出的声音,因此可以称为"非自控音"。所以从出生到第20天又叫"非自控音阶段"。

新生儿最初的哭声是开始呼吸的标志,同时也表明他们的发音器官已经为语音的发生做好了准备。大约在出生一周后,新生儿的哭声已经分化为三类:在需要得不到满足时出现愤怒而响亮的哭声;在疼痛时出现急促的哭声;在需要帮助的情况下出现有节奏的哭声。在哭声中,特别是在哭声稍停的时刻,有时会发出 ei,ou 的声音。新生儿的哭叫声从一开始的平而尾降到后来分化为平、升降两种新的模式,为以后发出不同的语调做好了最初的准备。

2.以元音为主的单音节语音开始出现

到一个月左右,婴儿能发出"哦哦"声,似乎有表达感受、与成人交流的愿望。有时会边哭边看着大人,似乎在观察大人的反应。在此阶段,婴儿的发音以元音为主,基本上是一些无意义的音节。在元音的发展中,除少数元音外,儿童所需要的元音都已经出现滑动音流(若干个音节连续发出),成为发音的一种突出现象。一开始是双音滑动,40天后出现多音滑动。这种滑动音流其实就是婴儿在练习音高升降变化。

2个月时,婴儿哭叫明显减少,而模仿成人语音的现象时有发生,他们在舒服的时候会发出愉快的自言自语的声音,有时会与成人咿呀对话。此时婴儿的发音大多为简单的元音,包括单元音和少量复合元音,类似于汉语单韵母如 a、o、u、e 等和复韵母如 ao、ai、ei、ou 等。声母还比较少,主要是 h 音,有时会有 m 音。这些发音都属于反射性的,没有任何符号意义。

3.开始以不同的语音表达不同的社会意义

在两三个月后,婴儿的单音节发音逐渐与一定的情境联系起来,表达一定的社会意义。这时,婴儿嘴里发出的声音会越来越丰富多样。这些声音有的听起来像哼唱一样,是自娱自乐;有的是寻求帮助(如请求大人换尿布或要吃奶);有的是发脾气;有的则是逗大人玩,吸引大人关注。曼纽克发现,婴儿在焦急或不舒服时常发出 i 和 e 等音,而在舒服放松的状态下会发出 a、o、u 等音。[①] 可见,这些音节已经有了一定的信号意义,与前一个阶段的发音相比,有了进一步的分化。

(二)音节发声阶段(4~10个月)

1.经常发出连续的音节

从 4~6 个月开始,婴儿进入了牙牙学语阶段。"牙牙语"是指婴儿不规则地重复类似于母语的音节,很像是对成人句式的模仿,国外有学者称之为"小儿语"。这个时期的婴儿会把手放在嘴上"打哇哇",发出与人类语音极为相似的声音,并能将元音和辅音结合连续发出,但多为同音重复,如 ba—ba—ba,ma—ma—ma,da—da—da。虽然这些声音可能还没有什么意义,但为成人帮助婴儿建立语音与客观形象之间的联系提供了可能。

2.发音的社会意义增加

这一阶段的婴儿发音有了一定的指向性,较多的是对成人的社会性刺激作出反应,有时也与他们自身的生理状态有关。他们往往在基本生理需要得到满足之后,尤其在成人逗乐时发出多种声音。当他们感到不舒适时,也会发出某种特殊的声音。因此,这时的婴儿发音已经带有一定的社会交往性质。

---

① 张明红:《学前儿童语言教育》,第87页,上海:华东师范大学出版社,2001年。

3. 发音逐渐集中到母语音节上

6个月之后,婴儿连续发音的节奏感更强,滑动音流的形式更加丰富多彩,他们的语言发音更是主要集中在母语音节上,而且增加了不同音节的连续发音,还能发出母语的不同声调。他们经常手舞足蹈地练习自己的发音器官,同时也会听辨自己的发音,并为自己能够准确模仿大人的示范发音而感到自豪。模仿和重复是这个时期婴儿学习语言的关键。

婴儿在这段时间内的发音以辅音和元音相结合的音节为主,并且从单音节发声过渡到重叠多音节发声,如 a-ba-ba-ba,ma-ma,a-i 等,而且汉语的阴阳四声开始出现了。如笔者曾观察到,有个婴儿在八九个月时,经常反复自发练习抑扬顿挫的小儿语:tiao—tiao—dong—hua—dong,mao—zi—mao—zi—sha,很像汉语的语音"挑挑东花咚,帽子帽子沙",有了一定的声调。

(三)前词语发声阶段(10~18个月)

1. 母语发音更丰富、更准确

经过音节发声阶段之后,婴幼儿牙牙学语的发音进入一个更复杂的时期。此时,他们的母语发音更丰富也更准确。汉语儿童已经能够发出一连串变化不同的辅音加元音的音节,他们的发音这时才真正具有了汉语的风格特色。

这个时期婴幼儿的牙牙语往往随着环境变化而变化,如在床上看书时所说的牙牙语和坐在妈妈腿上逗乐时所说的牙牙语是不同的。1岁左右的婴儿还能根据成人的语音和语调改变自己的牙牙语(Liberman,1967)①。

2. 集中的无意义发音现象逐渐减少,由无意义的音节过渡到词音

吴天敏曾记录了一个1岁零7天的中国幼儿连续发音的音节,主要有 a—ia—ia—ia,a—iou,a—fh,e—ha—ha,a—jia—jia—da,ba—bu,en—ia—ia—e,ng—e 等。而到了1岁20天时,该婴儿所发的类似词的音节有 ba—ba(爸爸),jia—jia(姐姐),nie—nie(捏捏),ma—ma(妈妈),nai—nai(奶奶)等。②

而笔者曾观察到一个18个月大的幼儿经常自言自语、连续不断地重复一大串有意义的称谓词:ba—ba(爸爸)、ma—ma(妈妈)、ge—ge(哥哥)、jie—jie(姐姐)、di—di(弟弟)、mei—mei(妹妹)、ye—ye(爷爷)、nai—nai(奶奶)、a—yi(阿姨)、shu—shu(叔叔)……好像在复习巩固这些已学会的词音。很快,她就开始讲一些简单的完整句,如"鸭鸭打伞""叔叔吃菜""阿姨跳舞""妈妈唱歌""爸爸骑车"……

---

① 周宗奎:《现代儿童发展心理学》,第131页,合肥:安徽人民出版社,2000年。
② 赵寄石、楼必生:《学前儿童语言教育》,第99页,北京:人民教育出版社,1993年。

从以上两个案例可以看出，这个时期正是婴幼儿从无意义音节发展到词音再到句子的过渡阶段。

3. 语音的扩充和收缩

此阶段婴幼儿的发音，经历了两个相辅相成的过程。一是语音的扩充，即婴幼儿随着发音的成熟而能够发出愈来愈多种不同的声音。他们不仅能发出母语的语音，而且还能发出一些非母语的语音，并出现了语调、节奏、重音和音量的变化，用以表达明确的意义。二是语音的收缩。1周岁以后，幼儿出现发音收缩现象，即母语中没有的发音逐渐减少，无意义的连续音节大大减少。

在即将进入单词、句阶段时，儿童的发音突然减少了，在正式学说话前进入了一个短暂的相对沉默时期。他们往往用动作示意，独处时也停止了自发的发音活动。

三、前语言交际能力的发展

前语言交际是婴幼儿在获得语言之前，用语音及伴随的表情或动作代替语言进行交往的现象，这种特定的交际能力与儿童的语言感知和发音经验密切相关。婴幼儿前语言期交际能力的发展可分为三个阶段。

（一）产生交际倾向（0~4个月）

婴儿似乎先天就具有交际倾向，他们一出生就准备好进行沟通。

1. 以哭泣表达需要

哭泣是婴儿表达需要的最早的方式，因为0~4个月的婴儿还无法发出其他声音，这时的他们的嘴巴小、舌头大，而且喉头仍然在喉咙上方。婴儿的哭泣会引发父母的回应，并及时帮他们解决问题。这种成功的经验促使婴儿调整自己的哭声，以更好地吸引成人注意。最初的哭声比较简单，一般是在身体不舒服、饥饿、恐惧时发生的。母亲的拥抱、抚慰往往会使哭泣的婴儿立刻安静下来，这样他们跟母亲之间就建立了一种最早的沟通联系，而他们的哭声表达的意义也越来越丰富。婴儿正是在内在需求的驱动下逐渐产生交际兴趣和交际倾向的。

2. 开始对视交流和微笑

新生儿的视力范围只有20cm左右，看不清物体细节。1~2个月大的婴儿则能够实现视觉集中，有意识地关注一些感兴趣的人或事物的形象，如人脸、颜色鲜艳的玩具和运动的物体，能够用"哦哦"声与大人对视交流。他们感觉舒适时就会露出满意的微笑，看到自己喜欢的玩具时也会微笑，被大人逗时会发出笑声。2~3个月时，婴儿会产生立体视觉，不仅可以观察近物，还能用视觉追物180度。这对他们灵活准确地感知周围环境信息和适时表达交流有重要意义。

3.偏好人类的语音和面孔，尤其是母亲的语音和面孔

研究表明，婴儿偏好人类的语音，对人类面孔也非常感兴趣，尤其喜欢母亲的声音和面孔。当母亲离开他们的视线范围时，他们就会转头寻找，看到母亲的面孔就会主动微笑，能辨出母亲的声音。在刚出生的头几个月，逐渐对母亲产生了依恋心理。这些都是此后婴儿产生交际倾向的基础。

4.开始模仿成人的语音

模仿成人语音是婴儿与成人之间重要的沟通方式，它在婴儿语言学习中扮演着重要的角色，婴儿在学会说话之前就已经开始模仿周围成人语言的声音。出生12~21天的新生儿就有一些模仿行为，之后，随着发音机制的不断完善，婴儿逐渐模仿成人的各种语音，从不清晰到清晰，从不完善到完善。

（二）学习交际规则（4~10个月）

4~10个月的婴儿，在与成人的交往中开始出现一些变化。

1.开始认生

在两三个月时，很多婴儿不论看到什么人，都会用"哦哦"声与他们友好地对视交流、微笑。但是到了四五个月时，婴儿开始认生，对陌生人明显地表示拒绝，喜欢跟熟悉的人进行互动，对熟人的话语、逗弄给予语音应答，仿佛进行交谈。这说明他们对人脸的识别能力和交际倾向性进一步提高。

2.掌握了重要的人际交流规则和技能

这个时期的婴儿的模仿能力发展很快，五六个月大的婴儿开始出现有意向的模仿。从八九个月大开始，他们会模仿新的发音动作，能够顺应外在榜样的模式。在与成人的互动交流过程中，婴儿基本掌握了倾听、眼神接触、轮流发声等重要的人际交流规则和技能。他们学会了倾听，成人说话时，他们会看着成人的眼睛、仔细观察成人说话的口型，并在适当的时候继续模仿发音，或者用表情、动作来主动地挑起另一段"对话"，从而使这种交流继续下去。如果他们的发音长时间被忽视，他们就会以动作、表情等来表达不满。这种语言交往对话规则的萌芽表明，婴儿开始敏锐地感知到语言交际的基本要求。此时，婴儿出现了更为明显的交际倾向。

3.对成人的表情和手势更加敏感

这一阶段的婴儿对成人的眼神、面部表情、手势等很敏感，同时也学会了在交际中使用基本的表情和手势。观察发现，这个时期的婴儿开始学会察看成人的脸色，面对成人的责骂、批评会委屈地咧嘴哭。当母亲边说话边看着6个月左右的婴儿时，婴儿会很感兴趣，而当母亲转过身、视线移开但继续跟婴儿说话时，他们就会感到困惑，甚至生气。此外，七八个月大的婴儿对成人的手势也很敏

感,他们已经知道只要顺着成人手指的方向看就可以看到有趣的东西。到了8~10个月,婴儿也开始使用手势指明自己想要的物品,或者指明希望成人关注的物品。

(三)扩展交际功能(10~18个月)

10~18个月的婴幼儿仍然以有意向地模仿学习为主,他们不断地对自己能够理解的有意义的语言、表情、动作进行模仿,所以语言交际能力发展很快,较好地实现了语言的各种交际功能。

1.学会用语音语调和动作表情准确表达交际需要

此时的婴幼儿在人际交往中不断模仿成人,逐步学会根据自己的交际需要调整语音语调和动作表情。如为了维持愉快的交流,他们会发出各种各样的声音,同时伴以眼神注视、手舞足蹈来吸引成人;为了满足自己的好奇心或者占有欲,他们用手指着自己感兴趣的东西并发出声音引起成人注意。如果他们的要求被成人忽视,他们往往会用尖叫或急促上扬的语调,伴以瞪眼、蹬腿和伸手等动作,表明自己急切的心情和强烈的不满。当自己的目的达到、需求被满足之后,他们会用轻快的语调和天真的欢笑表达自己的开心。他们还常常使用一个单词表达多个意思,如指着门说"走",可能是表达"我要出去"或"妈妈出去了"。

这些都说明,这个时期的婴幼儿已经学会运用语言和非语言相结合的方式表达自己的需要,他们的前语言交际行为已经具备了语言交际的一些基本功能。

2.坚持表达个人意愿,学会创造、使用某些"交际信号"

从交际的倾向来看,这个时期的婴儿有坚持表达个人意愿、不达目的誓不罢休的精神。当他们用某种声音或表情动作表达自己的需要但没有被成人理解时,他们就会不断重复这种行为,有些急性子的婴幼儿甚至会大发脾气。这时,成人应该冷静耐心地引导他们清楚表达自己的需要,对于他们的合理需要予以满足,反之,则要耐心说理、延迟满足或转移注意力。

此外,此时的婴幼儿开始通过重复相同的声音、语气、语调和表情、动作来创造相对固定的"交际信号"。他们会在类似的情境中用同样的语音语调、动作表情来表达同样的意思,形成一定的交际习惯。

3.能执行成人的简单指令,并扩展语言的交际功能

这时的婴幼儿已经开始逐渐掌握对熟人的称呼语,他们能够做到在成人的提醒下有针对性地喊"爸爸""妈妈""爷爷""奶奶""叔叔""阿姨"等,跟熟人之间言语互动更频繁。

当成人问"宝宝几岁了""宝宝叫什么名字"时,他们会伸出食指表示1岁,会答出发音简单的乳名。他们还会明确地用"是""不是"或点头、摇头表达自己的

需要。若有客人来,婴幼儿会根据成人要求高兴地拍手表示欢迎,当客人走时,他们会摆手说"拜拜"。而且他们还会把这些语音和动作的交际功能扩展到其他交际情境中。如有的婴幼儿在学会用拍着手说"哦,哦"表示欢迎客人后,看到自己喜欢吃的东西也会拍着手说"哦,哦";在学会用招手说"拜拜"表示再见之后,他们还会用同样的语音和动作表示让他不喜欢的人走开,或者拒绝与其他小朋友分享自己的东西。

婴幼儿正是借助前语言发音和体态语结合的方式不断与成人交际互动,才逐步发展起真正的语言交际能力的。

第二节 语言发展期儿童语言发展的特点

经过短暂沉默期之后,从1.5岁开始到6周岁,学前儿童进入正式语言发展期。这个时期语言的发展包括语音、词汇、语法、语义、语用等方面的发展。

一、语音的发展

在1.5岁至6岁的正式语言发展期,学前儿童的语音发展具有以下几个方面的特点。

(一)发音由无意义的音节过渡到词音

从1岁半开始,学前儿童发音器官逐渐发育成熟,语音逐渐稳定和规范,发不出的语音逐渐减少,集中的无意义发音现象逐渐消失,发音逐渐由无意义音节向词音过渡。1岁半到2岁是儿童从"被动"转向"主动"的言语活动期,这个时期的儿童整天叽叽喳喳说个不停,表现得积极主动。

(二)语音意识产生

2~3岁的学前儿童开始具有语音意识,主要表现在:能评价别人发音的特点,能听辨和纠正别人的发音错误;能有意识地自觉调整自己的发音。如一个3岁的儿童在跟母亲交流,母亲故意这样喊他:"小灰灰,快快来。"他立刻纠正妈妈的发音:"我不叫小灰灰,我叫小飞飞!"当然,因为学前儿童的发音能力不完善,在语音学习中往往存在一些特殊的现象,这个时期学前儿童的听辨能力有了相当发展,但发音能力还不健全,会导致听音和发音的不同步、不匹配。[①]

---

① 李宇明:《儿童语言的发展》,第79页,武汉:华中师范大学出版社,2004年。

（三）发准音比听准音更难，发声母比发韵母更难，错误较多

在语言发展期，学前儿童的语音辨别能力已经发展起来，对个别的相似音还可能混淆，如 b 与 p、d 与 t。他们要准确发音会困难得多。如母语是汉语的儿童对声母 zh、ch、sh、r、n、l、f 难以掌握，很多儿童会混淆 zh、ch、sh 的发音与 z、c、s 的发音，同时又容易把 z、c、s 发成 j、q、x，把 n 发成 l。韵母中后鼻音比较难掌握，一些儿童常会将后鼻音 ang、eng、ing 发成前鼻音 an、en、in 等。这一特点在不同地区的学前儿童中都有所体现，主要原因是学前儿童的发音部位和发音方法不正确，或是他们的发音器官发育不成熟，或是受到一些方言发音习惯的影响。

（四）逐渐掌握本民族的全部语音

3～4 岁是语音发展最迅速的时期，4 岁以上的学前儿童一般能掌握本民族的全部语音，母语发音不准的现象越来越少。同时，发音开始稳定，趋于方言化，即开始局限于本民族或本地语音，年龄越大越是如此。对于中国少数民族和方言地区的儿童来说，由于缺乏语言环境，学习普通话还是一项比较困难的任务。研究发现，到 4 岁时，城市学前儿童能够发准 97％的声母和 100％的韵母，乡村学前儿童只能发准 74％的声母和 85％的韵母。学前儿童汉语发音的正确率分别是：3 岁为 10％，4 岁为 35％，5 岁为 60％，6 岁为 70％。[①]

（五）常见发音策略

由于发音器官发育尚未成熟，学前儿童会出现许多发音方面的"错误"。汉语儿童常见发音策略主要有如下几种。

1. 简化

由于发音能力有限，学前儿童往往只能用一个词来表示一些完整句子的复杂含义，如用"车"或"车车"来表示"我要这辆车""这是一辆车"等含义，成人必须根据具体语境来揣测其具体含义。

2. 省略

省略指儿童在发音过程中丢失了某些音素，如把"轮船"发成了"len chuán"。

3. 替代

替代指儿童用自己会发的音替代不会发的音，用易发的音替代难发的音的

---

① 周兢：《学前儿童语言教育》，第 12 页，南京：南京师范大学出版社，2001 年。

现象。如用 z、c、s 替代 zh、ch、sh，用 d、b 替代 t、p，把"老师"说成"老斯"，把"兔子跑了"说成"肚子饱了"，把"哥哥"说成"得得"等。

4.同化

同化指儿童发某个音时由于受到邻近音的影响而发得跟这个音的邻近音相同或相近，声母、韵母、声调都有可能发生同化。如把"红凤凰，黄凤凰"说成"粉红黄，黄粉黄"，把"白粉墙上画凤凰"说成"白粉墙上红凤凰"，把"一岁一枯荣"说成"一岁一窟窿"，把"拔萝卜"说成"拔磨卜"，把"小朋友，快快来"说成"小朋友，派派来"。

二、词汇的发展

（一）词汇数量随年龄的增长而增加

1岁半开始，学前儿童进入积极语言活动阶段，他们开始说得很多。在1岁半至2岁这个阶段会出现"词语爆炸现象"，这个阶段是语言发展的加速期和高峰期。研究表明，22个月大的婴儿平均每90分钟至少学会一个新词。学前儿童在1.5岁之前会掌握50～100个词，1.5～2岁时会掌握300个词，2～2.5岁时的词汇量为600个，2～3岁时的词汇量为1100个左右，3～4岁时的词汇量为1600个，4～5岁时的词汇量为2300个，5～6岁时的词汇量为3500个左右。从这些数据可以看出，学前儿童的词汇量随年龄增长而不断增加，但3岁后词汇量的增长速度趋缓。2～3岁学前儿童词汇量的增长率大约为200%，而3～4岁学前儿童词汇量的增长率大约为50%，4～5岁学前儿童词汇量的增长率约为40%，5～6岁学前儿童词汇量的增长率为34%。

（二）词类范围不断扩大，掌握各类词汇的顺序不同

研究表明，2岁学前儿童的词汇中各类词都已经出现，但实词占绝对多数。2～6岁学前儿童的词汇中虚词只占10%～20%，其余为实词。在实词中又以名词最多，其次是动词，再次是形容词。其他词汇如实词中的代词、副词、数词，以及虚词中的连词、介词、助词、语气词等，学前儿童掌握得较晚，使用得较少，但使用率随年龄的增长而上升。对于名词，2岁学前儿童先掌握表述具体的动作或形象的名词，后掌握表述抽象意义的名词。如先掌握"花""草""树""叶""鸟""虫""猫"和"狗"等具体名词，后掌握"植物""动物""生物"等抽象名词。3～6岁学前儿童所掌握名词中具体名词占80%以上，而抽象名词则占20%以下。

三、语法的发展

语法是组词成句的规则,学前儿童要掌握母语,进行言语交际,必须掌握母语的语法体系。学前儿童语法的发展指学前儿童对语句结构的获得,包括理解不同结构的语句,产生语法意识等。学前儿童语法发展获得大致呈现如下特点。

(一)句型的发展

学前儿童的句型发展的规律是从不完整句到完整句,从简单句到复合句,从无修饰句到有修饰句,从陈述句到非陈述句。

1.不完整句阶段

(1)单词句(1~1.5岁)。单词句的特点是与动作紧密结合,意义不明确、语音不清晰、词性不明确。如幼儿说"爸爸"表示"爸爸来了"或者"爸爸抱抱";说"花"表示"我看到了漂亮的花"或者"我有漂亮的花"等。

(2)电报句(双词句)(1.5~2岁)。电报句的特点是语句简略,结构不完整,有的句子只有主语和谓语,如"娃娃排排(坐)""宝宝饭饭""妈妈班班"等;有的句子只有谓语和宾语,没有主语,如"买糖糖",意思是"妈妈买糖";有的句子省略谓语,如"宝宝车车去",意思是"宝宝坐车子去";有的句子前后颠倒,如"饼饼没",意思是"我没有饼干了"。

2.完整句阶段

完整句是指句法结构完整的句子。学前儿童对完整句的获得顺序是从无修饰语的简单句到有修饰语的简单句,再到复杂句。从1.5岁到2岁左右,学前儿童在说电报句的同时,也开始说一些无修饰语的完整句,如"宝宝喝""阿姨买糖""小鸟飞";从2岁到2.5岁左右,学前儿童开始说一些有简单修饰语的完整句,如"小鸟在天上飞""两个娃娃在唱歌";3岁左右学前儿童说的完整句中修饰语会明显增多,并具有一定的语法规则,如"这个是我玩的机器人,不是你的""妈妈带我坐公交车去动物园看大象和老虎";3.5岁学前儿童使用复杂修饰语的完整句数量增长最快,大约是3岁学前儿童的2倍;6岁儿童说的90%以上的句子中都含有修饰语。

因为不同语言结构存在差异,所以不同语种学前儿童在掌握句法上有很大差异。母语是汉语的学前儿童2岁左右时说的话语大多是完整句,3岁左右时说的话语基本上都是完整句。

此外,在2~2.5岁学前儿童的话语中,还出现了由几个相互连接或相互包含成分组成的复杂句。如连动词的复杂句"我看完书就跟你玩游戏",又如兼语句"快叫小朋友来拔萝卜"等。

3.复合句阶段

复合句是由两个以上意思关联较密切的简单句合起来构成的句子。学前儿童在2岁左右开始使用复合句,4～5岁时对复合句的使用发展较快。学前儿童使用复合句表达的特点是由几个单句并列而成,结构松散,缺少连词。如当成人问2岁幼儿"爸爸和妈妈哪个好"时,他们会回答"妈妈好,爸爸好"或者"妈妈好,爸爸不好",而不会说"妈妈好,爸爸也好"。3岁学前儿童使用极少数连词,以后逐年增多,但直到6岁,使用连词的句子仅占复句总数的四分之一左右。在学前期出现较多的复合句类型是并列复句和因果复句,转折、递进关系的复句比较少。

(二)语句结构的变化

1.从不完整到完整,从松散到严谨

学前儿童最初讲出的句子,不但结构简单,而且不完整,常常缺少一些句子成分。如小班幼儿说:"老师哭了"。实际应该是:"老师,他哭了。"他们说:"妈妈吃盘子我吃碗。"实际应该是:"妈妈用盘子吃饭,我用碗吃饭。"随着年龄的增长,句子结构逐渐复杂而且严密,意义也较明确、易理解。

2.从混沌一体到逐渐分化

学前儿童早期的言语功能由表情、达意和指物三者紧密结合到逐步分化,使用的词语的词性和句子结构由不分化到逐渐分化。如他们指着猫说"喵喵",是把象声词"喵喵"当名词"猫"用,也可能当动词短语"咬人"用;他们说"宝宝糖",可能表达的是"我有糖",或者是"我想吃糖","糖"既当名词又当动词,既当宾语又当谓语。

3.由压缩、单调、呆板到逐步扩展和丰富灵活

学前儿童最初说出的语句是只有少数几个核心词组成的句子,因此显得单调、呆板。他们会逐渐增加修饰词,最后能灵活运用修饰词,表达的内容逐渐丰富具体,句子也逐渐加长。如从"嘀嘀,去上海"到"嘀嘀,我坐火车去上海",再到"等到暑假时,爸爸就要带我坐火车去上海玩"。

四、语义的发展

语义的发展即语言内容的发展,是在对词、句子和语段三个语言结构层次理解的基础上发展和获得的。学前儿童语义的发展具有以下特点:

(一)词义的发展

学前儿童词义的发展是他们正确理解和运用语言的基础,是其语言发展极

其重要的方面。学前儿童词义的发展要比语音、句法的发展更加复杂,可以说,对词义的获得贯穿其一生。

1.理解的词语多于应用的词语

早在婴幼儿会说出第一批语词之前,他们就已经能听懂一些词语了。18个月时他们会说的词语大约有50个,能够理解的词语有100个。2岁时,他们通常会使用的词语有300多个,能理解的词语有1000个左右。儿童既能正确理解又能正确使用的词汇才是积极的词汇。

2.理解的词语顺序是先理解具体词语再理解抽象词语

学前儿童都是先理解具体形象的词,再理解抽象概括的词。如他们先理解"苹果""香蕉""梨子"等具体的词语,然后才理解"水果"这个比较抽象的词语;先理解"饼干""牛奶""面包""米饭"等比较具体的词语,后理解"食物"这个比较抽象的词语。

3.从理解词的具体意义到理解词的隐喻意义

学前儿童都是先理解词的具体意义,然后才能逐渐理解词的隐喻和转义。如他们往往把"黑话"理解为"晚上说的话"。又如妈妈对3岁的幼儿说:"小宝宝笑得好甜哦!"孩子就奇怪地问:"小宝宝的脸上有糖吗?我舔舔看。"

4.词义理解逐渐深刻、准确

学前儿童对最初掌握的词,往往理解得不够准确、深刻,甚至会出现偏差和错误,常常出现词的泛化、窄化和特化现象。

(1)词的泛化(扩充词义)。如有儿童以"鸡蛋"指代一切圆形物体;以"猫猫"指代一切四条腿的动物;以"鸭鸭"指代一切鸟类等。

(2)词的窄化(缩小词义)。即把表示一类事物名称的词理解为某一特定的事物。如有婴幼儿把"车车"仅理解为自己的婴儿车或玩具车,把"书"仅理解为自己喜欢的某本图画书。

(3)词的特化(与词义无关)。由于不理解词语的深层含义,学前儿童往往用过去某具体语境中的某词语表示另一个不相关事物。如幼儿尿床后,妈妈说:"糟糕,又尿床了!"后来这个幼儿要尿尿时就说:"我要糟糕了!"

随着年龄的增长和生活经验的积累,以及认知能力的发展和对词的使用增多,儿童对词的理解会越来越准确和深刻。1.5～2岁学前儿童能逐渐摆脱具体情境的制约来理解词语,2～3岁学前儿童对词汇的理解力迅速增强,词的泛化、窄化和特化现象逐渐减少。

(二)句义的发展

1.句型理解能力的发展

在语言发展过程中,学前儿童在能够说出某种结构的句子之前,已经能理解这种结构的句子的意义了。在前语言期,他们就已经能够听懂一些结构简单的句子,能够按照成人的简单指示作出反应。到了语言发展期,他们喜欢跟成人交谈,在反复听成人讲故事、念儿歌之后也基本能理解大意。但四五岁的学前儿童还难以理解被动句和双重否定句,如对于"小猫被小狗咬了一口",他们往往会理解为"小猫咬小狗";对于"妈妈不得不把宝宝抱起来",他们往往会理解为"妈妈不把宝宝抱起来"。研究表明,直到六七岁,儿童才能较好地理解常见的被动语态和基本的双重否定句。4岁儿童基本能理解并列复句"……还……",6岁儿童能理解递进复句"不但……而且……"、条件复句"只有……才……"和假设复句"如果……那么……"。而对于选择性复句"或者……或者……""不是……就是……""要么……要么……",6岁儿童还难以理解。此外,学前儿童对成人讲出的很多反语和双关语难以理解,只能按照字面意思理解。

2.句式理解策略的使用

学前儿童在理解一些新句子时,往往采用以下几种策略。

(1)语义策略。这是学前儿童最早使用的一种理解句子的策略。如2岁学前儿童会把"用皮球打小狗"理解为"小狗打皮球"。因为3岁前的学前儿童往往只将句子中的几个实词联系起来,根据事件发生的可能性来理解句子。

(2)词序策略。如3岁左右学前儿童会把"小伟被丁丁撞了一下"理解为"小伟撞了丁丁"。因为他们通常是根据词在句子中的先后位置理解句子。这种词序策略在3岁左右时开始出现,4岁时表现得最为明显。4岁前的学前儿童一般是根据词序学会了主—动—宾的句子结构模式,并套用这个模式来理解句子,因此会把被动句理解为主动句,5岁以后这种理解模式会逐渐淡化。

(3)非语言策略。如学前儿童往往把"老师被小明扶着去保健室,他的腿跌伤了"理解为"小明受伤了"。因为他们弄不清句子成分和成分之间的关系,所以只能根据自己的经验来理解句子。

学前儿童的句式理解策略与句型、语义及语境有关,也与他们的年龄、经验、需要、角色定位以及思维方式等密切相关。4~5岁时,学前儿童按句法理解句子的能力不断提高,5岁后基本上能按句法正确理解大部分简单句。

五、语用的发展

语用即语言运用,是指个体在具体的交际情境中使用语言进行交流的现象。

学前儿童的语言运用能力主要表现为根据自己的交际需要和具体交际情境组织语言进行交谈,以表达自己的交际倾向,达到交际目的,即学会如何看对象、时机、场合来听话和说话。

与语音、语法、语义等方面一样,学前儿童的语言运用能力也有一个学习和获得的过程,它反映了儿童在认知能力和语言技能等方面的整合性发展。换言之,儿童的语言和认知等方面的发展是相辅相成、相互促进、密切相关的。

近年来,儿童语言运用能力的发展日益受到国际儿童语言教育界的重视。有研究者将儿童的语用与语音、语法和语义并列,作为儿童语言发展的四个重要范畴之一,并认为语言运用是儿童语言发展的动力和源泉,因为它给儿童创造了语言学习的机会。

我国《幼儿园教育指导纲要(试行)》也强调了对儿童语言运用能力的培养,如"注意倾听对方讲话,能理解日常用语","能清楚地说出自己想说的事","尝试说明、描述简单的事物或过程",要引导幼儿"体验语言交流的乐趣","养成幼儿注意倾听的习惯","讲话礼貌","大胆、清楚地表达自己的想法和感受"。而《3～6岁儿童学习与发展指南》则进一步明确了儿童语用能力的教育目标,并提出了更细致、全面的实施要求。

根据周兢、余珍有等专家的研究,学前期儿童语用能力的发展主要包括语言操作能力、对外部环境的感知能力和心理预备能力等三个方面。

(一)语言操作能力

学前儿童的语言操作能力指的是学前儿童根据交际的实际需要,灵活而有效地运用语言及相关的非语言知识进行交际的能力。它既包括语言表达能力,也包括语言理解能力。

学前儿童最初借助手势、表情和声音来表达自己的想法,之后逐步学习使用语言来表达,语言交流能力越来越强。受生理和心理发展水平的限制,他们最初的语言操作能力还不够成熟,表现出如下几个特点。

(1)语言简略,丢音、换音较多,音调较高。

(2)具体、形象的词汇较多,抽象的词汇较少;经常词不达意,或者不符合语法规则;难以理解成人话语中的隐喻、双关语和反语。

(3)自我中心言语逐渐减少,社会化言语逐渐增加。语言交流的类型逐步增加,功能逐步扩展,已经具备交际的基本能力,表达使用的句型以陈述句、疑问句、祈使句为主。

(4)语言运用的灵活性不断增强。学前儿童常用改变音调和音高等方式来表达自己的交流意图,喜欢用同样的声音和语调模式表达同一种意思,语言重复较多。年龄越小的儿童,这种特征越明显。随着年龄增长,他们的语言运用会越来越熟练灵活、丰富多样。

(5)常用表情和身体动作等非语言手段来弥补言语表达的不足。18个月前的婴幼儿就已掌握了用手势指点、凝视、抓握等能够引起注意的沟通方式,随后,他们会掌握把词音和手势结合起来的更有效的沟通方式,或用手势强调词的意义。

(6)轮流参与谈话的技能随年龄的增长而不断提高。研究发现,3岁学前儿童在对话时,只有极少数(5%)抢先说话,不过一般只会抢说一两个词。(Garvey,1984)[①]显然,他们已经基本掌握了轮流发言的交流规则。

(二)对外部环境的感知能力

学前儿童对外部环境的感知能力,是指学前儿童对语境中各要素的敏感性以及根据需要实现语言转换的能力,它包括学前儿童对交际对象本身的特征、交际情境变化及交际对象反馈的敏感性。

1.对交际对象本身特征的敏感

对交际对象本身特征的敏感是指说话人能够针对不同的交际对象而采用特定的、易在交际双方之间产生共鸣的语言形式,即看人说话。学前儿童只有对听者的相关特点有所了解,才可能根据听者的需要调节自己的话语,因人而异地采用不同的语气、语调和音量,使用不同的句型表达不同的语言内容。例如,如果听者离得远或者听力不好,就要大声说话,而说悄悄话就要小声;如果听者有急事要走,就要长话短说;对长者说话要有礼貌,对年幼者说话要亲切。

4岁左右的学前儿童对同伴的言语能力非常敏感,他们已经能根据不同听话人的年龄和接受能力而调整说话内容和表达方式。例如,在向2岁学前儿童介绍一种新玩具时,他们往往多用短句,并使用"看着""注意"等词,以引起和维持对方的注意,而且态度自信、大胆、直率;而在对成人说话时则话语加长、结构复杂,态度也较礼貌和谨慎。[②]

2.对交际情境变化的敏感

对交际情境变化的敏感是指当交际情境发生变化时(如交际的时间、地点、内容及对象等发生变化),说话人能够根据需要调整表达方式,或者听话人能够根据情境的变化准确理解变化了的语言形式,即看情境听话和说话。

学前儿童在早期对交际情境变化不够敏感,如看到别人有好吃的、好玩的,

---

① 周宗奎:《现代儿童发展心理学》,第142页,合肥:安徽人民出版社,2000年。
② 周宗奎:《现代儿童发展心理学》,第142页,合肥:安徽人民出版社,2000年。

往往会指着说"我要",甚至哭闹。此外,他们在语言交际中常常使用接尾策略,如在被问"吃不吃土豆""吃不吃肉"时,他们往往回答"不吃",而实际上很快就会找成人要着吃。这种言行的矛盾,是因为他们不能根据交际情境变化灵活运用语言表达自己的需要而产生的。2岁半以前的学前儿童经常使用这种接尾策略,3岁后才逐渐放弃。

随着年龄的增长,学前儿童会逐渐学会看情境说话。如一个4岁孩子去别人家做客时,主人问他喜欢吃什么,他会想想,然后说:"随便吧。"看到其他小朋友吃苹果时,他会委婉地问"苹果好吃吗",来表达自己也想吃;到邻居家玩到晚饭时间,主人阿姨说:"在阿姨家吃晚饭吧!"他会马上说:"我回家吃饭了,明天再来玩吧。再见!"

3.对交际对象反馈的敏感

对交际对象反馈的敏感是指说话人根据交际对象的反馈,及时调整说话的内容和方式,也指听话人对说话人话语的理解能力和及时反馈的能力,即根据对方的反应说话。在谈话活动中,会表现为及时修补谈话内容,对听话人不理解的内容加以重复或改变方式说。研究表明,在一些线索明显的简单情境中,当听者误解时,2岁学前儿童也会表现出对话语的调整能力。不过,学前儿童对听者反馈的敏感性十分有限,甚至有时在听者用迷惑的眼神或"我不懂"这句话进行笼统的反馈时,他们仍然不能及时、恰当地对当初的话语加以补充或修正,多半会沉默或重复原话,沟通失败时总是责怪对方。[1] 这些说明他们都对交际对象反馈的敏感性还不够,无法灵活应对交际对象的反馈。

(三)心理预备能力

心理预备能力是指交际双方调节自己的情感、兴趣、动机并使之指向言语交际行为的能力,对同一话题的保持能力和对有关语言交际内容的组织能力等。它会直接影响交际双方的言语交际活动。

学前儿童心理预备能力欠缺,对自己的注意力、情感、兴趣、动机等心理因素调节能力差,知识经验贫乏,且尚未系统化,无法在短时间内连贯、深入地表达大量信息。因而,他们的自我中心语言相对较多,社会性语言的产生和对社会性语言的理解往往随交际情境不同而变化。在交谈中,他们往往随个人的兴趣或情境变化而转移话题,对成人的提问往往有问不答,或者答非所问。一般而言,2岁学前儿童尚不具备保持同一话题的对话能力,3岁学前儿童在这方面进步很

---

[1] 周宗奎:《现代儿童发展心理学》,第142页,合肥:安徽人民出版社,2000年。

大。但他们的语言表达仍具有情境性,与成人自由、深入地交谈某一话题还存在一些困难。如一名老师问一个3岁幼儿:"宝宝,你去过动物园吗?"幼儿晃动着手里的玩具兔子,大声说:"小白兔,白又白,两只耳朵竖起来……"老师接着问:"你喜欢兔子吗?"幼儿回答:"狗狗坏蛋,咬人,兔兔不咬人。"老师继续问:"你几岁了?"幼儿用手比划说:"我昨天过生日的,妈妈买了好大好大的蛋糕。"老师又问:"妈妈叫什么名字?"幼儿回答说:"妈妈上班去了。"

因此,成人在与幼儿交谈时,一定要选择他们感兴趣的、有相关经验的话题,并随他们的兴趣点转移话题,让他们有话可说。

可以看出,学前儿童的语言发展呈现出一定的发展顺序和阶段:对语音的掌握出现得最早,在4岁左右;之后是对语法体系的掌握,发生在5~6岁;而语义和语用的掌握则最慢,需要不断积累,可以一直延续到成年。

第三节 学前儿童的语言教育策略

了解学前儿童语言发展过程基本规律的目的就是要把握学前儿童语言发展的"最近发展区",为确定学前儿童语言教育策略提供依据,从而使学前儿童语言教育活动更具有针对性,以利学前儿童语言的发展。

一、语音教育策略

(一)语音感知能力的培养

良好的听力是清晰发音的前提,学前儿童语音感知能力的培养就是发展学前儿童听觉的灵敏性,主要目的是发展他们的辨音能力。

第一,早在胎儿期,父母就可以实施适当的音乐胎教和语言胎教。可以给胎儿听一些柔和、优美的轻音乐,也可以给宝宝取个名字,对他们说些安抚性的话语。

第二,在婴儿出生后,成人要用各种声音来刺激儿童。如经常带婴儿到户外去聆听动物的叫声、流水声等,以促进其听觉系统的发育;用优美的音乐、轻快的儿歌培养婴儿对声音的敏感性;玩声音捉迷藏游戏,即成人模仿小动物的叫声或用发声的玩具训练婴儿转头寻找声源,提高他们对声音的定向反应能力和敏感性。

第三,经常和婴儿进行面对面的交流,如多抚摸、拥抱婴儿,多跟他们说话。尽管他们还听不懂,但可以让他们感受到成人言语的节奏和语调。

第四,通过听说游戏之类的活动培养学前儿童的语音感知能力。如打电话,成人可以利用玩具电话与学前儿童练习打电话，训练他们的语音辨别能力。

（二）发音能力的培养

在婴儿出生之后，成人要多跟他们说话，并通过亲吻、抚摩、微笑等非语言手段鼓励和强化婴儿模仿发音。

在婴儿6个月左右，成人就要开始用动作、实物配合法建立语音与实体之间的联系，鼓励婴儿掌握新的语音。如成人可以手指向花，说："这是花儿。"

从婴儿6个月左右开始，成人可以开展一些简单的听说游戏，以提高婴儿的听力和发音水平。如指认身体各部位，按照指令找五官，指认多种常见物品，玩镜子游戏，做手指、脚趾游戏，打电话等。

成人要丰富婴儿的生活内容和语言环境，加强婴儿与外界的接触与交往，用规范语言与婴儿交流，鼓励婴儿多说话。

从两三岁开始，成人可以让学前儿童学习儿歌、童谣、绕口令、顺口溜等，有针对性地就一些难发的语音对他们展开训练，还可以让儿童听一些语音标准的故事，或者引导他们有表情地朗读诗歌、表演故事，以训练他们语言表达的准确性和生动性。

及时发现问题，纠正错误发音。如当幼儿喊老师为"lǎo xī"时，成人要以正确的发音示范引导他们："宝宝真有礼貌，老师很喜欢你！"有的幼儿把"葡萄"说成"pí táo"，成人可以教他们学说绕口令"吃葡萄不吐葡萄皮儿，不吃葡萄倒吐葡萄皮儿"。

培养儿童的声音表情。3岁左右是学前儿童语音发展的关键期，训练儿童发音正确规范、自然大方是语言教育的重点任务。成人不仅要引导他们掌握规范普通话的发音，还要教育他们能根据说话对象、交际场合和交际需要来控制音量、语气、语调、节奏等。

二、词汇教育策略

（一）创设良好的语言环境，帮助学前儿童掌握新词、增加词汇量

为儿童提供大量新词，帮助他们丰富词汇是词汇教育的首要任务。

从婴儿6个月左右开始，成人便可以用动作、实物配合法，帮助他们建立语词和实体之间的联系。如成人一边看向小鸟，一边指向小鸟，一边说："小鸟，小鸟飞。"并不断强调和重复，帮助婴儿掌握新词。

成人要经常用丰富多样的语词与婴儿"交谈"，提供良好的语言环境。

在学前儿童1.5岁至2岁的词汇发展关键期，成人要让他们通过多种途径

学习新词。

成人要善于在生活中进行随机的词汇教育,如吃饭时可以引导学前儿童学习有关食物的词汇,逛商场时可以引导他们学习有关商品的词汇,也可以通过游戏活动引导他们学习新词。如词语接龙游戏:"谁会飞?""鸟会飞。""鸟儿怎么飞?""拍拍翅膀往前飞。""谁会游?""鱼会游。""鱼儿怎么游?""摇摇尾巴、摆摆头。"还可以引导学前儿童在倾听、阅读和创编文学作品的过程中学习词汇。看图讲话也是丰富学前儿童词汇量的快捷方法,成人可以引导他们观察画面并运用语言进行描述。

此外,还可以通过幼儿园各种的活动丰富学前儿童的词汇。美术活动中可以让学前儿童掌握各种色彩、图形的名词,体育活动中可以让学前儿童掌握跑、跳、爬等动词。

(二)帮助学前儿童正确理解词义

在教新的词汇时,成人最好让词音和相应的具体事物同时出现,也可以利用图片、动画等提供直观信息,以加强学前儿童对词汇的理解。通过猜谜语之类的活动也能很好地训练学前儿童的想象力和对词汇的理解能力。成人还可以利用学前儿童已经掌握的词语去解释它的同义词或反义词,如用"漂亮的""好看的"来解释"美丽的",用"不光滑的"来解释"粗糙的"。当然,成人还可以通过引导学前儿童阅读或倾听儿童文学作品,让他们在具体而完整的语境中理解新词的含义。

(三)帮助学前儿童正确运用词汇

首先,成人可以通过日常生活中的话语和优秀的文学作品为学前儿童提供用词示范,并及时而巧妙地纠正学前儿童的用词错误;其次,成人要利用和创造机会鼓励学前儿童积极使用新词,如在人际交往和学习过程中,以及在专门的语言活动中,要鼓励学前儿童运用学过的新词。如成人可以引导他们观察春天的花草,让他们学会准确使用"粉红""大红""紫红""鹅黄""浅绿"等关于色彩的词汇。

三、语法教育策略

(一)根据学前儿童的语法接受水平,提供语法规范的语言示范

成人在与学前儿童进行日常交流时使用的句子应尽量接近他们的理解水平,对能够说完整句的学前儿童尽量提供给规范的完整句。同时,成人要善于发

现学前儿童语言的"最近发展区",在他们能够较好地理解某些较为简单的构词法和句式结构之后,可以适当增加示范语句语法的难度,这对他们的语言发展有积极的作用。

（二）让学前儿童在具体的语言运用中学习语法

学前儿童学习语法是为了在一定的语境中运用,语言教育要以语言运用为中心,而不能让他们脱离语境去记词语、背句子。幼儿园教师要善于创设多种语言运用的情境,如在区角活动"娃娃家"中,让学前儿童模仿各种不同角色,练习说不同的语句,丰富和完善语言表达。

（三）鼓励学前儿童表达得清楚、完整,并及时帮助补充、修饰和完善

如一个2岁左右的学前儿童指着苹果说"苹果",成人可以补充提问:"你想吃苹果,是吗?那就说:'我想吃苹果。'。"还可以进一步示范——"我很喜欢吃苹果。因为苹果又香又甜,真好吃。你喜欢吃吗?"这样可以让学前儿童逐渐理解并掌握几种不同句型,进而准确地表达自己的想法。

（四）把学前儿童语法能力的培养与认知能力的培养结合起来

语法能力与认知能力尤其是思维能力的发展是密切相关的,成人要在培养学前儿童认知能力的过程中提高他们的语法能力。比如在引导学前儿童看图说话时,成人可以先让他们仔细观察图片,然后成人提问,要求学前儿童回答。在讲故事时也可以有一些必要的提问,如"乌鸦嘴里的肉为什么最后被狐狸吃掉了?""小兔子为什么会战胜大灰狼?"这种训练可以帮助儿童理解事物之间的逻辑关系,在促进学前儿童思维发展的同时帮助他们掌握因果、假设等类型的复句。

（五）引导学前儿童多看、多听、多说、多练,并使之养成好习惯

可以用口头造句、竞赛、游戏等多种形式提高学前儿童说不同句型的积极性。如可以要求学前儿童用不同的句式表达同样的意思。如"我吃饭""我吃了一碗饭""我吃了一碗香香的米饭""这一碗饭被我吃光了""我把这一碗饭吃光了""因为我好饿,所以把这一碗饭都吃光了"等。这样做可以帮助学前儿童掌握不同的语句表达方式,丰富他们的语言表达。

四、语用教育策略

学前儿童的语言能力是在运用的过程中发展起来的,根据相关学前儿童语

言运用的发展及教育的要求,成人需要做到以下几个方面:

（一）为学前儿童提供宽松的语言运用环境

宽松的语言运用环境是愉快的,是积极互动的,也是允许出错的。家长和教师要带着欣赏的眼光看待每个学前儿童,注意保护他们运用语言交往的主动性和积极性,对待学前儿童态度要温和宽容。在学前儿童说话时一定要耐心倾听,不要急躁地打断他们,也不要过分挑剔他们的发言是否完美,而是要让他们有足够的机会自由表达想法,要相信他们在交往中的语言运用会越来越完善。当发言机会有限时,可以采用分组讨论或轮流发言的方式,让每个孩子都有运用语言的机会,让他们交往的愿望得到满足并被鼓励。

（二）为学前儿童提供真实而丰富的语言运用情境

教师要给学前儿童提供真实而丰富的语用情境。如在专门的语言教育活动中,通过谈话活动引导学前儿童学习倾听和交谈的技巧;通过讲述活动引导学前儿童学习怎样当众清楚地表达自己的看法;通过故事表演、诗歌朗诵等活动培养学前儿童在具体情境中的语言理解和表达能力;通过听说游戏提高学前儿童运用语言的灵活性;通过早期阅读活动培养学前儿童运用书面语言的能力。幼儿教师还要重视利用各个领域的活动和一日生活的各个环节,为学前儿童创造运用语言的机会。无论是在专门性的语言活动中,还是在渗透性的语言活动中,幼儿教师都要善于激发学前儿童参与互动交流的兴趣。

（三）提供有利于学前儿童创造性地运用语言的环境

可以创造性地运用语言的环境,应当是学前儿童可以随时质疑提问的学习环境,同时也是他们可以自由表达的交际环境。因此,成人要鼓励学前儿童大胆质疑和自由表达,在人际交往中发挥他们的语言运用能力和积极思维能力。在看图讲述活动中,成人要鼓励学前儿童借助图片进行合理想象,自己创编故事;在绘本阅读过程中,成人不仅要告诉学前儿童画面上的内容,还要鼓励他们推测随后的故事情节。学前儿童的语言运用,应该是生动活泼、不断创新的,而不应是死记硬背或者按照成人规定的模式生搬硬套的。

（四）根据学前儿童的个性特点和语用发展情况进行有针对性的示范教育

对语言的掌握和使用情况可以反映一个学前儿童的个性特点、品行修养及应变能力。如果某个学前儿童在人际交往中能够恰当地使用礼貌用语,就表明他比较热情友好、自制、有教养，成人就要加以鼓励和表扬。如果某个学前儿童经常使用命令、威胁、指责的表达形式，可能表明他以自我为中心、争强好胜，成人就要培养他的耐心及移情能力，教育他多使用委婉语、礼貌语。如果某个学前儿童过度使用请求语句，可能反映他胆小、内向、自制、自信心不够，成人就要教育他大胆表达，敢于提出合理的要求。成人的责任就是要使每个儿童都能熟练灵活地运用语言，在交际情境中准确恰当地发挥语言的多种功能。

▶阅读推荐◀

1. 祝士媛.学前儿童语言教育（第2版）[M].北京：北京师范大学出版社，2011.
2. 陈帼国.学前心理学[M].北京：人民教育出版社，1989.
3. 李宇明.儿童语言的发展[M].武汉：华中师范大学出版社，2004.
4. 周兢.学前儿童语言学习与发展核心经验[M].南京：南京师范大学出版社，2014.

▶思考与探索◀

1. 选择0～1.5岁、1.5～3岁、3～6岁儿童各一名，分别观察他们语言发展的各方面情况并分析其特点。
2. 试述学前儿童在语音、词汇、语法、语义、语用等方面发展的一般特点。
3. 如何针对学前儿童的语言发展特点来实施相应的语言教育？

第六章
学前儿童语言教育的目标和内容

【内容提要】 本章分析了制定学前儿童语言教育目标的依据,并从纵向和横向两个方面阐述了学前儿童语言教育的目标。通过对确定学前儿童语言教育内容的主要依据进行分析,详细阐述了学前儿童语言教育的具体内容。

【学习目标】 了解学前儿童语言教育的层次目标和分类目标;理解学前儿童语言教育的内容;联系实际领会确定学前儿童语言教育目标和选择学前儿童语言教育内容的依据。

第一节 学前儿童语言教育的目标

学前儿童语言教育目标是学前教育总目标在语言领域的具体化,是学前时期实施语言教育的方向和准则,是学前儿童语言教育的纲领,它明确了通过学前儿童语言教育所要达到的预期效果。在学前儿童语言教育领域,教师必须明确要通过学前阶段的教育使儿童的语言获得怎样的发展,达到怎样的水平。这一预期的发展结果便是学前儿童语言教育的最终目标。为便于针对各年龄段儿童的特点开展相应的语言教育,教育者还必须确立年龄阶段目标。当教师依据年龄阶段目标选定语言教育内容、设计语言教育活动时,还要为具体教育活动设计活动目标,指导自己有目的、有计划地组织实施活动,使每个儿童都能有所收获、有所发展。同时,学前儿童语言教育活动可分为文学作品学习、谈话、讲述、听说游戏、早期阅读五个方面,每个方面的教育活动都有相应的目标。因此,学前儿童语言教育还需明确各类语言教育活动的目标。

一、学前儿童语言教育目标制定的依据

学前儿童语言教育目标是根据学前儿童教育的总体要求制定的,它是学前儿童教育总目标的重要组成部分。任何教育目标的制定都需要有一定的客观依据。我国学前儿童语言教育目标制定的主要依据有以下几个方面。

(一)依据一定社会的人才培养目标

教育是为促进国家的政治、经济和文化发展服务的,一个国家的政治、经济和文化对培养什么样的人才有一定的要求,这些因素是确定教育目标的客观依据。因为教育的本质是教育者对受教育者实施有目的、有计划、有系统的影响,把受教育者培养成社会所需要的人,离开社会的要求去制定学前儿童语言教育目标,则有可能在本质上违背教育规律。社会和时代发展对教育及人才培养的要求,为制定学前儿童语言教育目标指明了方向。在我国当前社会经济发展条件下思考学前儿童语言教育目标,应该从以下几个方面来把握:

首先,学前儿童语言教育目标应当反映现阶段教育目标取向。一方面,马克思主义关于人的全面发展的思想指导着人们充分认识语言在儿童全面发展中的重要作用,并意识到语言是儿童体、智、德、美全面发展不可缺少的组成部分;另一方面,中国几千年的优秀文化要在学前教育中体现并传承下去,语言教育仍然是一条重要的途径。

其次,语言教育目标要适应我国生产力发展水平对人才培养的要求。近年来,随着我国科学技术和生产力的迅猛发展,社会对人才培养提出了新的要求。这些人才不仅要具有良好的道德品质和心理素质、掌握现代科学技术,还要具备良好的交往能力、吸收新信息的能力和创新能力。在人类社会进入21世纪的今天,语言作为交际、思维和学习的工具,其作用显得越来越重要,已成为高素质人才不可缺少的能力。这就要求学前教育要充分重视语言教育,并需要据此设计语言教育的目标与计划。

再次,学前儿童语言教育目标还需要具有一定的针对性和前瞻性。学前教育是为未来我国的现代化建设培养主力军,因此,教育目标既要考虑到学前儿童自身发展的需要,还要充分考虑到未来社会对人才的需求。

(二)依据学前教育机构保育和教育的主要目标

《幼儿园工作规程》中明确提出"培养幼儿运用语言进行交际的基本能力"。这实际上是对学前儿童语言教育目标的概括性表达。如果要把这个概括性极高的目标分解为可操作、可观测的若干子目标,则需要分析语言及语言运用的有关

规律,比如语言包括哪些成分,运用语言进行交际包括哪些活动形式,其中需要哪些规则等。

在幼儿园保育和教育目标中强调了语言的交际功能,即重视学前儿童在与他人交往过程中语言的运用。具体说就是:教会学前儿童说普通话,能用正确的词语和合乎语法的句子进行语言交往,并逐步提高学前儿童口头语言表达水平。可见,幼儿园保育和教育目标不仅包括儿童倾听和表述能力的培养,还包括提高学前儿童口语表达能力以及为入学后的书面语言学习做准备等方面。

(三)依据学前儿童语言教育学科自身的性质

任何一门独立的学科都有其自身内在的质的规定性,即该学科的本质属性,它不仅在理念上制约着该学科的研究对象、研究目的和研究任务,而且在实践中也制约着该学科的教学目标和评价标准的制定以及教学原则和方法的选择。学前儿童语言教育作为一门独立的学科,同样也有自己的学科特性。从早期语言教育的角度来看,语言既是学前儿童学习的对象,也是学前儿童学习的工具,学前儿童的语言是在个体与环境的相互作用中,尤其是在语言交流中获得和发展的,因此,通过语言交际来培养学前儿童的语言综合运用能力成为学前儿童语言教育的根本目标。依据学前儿童语言教育学科的特点制定学前儿童语言教育目标,要注意从以下几个方面加以把握:一要明确学前儿童语言教育的根本目标是学前儿童语言运用能力的发展,而不是语言知识的传授;二要注意语言教育目标的整体性,既要关注学前儿童语言知识的学习和语言技能的训练,又要关注学前儿童的情感态度、学习策略以及文化意识等方面的综合发展;三是要充分体现语言学科的逻辑结构和学前儿童学习语言的心理顺序,并把二者有机地结合起来。

(四)依据学前儿童语言发展的特点和规律

学前阶段儿童的语言发展具有哪些潜力,能达到什么程度,发展的必要条件是否具备等问题,对确立学前儿童语言教育目标有直接的影响。因为学前儿童语言教育的对象是学前儿童,学前儿童语言教育的根本目的是促进学前儿童语言发展,所以学前儿童语言教育目标的制定必须充分尊重学前儿童语言发展的特点和规律。依据学前儿童语言发展的特点和规律制定学前儿童语言教育目标时应注意以下两点:

第一,儿童的发展是整体的发展,包括身体、社会、情感、认知、品德等多个方面的发展。这种发展不是独立的发展,而是相互影响、相互促进的整合性发展。在进行学前儿童语言教育的过程中,除了要考虑语言方面的发展,还要考虑儿童其他方面的发展,所提出的教育目标应该是全面的、综合的,包括认知、情感态度、能力技能等多个方面。

第二,儿童的发展具有显著的年龄特点和个体差异。不同年龄阶段的儿童在认知结构上存在一定差异。每一年龄阶段的儿童都有其独特的认知结构,表现出与前后各阶段不同的认知能力。即使是同一年龄阶段的儿童,因为遗传、社会生活条件、早期学习经验等方面的不同,各个儿童在发展水平、发展速度、认知结构和学习风格等方面也都存在着很大的差异。因此,教育者不仅要针对不同年龄阶段的儿童提出不同的语言教育目标,还要针对儿童的实际发展水平和个体差异提出适宜的语言教育目标,以促进其在现有水平上获得更好的发展。

二、学前儿童语言教育目标的结构

教育理论与实践告诉我们,教育目标总是具有一定的可供分析的结构。从纵向来看,学前儿童语言教育目标与其他学科的目标一样,具有一般的层次结构;从横向来看,学前儿童语言教育目标则具有独特的分类结构。

(一)学前儿童语言教育目标的层次结构

从纵向来看,学前儿童语言教育目标主要分为三个层次,即语言教育总目标、年龄阶段目标和活动目标。

1.学前儿童语言教育总目标

学前儿童语言教育总目标是学前儿童语言教育总的任务要求,它是语言教育所期望的最终结果,因此也被称为"学前儿童语言教育终期目标"。学前儿童语言教育总目标属于学前儿童语言教育目标层次体系的第一层次目标,也是最高层次目标。《幼儿园教育指导纲要(试行)》(以下简称《纲要》)中提出的语言领域的总目标包括五个方面:(1)乐意与人交谈,讲话礼貌;(2)注意倾听对方讲话,能理解日常用语;(3)能清楚地说出自己想说的事;(4)喜欢听故事、看图书;(5)能听懂和会说普通话。

不同类型语言教育活动的总目标如表6-1所示。

表6-1 不同类型语言教育活动的总目标

类型	总目标
文学作品学习活动	1.向学前儿童展示成熟的语言,提高他们对语言多样性的认识。
	2.扩展学前儿童词汇量,培养他们自觉获取语言材料的能力。
	3.培养学前儿童善于倾听的技能。
	4.鼓励学前儿童创造性地运用语言,提高他们灵活运用语言的能力。

续表

类型	总目标
谈话活动	1.帮助学前儿童学习倾听他人的谈话,并及时从中捕捉有效的信息。 2.帮助学前儿童学习围绕一定的话题,充分表达个人的见解。 3.帮助学前儿童学会基本的运用语言进行交谈的规则,提高语言交往水平。
讲述活动	1.培养学前儿童感知、理解讲述对象的能力。 2.培养学前儿童独立构思与清楚、完整表述的意识和能力。 3.培养学前儿童掌握对语言交流信息清晰度的调节能力。
听说游戏活动	1.帮助学前儿童按一定规则进行口语表达练习。 2.在听说游戏中提高学前儿童积极倾听的水平。 3.培养学前儿童在语言交往中的机智性和灵活性。
早期阅读	1.提高学前儿童学习书面语言的兴趣。 2.帮助学前儿童初步认识口头语言和书面语言的对应关系。 3.帮助学前儿童养成早期阅读的良好习惯。 4.帮助学前儿童掌握早期阅读的有关技能。

2.学前儿童语言教育的各年龄阶段目标

学前儿童语言教育的年龄阶段目标属于第二层次的目标,它是学前儿童语言教育总目标在各年龄段的具体体现。学前儿童语言教育总目标是需要逐步地落实到不同年龄阶段的学前儿童的语言教育目标中的,所以总目标中的内容在不同年龄阶段的学前儿童身上应当有所体现,这样才能在教育实践中循序渐进地促进学前儿童语言的发展。同样是口语表达能力,对不同年龄阶段学前儿童的要求是大不一样的。对0～1.5岁学前儿童的要求是能说出几个常见物品的名称;对1.5～3岁学前儿童则要求能说出自己的姓名、年龄与性别,能用简短的语句回答别人的问题;对3～4岁学前儿童要求能用简短的语言表达自己的请求和愿望,愿意在集体面前讲述自己感兴趣的事;4～5岁学前儿童则要能用完整的句子连贯地讲述自己经历的事件和讲述图片、表演活动及影视剧的内容,能有表情地朗诵诗歌、讲述故事,能大胆、清楚地用语言表达自己的见解等;5～6岁儿童则应能用适当的音高、音量和准确的语音说话,能在适当的场合主动与人交谈,主动表达自己的想法,能连贯地讲述一件事或描述一幅图片,会讲述观看过的影视剧的主要剧情,能够有表情地朗诵诗歌、故事并表演故事等。每一个年龄阶段的具体目标都是建立在前一个年龄阶段语言发展目标的基础上的,同时对这个阶段的学前儿童具有一定的挑战意义,使学前儿童的语言能力经过学习后能更上一层楼。

就幼儿园阶段而言,不同类型的语言教育活动目标在各年龄段都有具体体现(如表6-2所示)。

表6-2 幼儿园阶段儿童语言教育目标

年龄班		年龄阶段目标
小班	倾听	1.乐意听老师和同伴讲话。
		2.能听懂普通话。
		3.倾听时能注意说话人的口形,辨别语音。
		4.听别人说话时,能保持安静,不打断别人的讲话。
	表述	1.乐意学说普通话,喜欢与老师、同伴或其他人交谈。
		2.知道在集体面前发言时声音要大,在个别交谈时声音要小。
		3.别人说话时不随便插嘴,会用简单的语言回答问题。
		4.能用简短的话语表达自己的请求、愿望、感情或者需要等。
		5.能独立地讲述图片内容和自己感兴趣的事情。
	文学作品欣赏	1.乐意欣赏并初步感受、理解不同体裁的儿童文学作品。
		2.能独立地念儿歌,讲述简短的句子。
		3.会仿编简单的儿歌、散文和故事等。
	早期阅读	1.知道可以用一段话来讲述一幅图的内容。
		2.知道每个字的发音不同,代表的意思也不一样。
		3.喜欢听成人讲述图书的内容,并尝试自己阅读图书。
		4.学习正确的阅读方法,会按顺序翻阅图书,发现图书画面内容的变化。
		5.对文字感兴趣,能学认常见的简单汉字。
中班	倾听	1.能有礼貌、集中注意地倾听他人说话。
		2.能区分普通话和方言的发音。
		3.能理解多重指令。
	表述	1.积极学说普通话,发音清楚。
		2.积极而有礼貌地参与交谈,不随便插话和打断别人的谈话。
		3.说话的音量和语速适当。

续表

年龄班		年龄阶段目标
中班	表述	4.能用完整句较连贯地讲述个人经历以及图片内容。
		5.能大胆、清楚地表达自己的请求、愿望、情感和需要等。
	文学作品欣赏	1.初步了解幼儿文学作品的不同体裁及其构成要素。
		2.在理解作品内容的基础上,会初步归纳作品的主题。
		3.会有表情地朗诵诗歌、散文和讲述故事等。
		4.能根据作品提供的线索,进行文学想象和创造,仿编诗歌和散文等。
	早期阅读	1.知道口头语言和文字的对应转换关系。
		2.能专注地倾听成人讲述图片中画面的文字说明,理解书面语言。
		3.能独立阅读图书,理解画面内容。
		4.对画面的文字感兴趣,主动学认常见的汉字。
大班	倾听	1.别人说话时,能认真、耐心地倾听。
		2.能辨别普通话声调、语调和语气的不同变化。
		3.能理解并执行复杂的多重指令。
	表述	1.坚持说普通话,发音清楚、准确。
		2.在不同的场合,会用恰当的音量、语速说话。
		3.能主动、热情、有礼貌地与他人交谈。
		4.能主动、大胆地使用适当的词、句、语段来表达自己的意思。
		5.乐于参加讨论和辩论,敢于发表不同的意见。
		6.能连贯地讲述故事事件以及对图片和物品的认识。
	文学作品欣赏	1.理解儿童文学作品的不同体裁及其构成要素。
		2.在教师的帮助下,能分析作品中的特殊表现手法,体验作品的思想感情脉络。
		3.能有感情地讲述故事和童话、朗诵诗歌和散文。
		4.能独立仿编或与同伴合作创编故事、诗歌和散文。
	早期阅读	1.对学习与阅读文字感兴趣,积极学认常见的汉字。
		2.理解画面的内容,能用恰当的扩句和缩句来合理描述画面的内容。
		3.会保护和修补图书;会用绘画自制图书(可以让幼儿绘制画面、口述画面内容,教师或成人代笔记录画面的文字说明)。
		4.初步认识汉字的间架结构和书写风格,会按正确笔顺书写自己的姓名以及常见的、简单的独体字。

续表

年龄班		年龄阶段目标
学前班	倾听	1.能耐心倾听别人说话。
		2.能辨别普通话的声调。
		3.能理解并执行多重指令。
	表述	1.积极学说普通话,发音清楚、准确;能积极、有礼貌地参与交谈。
		2.在众人面前说话时,态度自然大方,声音响亮。
		3.能用完整句比较连贯地讲述事件或几幅图片的内容。
		4.能主动、大胆地使用适当的词、句、语调表达意见,勇于辩论。
	文学作品欣赏	1.初步了解与理解儿童文学作品的不同体裁及其构成要素。
		2.在理解作品内容、归纳主题的基础上,在教师的帮助下分析作品中的特殊表现手法,能体验作品的思想感情脉络。
		3.能有感情地表演诗歌、童话和故事,能自编或与同伴合作创编诗歌、故事等。
	早期阅读	1.知道口头语言和书面语言的不同表述方式。
		2.对阅读文字感兴趣,积极学认常见的文字。
		3.能理解画面的内容,会进行恰当地扩句和缩句。
		4.会保护和修补图书,会用绘画制作图书,并配解说词(由教师或家长代写)。
		5.初步认识汉字的间架结构和书写风格,会按正确笔顺书写自己的姓名以及常见的、简单的独体字。

3.学前儿童语言教育的活动目标

　　学前儿童语言教育的活动目标也称"具体活动目标",是指在某一具体的语言教育活动中要达到的目标,或是在一个主题教育系列活动中要达到的目标,属于第三层次的目标。学前儿童语言教育总目标和年龄阶段目标一般由专门的机构制定。例如,《纲要》中明确规定了幼儿语言教育的总目标,一些科研部门和学前教育机构也研究制定了语言教育的年龄阶段目标,并在本地区编制的教材中有所体现,而学前儿童语言教育具体活动目标则一般由教师制定。以学习诗歌《摇篮》为例,这个教育活动内容适用于中班,根据这个年龄阶段文学作品欣赏的目标,可以制定如下活动目标:理解诗歌的内容,感受诗歌中的优美形象,萌发热爱自然、热爱生活的情感;深刻体会诗歌的语言特点,结合自己的生活经验仿编

第六章 学前儿童语言教育的目标和内容

诗歌;灵活运用诗歌中出现的动词。

具体活动目标与语言教育总目标、年龄阶段目标是保持一致的。应当说,具体活动目标是为总目标和年龄阶段目标服务的,是对总目标和年龄阶段目标的细化和分解,具有更强的可操作性。学前儿童语言教育的总目标正是通过一个个具体的教育活动,落实到学前儿童身上的,每一个具体活动目标的实现,都向年龄阶段目标和语言教育总目标迈进一小步,日积月累便实现了年龄阶段目标乃至语言教育总目标。

在学前儿童语言教育总目标落实到每个儿童身上的过程中,有几个关键性问题是必须要注意的:第一,如何将一个抽象的高层次目标一步步准确地转化为多个低层次目标;第二,在教育实践中,教师如何把握各个层次教育目标的内涵及相互间的关系;第三,教师如何根据语言教育目标选择适宜的教育内容、确定恰当的教学方法、使用合适的教育手段、准备科学的教学辅助材料,从而确保目标的实现。

(二)学前儿童语言教育目标的分类结构

学前儿童语言教育目标的分类结构是指教育目标的组合构成。任何教育目标都不是单一的,往往是由若干任务要求的总和构成的,语言教育的目的也不仅仅是发展儿童某一方面的能力,而是要培养儿童听、说、读等方面的综合能力。不管是哪一阶段,语言教育目标的最终目标都是儿童语言的发展。从儿童语言能力的构成、语言教育的作用以及语言教育目标本身的角度来对语言目标分类,可将其分为倾听行为培养、表述行为培养、欣赏文学作品行为培养、早期阅读行为培养四个方面。《纲要》中有关语言领域的目标表述,也体现了对这四个方面能力培养的要求。

1.倾听行为培养

倾听是学前儿童感知和理解语言的行为表现,也是学前儿童不可缺少的一种行为能力。只有懂得倾听、乐于并善于倾听的人,才能真正理解语言的内容、语言的形式和语言运用的方式,掌握与人进行语言交流的技巧。《纲要》在语言领域明确提出了"注意倾听对方讲话,能理解日常用语"的目标和"培养幼儿形成良好的倾听习惯,发展他们的语言理解能力"的要求。

大量研究发现,由于3～4岁学前儿童的神经系统发育不够完善,对发音器官和听觉器官的调节和控制能力较差,他们只能听懂一些简单的句子,掌握一些常用词;4～5岁学前儿童基本上能够听清楚全部语音,能听懂日常所用的句子和一段话的意思,掌握的词汇的数量和种类迅速增加,语言表述逐渐连贯;5～6岁学前儿童能够听懂一些比较复杂的句子,理解一段话的意思。随着年龄的增长,学前儿童的倾听能力有一定的发展,具体表现在:从无意识倾听过渡到有意识倾听;对倾听内容的辨析能力不断提高;对所听内容的理解掌握能力逐渐提高,可以联系上下文意思进行倾听。

学前儿童倾听能力的培养重点应放在其对汉语语音、语调和语义内容的理解上。通过教育应帮助他们逐步建立起以下倾听的技能:有意倾听——能够集中注意地倾听;辨析性倾听——能够分辨听到的不同内容;理解性倾听——能理解倾听的主要内容及其表达的思想、情感。

学前儿童语言教育中倾听的总目标是如下三点。

(1)认知目标:懂得别人对自己说话时,自己要注意倾听。

(2)情感、态度目标:喜欢听,并积极有礼貌地听别人对自己说话。

(3)能力与技能目标:能集中注意力、有礼貌、安静地倾听;能听懂普通话,能分辨不同的声音和语调;能理解并执行别人的指令。

2.表述行为培养

表述是以一定的语言内容、语言形式以及语言运用方式表达和交流个人观点的行为,是学前儿童语言学习和语言发展的主要表现之一。只有懂得表述的作用、愿意向别人表达自己的见解,并且具备表述能力的人,才能真正地与他人进行语言交流。因而,表述行为培养是学前儿童语言教育目标的重要组成部分。

学前儿童表述行为培养的重点应该放在引导他们学会正确恰当的口语表达上,从语音、语法、语义及语用四个方面培养学前儿童运用母语进行表达的能力,逐渐提高学前儿童的表述水平。同时,学前儿童的口头表述行为也有个人独白、集体讲述、对话交谈等不同的表现方式,教师在教育过程中要积极引导,帮助他们学会在不同的情境中用恰当的语言表达自己的认识和感受。

学前儿童语言教育中表述的总目标是如下三点。

(1)认知目标:懂得用适当的音量说话,有积极的表述愿望。

(2)情感、态度目标:喜欢与他人交谈,能在适宜的场合积极、主动、有礼貌地与人交谈。

(3)能力与技能目标:会说普通话,发音清楚,语调准确,能运用恰当的语句和语调表述意见和回答问题,能用完整、连贯的语句讲述图片和事件。

3.欣赏文学作品行为培养

文学作品欣赏活动是感知、理解文学作品并尝试操作艺术语言方式的行为。这种通过语言塑造形象、表现生活的艺术作品是艺术语言的集合体,它既有口头语言的特点,也是书面语言的反映,对学前儿童书面语言的发展以及其他方面的学习具有特别的意义。

文学作品欣赏活动的重点在于培养学前儿童综合的语言能力,增强学前儿童对语言核心操作行为的敏感性,如对语词排列的敏感性,对通过语词变化造成优美动听的效果的敏感性,对不同情境语言运用的敏感性等。因此,应尽可能地给学前儿童创造学习各种体裁的文学作品的机会,引导他们想象文学作品创设的丰富的情境,感受、理解作品里各种人物的个性和情感特征,并且能够运用叙事性的语言表达自己的感受。

学前儿童语言教育中文学作品欣赏的总目标是如下三点。

(1)认知目标:懂得文学作品中运用的是规范而又成熟的语言;阅读和聆听文学作品能增加知识、明白事理、感受语言艺术的美。

(2)情感、态度目标:乐意聆听和阅读文学作品,积极参与文学作品学习活动。

(3)能力与技能目标:理解文学作品的内容,体会文学语言的美,积累文学语言;初步了解文学常识,会区别不同类型的文学作品及其构成要素;能用动作、语言、美术、音乐等不同方式,积极表现对文学作品的理解;学会编构故事,表演故事以及欣赏与仿编诗歌、散文等。

4.早期阅读行为培养

早期阅读行为是指学前儿童从口头语言向书面语言过渡的前期阅读准备和前期书写准备行为,其中包括儿童在学前阶段知道图书和文字的重要性,愿意阅读图书和辨认汉字,掌握一定的阅读和书写的准备技能等。早期阅读行为的培养主要在于激发学前儿童阅读的兴趣,养成良好的阅读习惯,掌握早期阅读的有关技能。因此,尽管在学前阶段,儿童尚不需要具备真正意义上的阅读和书写能力,但在口头语言向书面语言过渡的时期,他们有必要理解口语和文字的对应转换关系,掌握阅读图书的基本技能,能够初步辨认自己的名字和常见文字,为进入小学做好准备。

学前儿童语言教育中早期阅读的总目标是如下三点。

(1)认知目标:懂得口语与文字和图书的对应与转换关系。

(2)情感、态度目标:对图书和文字产生兴趣,喜欢认读常见、简单的独体字。

(3)能力与技能目标:掌握阅读图书的基本方法;能集中注意力阅读图书,主动倾听、理解图书内容;能学会制作图书并配以文字说明;了解汉字的书写风格,主动积极地认读常用字;能按规范笔顺书写自己的姓名和一些常见的独体字。

第二节 学前儿童语言教育的内容

学前儿童语言教育的内容是指学前教育机构传授给学前儿童的语言形式、语言内容、语言运用的总和,是教给学前儿童的一套特定的语言符号系统,并指导他们学习运用这套符号系统进行交际。可以说,学前儿童语言教育的基本任务就是让学前儿童学会运用本民族语言进行交际。由此看来,学前儿童语言教育的内容主要可以分为两大部分:一是教给学前儿童本民族的语言符号系统,在我国主要指现代汉语(普通话)的语音、词汇、语法及表达方式等;二是教学前儿童学会运用语言,其中既包括语言知识如语言的功能、言语交际规则等知识的传授,也包括语言运用能力的实践训练。此外,由艺术语言构成的文学作品也是学前儿童语言教育的一项重要内容。学前儿童语言教育内容是实现语言教育目标的手段,是教师设计和实施语言教育活动的主要依据。

一、确定学前儿童语言教育内容的依据

学前儿童语言教育内容不是随意确定的,而是有一定依据、符合一定规律的。从教育内容是实现教育目标的手段来看,语言教育内容应该根据语言教育目标来选择;从教育内容的目的是为了促进儿童的语言发展来看,语言教育内容应该根据儿童语言发展的特点及规律来选择。

(一)依据学前儿童语言教育目标

学前儿童语言教育目标是确定学前儿童语言教育内容的主要依据。具体体现在以下几个方面:

1.学前儿童语言教育目标是培养儿童的语言能力,也就是儿童对语言的理解能力和表达能力

这些能力是在语言形式、语言内容以及语言运用的交互作用中逐步发展起来的,语言理解和语言表达在语言发展的过程中是相辅相成、相互促进的。在日常语言活动中,儿童的语言理解能力和表达能力是有机融为一体的。因此,在选择语言教育内容时,应全面分析语言教育的目标,并依据语言教育的目标从语言形式、语言内容以及语言运用等方面科学选取语言教育的内容,并在教育过程中将其有机融合。

例如,在文学作品的学习中,学前儿童通过成人的讲述、自己的阅读以及情境表演等方式来了解作品的主要情节、作者的思想感情,理解作品意思,并用语言进行表述。在这个过程中,语言形式(语音、词汇、语法)、语言内容(语言所表达的关于认知、情感、态度等方面的意义)和语言运用(语言功能和语言情景)三个方面交织在一起,协调地发展。当然,并不是每一次文学作品的学习都包括以上提到的所有要素,有些活动可能仅包含部分要素。如当成人朗读文学作品时,婴儿能用一些声音表示愉快的情绪,对成人的话作出反应;2~3岁学前儿童在欣赏文学作品时,则能用口语问答的形式与成人进行简单的交流,如复述作品的

第六章 学前儿童语言教育的目标和内容

大概内容、作品中人物的主要对话等,后者是在前者的基础上发展起来的。

2.学前儿童语言教育的目标分为倾听、表述、欣赏文学作品、早期阅读四个部分,而每个部分又包含认知、情感与态度、能力与技能三个方面

在选择语言教育内容时,应根据这四个部分及其所包含的三个方面,分析有关的活动,突出其中可以作为语言学习内容的因素并加以利用。

例如,根据倾听目标中的喜欢听、能集中注意力听的要求,在孩子还是婴儿时,成人就要经常给孩子有感情地朗诵优美动听的文学作品,用语调和声调激发他们听的兴趣。随着年龄的增长,学前儿童的倾听能力从情感态度(喜欢听)慢慢发展到认知(有意识地听),再到能力和技能(集中注意力听)。因此,教育者既要精心设计与组织学前儿童的各种学习活动,也要充分挖掘生活中蕴含的丰富教育机会,来实现相关的语言教育目标。

3.根据语言教育目标确定教育内容,是把教育目标中的各部分、各方面要求转换为学前儿童学习语言的内容,使学前儿童通过多种多样的学习获得语言经验。这些内容有些是专门为学习语言而设计的,有些则是将语言教育内容渗透在其他活动中

语言教育目标和语言教育内容并不是一一对应的。一个目标可能需要多个活动内容来实现,一种活动内容也可以同时贯彻几个目标的要求。例如能集中注意力听老师和同伴讲话这个倾听的目标,就要通过多种活动内容来实现。因此,教育者要通过选择语言教育内容把各项语言教育目标综合起来,使各个部分落实到各项具体的教育活动中,进而在发挥学前教育整体功能的过程中促进学前儿童语言能力的发展。

(二)依据学前儿童语言发展的特点

这里的语言发展特点指的是从非语言交际向口语交际转换,从口语交际向书面语言学习转换。这两个转换不是截然分开的三个阶段,也不是直线进行的三个阶段,而是相互交叉的。因此,在选择语言教育内容时,既要考虑学前儿童语言发展的这些特点,又要考虑各个特点之间的交叉融合,做到既有交叉又有侧重。

1.在非语言交际向口语交际转换过程中,学前儿童需要学习听说轮换、及时反馈,对词语的理解和应用,构词成句、表达意思三方面的内容

听说游戏、谈话、讲述、文学作品学习和早期阅读等活动可以让学前儿童在参与活动的过程中获得有关的语言经验,顺利完成转换。

(1)听说轮换、及时反馈是学前儿童进行语言交际时必须掌握的基本能力。学前儿童语言交际中的轮换意识早在非言语交际时期就已经出现。进入口语交

际时期,这种轮换从运用声音、动作、表情等手段逐步转换为运用社会性的语言符号,成为听和说的轮换。进行这种交际需要具备感知理解词句的能力、构词成句的能力以及表达意思的能力。

(2)在口语交际初期,对词的理解和应用是学前儿童首先要学习的内容。要想正确地感知、理解每一个词,首先要将词的语音、语调和语意联系在一起。对词的学习实际上是渗透在学前儿童的生活中的,是学前儿童在潜移默化的过程中自然而然地获得的。但是,要想使学前儿童掌握更丰富的词汇,并恰当地运用这些词汇,就需要为他们提供相应的学习内容,并在他们的认知活动、学习活动、交往活动和游戏活动中,有目的地引导他们将词与物体的实际意义联系起来,并运用到具体情境中去。

(3)构词成句、表达意思的学习可以渗透在认知活动和操作活动中。谈话活动、讲述活动等活动,都可以让学前儿童在构建语句表达意思的过程中练习口头语言的用词、用句规则。有时还需要提供辨别语音、语义和不同句型的运用等专项练习,以帮助学前儿童获得有关的语言经验,提高他们构词成句、表达意思的能力。

2.在由口语交际向书面语言学习转换的过程中,学前儿童需要学习口头语言与书面语言之间的关系和识字两方面的内容,也就是要求儿童能理解说出的话与写出的字之间的关系,并能辨认不同字形,分析简单的字形结构,书写简单的字

(三)依据不同活动领域的特点

学前儿童是通过多种多样的活动进行学习而得到发展的。不同领域的活动有不同的特点,其中语言学习内容也各有不同。学前儿童获得的语言经验有相同之处,也各具特性。在科学、数学、音乐、美术等领域活动中,教师要用语言来指导学前儿童进行观察,学前儿童要听懂教师的指导语言,有序地观察。同时学前儿童还要会用语言表达观察的情况和结果。观察对象不同,表达方式也就不一样,学前儿童所获得的语言经验自然也就不同。

科学活动和语言教育活动都有有关"春天"的谈话活动,前者重在帮助儿童更好地认知有关春天的科学教育内容,如动植物的生长变化、季节的主要特征等,目的是学习科学知识,通过谈话来巩固、加深学前儿童对春天的认识;而同一主题的语言教育的谈话活动,则侧重于对学前儿童的语言能力进行训练,更多关注的是学前儿童围绕春天"谈什么"和"怎样谈",这种活动一般可以从一种或多种角度切入谈话。如从"春天来了,万物复苏,花草树木争奇斗艳"等自然界的变化来谈春天的美丽;从人们脱下厚厚的冬装换上美丽的春装来谈春天的美丽等。

教师不必特别去划清语言教育活动内容和其他领域活动内容的界限，孤立地开展语言教育活动，否则学前儿童获得的语言也会是僵化、孤立、缺乏生命力的。因此，打破学科领域的界限，深入研究各活动领域的特点，将语言教育内容有机地渗透其中，才能切实提高学前儿童的语言水平。

二、学前儿童语言教育的具体内容

（一）专门的语言教育内容

专门的语言教育内容是根据既定的语言教育目标，通过有计划地安排和组织学前儿童系统学习语言的专门语言教育活动来呈现的，主要包括学说普通话、谈话、讲述、早期阅读和文学作品学习等方面，这也是我国目前学前儿童语言教育中经常采用的、最基本的内容。

1. 学说普通话

听懂和会说普通话是学前儿童语言教育的目标之一。学前期是儿童语音发展的关键期，如果错过了这个关键期，当学前儿童的民族语音或方言音已基本定型时，再想让他们学习普通话的音节就比较困难了。因此，应鼓励学前儿童在能用本民族语言或方言进行日常交际的基础上，在有话要说、有话可说的情况下坚持说普通话。教师可以通过为学前儿童提供和多种学习活动，如说广告、说新闻、说趣事、说天气预报等，使他们的普通话水平得到提高。

（1）以普通话语音为标准，对方言与普通话的发音和声调有差别的字词，进行有重点的辨音和发音训练。

（2）区分普通话和方言中相同内容的不同表述，学习规范的普通话。

（3）独立运用普通话交谈、朗诵诗歌或散文、讲述故事等。

2. 谈话

谈话是人与人之间以问答或对话形式进行的言语交往，包括个别交谈和集体交谈。学前儿童运用语言与人交往是从交谈开始的。谈话在培养学前儿童语言交际意识、情感、能力等方面有特别重要的意义。谈话中所发展起来的听和说的能力与习惯，为学前儿童语言交际能力的发展奠定了良好的基础。谈话也是讲述的基础，在实现发展儿童语言表达能力和语言交往能力目标中，谈话是重要的手段。

需要注意的是，学前儿童语言教育中专门的谈话活动与日常谈话活动是有区别的。日常谈话是学前儿童在日常生活中所进行的谈话，是无预期目标和计划的谈话，具有自发性和随意性。专门的谈话活动是一种有目的、有计划地组织儿童学习的语言教育活动，这种活动旨在创造一个良好的语言环境，引导学前儿童学习倾听别人的谈话,围绕一定的话题进行谈话,习得与别人交流的方式、规则,培养与人交往的能力。

学前儿童个别交谈的目标有注意倾听别人对自己说的话,并积极应答;主动发起与别人的交谈,尽量清楚、完整地表述自己的意思;懂得交谈中要听说轮换,能够耐心而有礼貌地把谈话延续下去。

学前儿童集体交谈的目标有在集体活动中,能注意倾听并理解教师的提问,并作出相应的回答;注意倾听同伴在集体中的发言,能根据谈话主题发表自己的意见;在自由活动或游戏活动中,能积极参与两个人以上的交谈,并根据需要发表自己的意见。

3.讲述

讲述是指运用完整的句子、连贯的语言,围绕一个主题描述事物、表达思想。讲述是发展学前儿童独白言语的形式,是比谈话更为复杂、更为周密的一种口语表达形式,是我国学前儿童语言教育中颇具特色的一种教育内容。它的特点是语言内容比较丰富,语句结构比较完整连贯,表达内容前后一致。讲述在语言的内容、形式和思维的逻辑性方面,都比对话要求高。要达到语言教育目标中提出的有关讲述能力的目标,必须根据学前儿童年龄特点,选择多种讲述内容,通过多种方式的训练,培养其讲述能力。

(1)实物讲述和图片讲述。实物讲述就是用几句话来描述实物的外形特征、性质用途或使用方法等。图片讲述就是讲述单幅或多幅图片中的相关内容,如人物的外貌、表情、姿态、动作,事件的产生、经过、结局等。

(2)拼图讲述和情景讲述。拼图讲述就是讲述拼出的图形包含的内容。情景讲述就是讲述情景表演中的人物、事件、对话、动作以及心理活动等。

(3)经验讲述,即讲述自己亲身经历过的或者间接了解到的人、事、物等。

4.早期阅读

早期阅读是引导学前儿童从口头语言向书面语言过渡,理解口语与文字之间关系的重要方法。从语言教育角度看,阅读图书是学前儿童从理解图画符号到理解文字符号,从学习口头语言向学习书面语言过渡的有效工具。它在帮助学前儿童顺利完成以上两个过渡的过程中起着非常重要的作用。早期阅读的目标有如下几个方面。

(1)掌握翻阅图书的基本技能。

(2)边看画面边听成人讲解,并回答问题。

(3)成人朗读图书中的文字时,能边看边听。

(4)能对单幅画面进行讲述,并会根据画面内容进行适当的扩句或缩句。

(5)养成喜欢阅读和爱护图书的良好习惯。

第六章 学前儿童语言教育的目标和内容

(6)运用绘画或剪贴等手段制作图书,并能自编文字说明。
(7)认识周围环境中的一些图文标志。
(8)了解汉字的书写风格和基本笔画,能认识简单的独体字。
(9)能认识并会书写自己的名字。

5.文学作品学习

文学作品学习是学前儿童语言教育的重要内容。儿童文学作品包括童话、故事、诗歌、散文、谜语、绕口令等。优秀的儿童文学作品具有优美丰富的语言和生动有趣的情节,作品中人物个性鲜明,主题富有哲理,深受儿童喜爱。

(1)聆听与感受文学作品。要求学前儿童集中注意力去倾听成人有感情地朗读或讲述文学作品,感受文学作品的语言、情节、动作、人物对话等,感受作品的思想感情脉络和特殊的表现手法。

(2)朗诵与表演文学作品。要求学前儿童跟随成人朗诵文学作品,并扮演一定的角色,运用道具,借助动作、表情、对话,在一定的场景中表现文学作品的内容,以进一步理解文学作品。

(3)仿编与创编文学作品。要求学前儿童在理解文学作品内容的基础上,仿编儿歌、童诗、散文、谜语等,并根据所创设的条件以及提供的材料创编文学作品。

(二)渗透的语言教育内容

渗透的语言教育内容主要是利用学前儿童各种生活和学习经验,为儿童提供充分而广泛的、多种多样的学习和运用语言的机会。渗透的语言教育内容在日常生活中常被忽视,得不到很好的利用。实际上,语言作为重要的交际工具,时时刻刻陪伴学前儿童。它不但能充分发挥学前儿童学习的自由性,丰富学前儿童的语言经验,还能更好地体现语言教育的个性化,做到因材施教。因此,发挥语言在各项活动中的渗透作用,应该是语言教育的一条必由之路。在日常教育中有必要加大这方面的教育力度,使之和专门的语言教育内容相呼应,彼此配合,相互补充,将学前儿童的语言教育落到实处。渗透的语言教育内容主要体现在日常生活、人际交往、游戏活动和学习活动中。

1.渗透的语言教育内容在日常生活中的体现

(1)在集体活动和个别交往的场合中,能认真倾听教师关于遵守行为规则的要求,并以此指导和约束自己的行为。
(2)在掌握行为规则的基础上,学习用语言评价自己和同伴的行为。
(3)理解并执行教师的指令。
(4)能在他人面前大胆地讲述自己的见闻。

2.人际交往

(1)正确地使用礼貌用语与他人交往。

(2)能用语言向他人提出请求、表达愿望或对他人提出的要求做出恰当的回应。

(3)能用适当的词、句或语气、语调与同伴展开讨论或辩论,协商与调解同伴之间的纠纷等。

3.游戏活动

(1)游戏时能与同伴随意交谈,能结合游戏情节自言自语或能与同伴进行恰当对话。

(2)会用语言与同伴进行协商、讨论与合作,共同开展游戏。

(3)能用连贯的语言评价游戏的规则执行情况与游戏开展情况,对游戏进行适当的小结。

4.学习活动

(1)能积极主动地提出问题和解答问题。

(2)能完整连贯地讲述所观察到的事物或现象。

(3)在集体中,能较长时间地倾听教师对多种学习内容的讲解和指导,理解学习的内容。

(4)能用几种不同的符号来表述对认知内容和认知过程的感受和认识。

▶阅读推荐◀

1.教育部基础教育司.《幼儿园教育指导纲要(试行)》解读[M].南京:江苏教育出版社,2010.

2.李季湄,冯晓霞.《3~6岁儿童学习与发展指南》解读[M].北京:人民教育出版社,2013.

3.田金长,马晓琴,赵燕.学前儿童语言教育[M].上海:华东师范大学出版社,2018.

4.周兢.幼儿园语言教育活动设计与组织[M].北京:人民教育出版社,1996.

5.陈瑶.学前儿童语言教育[M].北京:北京师范大学出版社,2014.

▶思考与探索◀

1.学前儿童语言教育目标可分为哪几个层次?各有什么含义?

2.学前儿童语言教育目标可分为哪几类?请简要说明。

3.试述确定学前儿童语言教育目标的依据。
4.试述确定学前儿童语言教育内容的依据。
5.简要说明学前儿童语言教育的主要内容。
6.简述专门的语言教育内容与渗透的语言教育内容的不同特点。
7.渗透的语言教育内容有何价值？集中体现在哪些活动中？
8.试选择一个语言教育内容并编写活动目标。

第七章
学前儿童语言教育活动设计与实施

【内容提要】 本章主要内容包括界定学前儿童语言教育活动的含义与特点；介绍学前儿童语言教育活动的几种常用方法，明确学前儿童语言教育的多种途径；提出学前儿童语言教育活动设计的原则；对学前儿童语言教育活动设计的步骤进行了规范要求；介绍学前儿童语言教育活动设计与实施的两种模式。

【学习目标】 理解学前儿童语言教育活动的含义、特点及实施方法，初步具备根据实际情况选择恰当的教育方法并灵活运用的能力；了解学前儿童语言教育实施的途径、活动设计的基本原则和步骤；掌握各种类型语言教育活动设计与实施的基本要求，在此基础上初步具备设计与实施儿童语言教育活动的能力。

语言教育活动是学前儿童教育活动的重要组成部分，它不仅是语言教育目标实现的基本途径、语言教育内容的实施环节，更是学前儿童语言教育基本观念的具体体现。学前期是人的一生中语言发展与运用的关键时期，如果只依靠学前儿童主体自然地获得语言，就无法使其语言潜能得到充分挖掘。学前儿童语言教育活动的根本目的是在教师的指导下，使学前儿童能积极主动地与人、与周围语言环境交互，从而获得语言能力的提高。因此，语言教育活动对学前儿童的发展具有重要意义。

第七章 学前儿童语言教育活动设计与实施

第一节 学前儿童语言教育活动的含义与特点

一、学前儿童语言教育活动的含义

学前儿童语言教育活动是指在幼儿园教育过程中,以儿童为主体,以语言内容为客体,通过师幼互动,有目的、有计划、有组织开展的语言学习和教育活动。这是以学前儿童语言发展的需求为起点、以促进学前儿童言语发展潜能有效地转化为现实语言能力为目的,引导学前儿童进行有效语言学习的教育活动过程。

二、学前儿童语言教育活动的特点

(一)教育活动的目的性、计划性

学前儿童语言教育活动以促进学前儿童语言发展为主要目的,这使得该活动与其他教育活动相比具有特殊的教育功能。《纲要》中提出了语言教育整体目标,但是在具体的教学活动中,教师需要对总体目标进行具体化。教育活动目标具体化了语言教育目标、年龄阶段目标和分类目标,并与之保持一致和对应,具有可操作性、可验证性。

在学前儿童语言教育活动中,每一次或每一阶段语言教育活动都有具体的目标,并以主导线索的方式贯穿活动的始终。如果某次语言教育活动的主导线索是讲述,那么就应该以"培养儿童的独立构思和表述一定内容的语言能力"为主要目标。在这次语言活动中,教师既需要考虑讲述活动的组织形式,如观察理解讲述对象、运用已有经验讲述、引进新的讲述经验、巩固迁移新的讲述经验等,也要考虑给学前儿童提供积极参与讲述的机会。每一次活动教育目标的实现,都会向阶段目标和语言教育总目标的完成迈进一步。所以,通过有目的的语言教育活动,可以全面发展儿童的语言能力。

学前儿童语言教育活动都是有计划的,它根据幼儿园语言教育的目标、儿童语言发展的实际状况和发展趋势,安排具体的教育活动,开展有顺序、有步骤的语言能力训练活动。

(二)教育活动内容的特殊性、渗透性

学前儿童语言教育活动独特的教育目标使得学前儿童在语言教育活动中学习吸收的主要是语言或与语言有关的信息材料。因此,无论活动内容是谈话、讲述、听说游戏、文学作品学习,还是早期阅读,都能为儿童的语言学习提供机会,

促进学前儿童语言发展,因为这些活动能够为儿童提供大量新的语言信息和材料。与其他教育活动内容相比较,这些信息材料具有特殊性。

同时,学前儿童的语言发展是整个学习系统调整、吸收与发展的结果,表现出整合一体性。学前儿童语言教育活动不仅涉及倾听、表述、文学欣赏和早期阅读等语言教育的要求,同时还涉及语言感知、语言理解、语言表达等活动环节,这是一个整合各种要素使儿童语言学习得以展开的过程。换言之,儿童语言教育需要与日常生活和其他领域的教育相渗透,将学前儿童置身于语言环境或语言信息的传递中,引导鼓励学前儿童积极主动参与、积极交流——至少语言学习内容不能与其他方面割裂开来。事实上,幼儿园其他教育活动的开展都需要以语言为载体和媒介,因为语言本身就是学前儿童学习的工具,这也正是语言教育的时机和过程,语言能力的发展存在于每个领域的学习过程中。离开了学前儿童发展的其他方面,语言学习是不可能成功的,尽管其他方面的发展也同样离不开语言的发展。

(三)教育活动组织与实施的专门性、整合性

首先,幼儿园的语言教育活动是由专业人员专门组织实施的语言学习活动。在教育活动过程中,无论是确定语言教育活动目标、选择语言教育活动材料,还是指导学前儿童进行语言学习,都具有明确的专业性要求。例如,教师要遵循儿童身心发展规律,根据最近发展区理论的指导,确定合理的教育活动目标;依据教育活动目标选择适宜的教育活动材料,创设适宜的语言学习情境,循序渐进地开展多样化的教育实践活动。专门的语言学习活动不仅目的性和指向性更明确,而且可以有效地促使学前儿童在交流、言语表现、读写等方面获得发展。

其次,语言自身的结构要素和结构规则规定了幼儿园语言教育活动的实施必然是一个整合的过程。如前所述,学前儿童语言教育活动涉及倾听、表述、文学欣赏和早期阅读等语言教育的要求以及语言感知、语言理解、语言表达等活动环节,所以,学前儿童语言教育在与各领域活动渗透的同时,也在对不同类型的语言活动进行整合。如教师呈现文学作品时,首先是讲述活动,接着常常用谈话活动组织学前儿童进行讨论,以达到对作品的理解,最后很可能用讲述来整合或延伸出听说游戏活动、戏剧表演、阅读等其他类型的活动。又如在《乌鸦喝水》的语言教育活动中,教师除了要帮助学前儿童了解故事内容,还可以让他们思考:还有什么办法能喝到水?最后,教师和学前儿童一起将大家说的方法归类,再请

他们把自己的方法编到故事中去,结果会出现许多"新编乌鸦喝水"故事。① 实践表明,整合后的活动更加丰富和灵活,更符合活动本身的特点,更容易发挥谈话、讲述等不同活动类型的功能,效果良好。

第二节 学前儿童语言教育活动的方法与途径

一、学前儿童语言教育活动的方法

学前儿童语言教育的方法,从本质上来说是成人为发展学前儿童语言创设条件和提供机会,让他们参与丰富多彩的活动,在与人、物、环境等交互过程中,学习语言、发展语言。学前儿童语言教育活动的方法主要有示范模仿法,视、听、讲、做结合法,游戏法,练习法以及表演法等。

(一)示范模仿法

示范模仿法是指教师将自己的规范化语言作为学前儿童语言学习的样板,让他们在良好的语言环境中自然地模仿学习。有时也可由语言发展较好的学前儿童来示范。在运用示范模仿法时要注意以下问题。

(1)教师的示范语言一定要规范、到位。教师的规范语言包括语言形式、语言内容、语言运用三个方面,并且要求在任何场合都能运用规范语言,主动创设良好的语言环境,成为学前儿童模仿学习的典范。所以,教师的示范语言一定要规范、到位,除了符合咬字清楚、发音准确、辅以自然的表情和恰当的手势等基本要求,还要注意使语言表达富于表现力和感染力。

(2)教师要把握好示范的时机和方式。在语言教育中,对学前儿童不易掌握的新的学习内容,如难发的音、新词句的朗诵、要求学前儿童学会的故事对话、连贯的讲述等,要重点示范。根据教育活动目标的要求,针对不同的问题,教师要依据学前儿童语言发展的水平和特点,恰当地选用示范方式,如"显性示范"和"隐性示范"两种手段的选择运用。

(3)妥善运用强化原则,因材施教。教师要关注学前儿童在多种活动中的语言表现,善于发现学前儿童语言发展的差异,因材施教。随时鼓励学前儿童形成正确的语言行为和习惯,并予以强化,如让语言发展好或语言能力提高快的学前儿童作为示范者,但也要避免因过于挑剔而降低学前儿童学习的积极性。

---

① 周兢、余珍有、温碧珠、郑荔:《幼儿园整合课程状态下的语言教育——关于目前我国幼儿园语言教育问题的讨论》,载《儿童教育》,2006(23)。

(4)正确处理示范模仿与创新的关系。教师在运用示范模仿法时,要正确处理示范模仿与创新的关系。一方面,不能过度强调模仿而限制了学前儿童的思维,要鼓励他们大胆创新,允许他们说出不同于示范的语句;另一方面,不能过于强调创新而忽视语言本身的规范性。

(二)视、听、讲、做结合法

学前儿童语言学习的核心内容是语言运用能力的培养,行之有效的方式是充分运用视、听、讲、做等方法,使学前儿童在运用语言中发展语言。"视"是指教师提供具体形象的讲述对象,让学前儿童仔细地观察;"听"是指教师用语言描述、启发、引导、暗示、示范等方式,让学前儿童充分感知与领会;"讲"是指学前儿童在感知、理解的基础上,充分表述个人的认识;"做"是指教师给学前儿童提供一定的想象空间,引导学前儿童参与或独立进行的操作活动,鼓励学前儿童动脑思考,从而组织起更加丰富、连贯、完整、富有创造性的表述。视、听、讲、做四方面的有机结合,使学前儿童运用多种感官参与学习,促进他们语言能力的发展。在运用视、听、讲、做结合法时应注意以下问题。

(1)教师所提供的语言教育辅助材料应来源于学前儿童生活。这些材料应该是学前儿童接触过的、较熟悉的或符合其认知特点的,这样才能被学前儿童理解,才能更好地促进学前儿童语言发展。例如,在童话故事《乌鸦喝水》教学活动中,教师可以制作森林的背景画面及乌鸦的形象,为学前儿童提供生动的视觉形象,当故事讲到乌鸦想什么办法才能喝到半瓶水时,教师可根据学前儿童的回答为他们提供半瓶水、小石块、沙子、树叶等生活中常见的辅助材料,让他们动手操作,在实践操作中发现放什么材料在瓶子里是使乌鸦能喝到水的最好方法,同时让学前儿童边操作边讲述,使讲述更加生动形象。

(2)教会学前儿童观察讲述对象的方法。在观察讲述对象时,教师要留给学前儿童一定的观察时间,使他们有足够的时间对观察的对象进行感知和理解。

(3)教师的提问要有顺序性、启发性。有序地、启发性地提问有助于学前儿童思考,能帮助学前儿童构思、组织语言,进而进行连贯讲述。例如,在学前儿童熟悉《金色的房子》故事内容之后,教师可以按照故事发生、发展的先后顺序提出一些问题:"故事里的小姑娘和谁在一起玩的?""后来,小动物们要到小姑娘家玩,小姑娘是怎么说的?"这样的提问可以帮助学前儿童把握故事的主要线索。此外,教师还可以提出"如果你有一座金色的房子,你会在房子里做什么"这样的富有启发性的问题,让学前儿童充分地体验故事中人物的情感,充分地讲述内容,促使学前儿童语言表述能力不断提高。

(4)根据不同年龄学前儿童的语言实际水平,提出不同的表述要求,如独立讲述或创造性讲述,但讲述内容要紧扣主题,想象要合乎情理,使学前儿童在动手、动脑、动口的学习中获得语言经验。

（三）游戏法

游戏法是指教师运用有规则的游戏训练学前儿童正确发音,丰富学前儿童词汇和学习句式的一种方法。游戏符合学前儿童的年龄特征,通过游戏可以提高学前儿童的学习兴趣,集中学前儿童的注意力,促进学前儿童各种感官和大脑的积极活动。游戏法是学前儿童语言教育中常见的活动方式之一。在运用游戏法时应注意以下问题。

(1)教师应根据学前儿童语言教育的目标和内容选择或编制游戏。目标要明确,规划要具体,要便于学前儿童理解,以达到训练学前儿童语言能力的目的。

(2)在运用游戏法时,可配合使用教具或学具。随着学前儿童年龄的增长,应逐渐减少使用直观材料。

(3)对于个别发音不清的学前儿童,可运用游戏法进行重点帮助,使他们在有趣的活动中,轻松地进行强化训练。

（四）表演法

表演法是指学前儿童在教师的指导下学习表演文学作品,通过对话、动作、表情等再现文学作品内容,进而提高口语表现力的一种方法。在运用表演法时应注意以下问题。

(1)教师必须在学前儿童理解诗歌内容并能熟练朗读的基础上,指导他们正确地运用声调、韵律、节奏、速度等进行诗歌朗诵表演。

(2)教师必须在学前儿童理解故事内容、熟悉人物对话及体会角色心理的基础上,指导学前儿童正确地运用语言、表情、动作等进行故事表演(故事的叙述部分也可由教师讲述)。

(3)鼓励学前儿童在故事表演过程中创新内容和增加对话。

(4)要为全体学前儿童提供参与表演的机会。

（五）练习法

练习法是指有意识地让学前儿童多次使用同一个语言因素(如语音、词汇、句子等),或训练儿童某方面语言技能技巧的一种方法。通过练习,学前儿童可以加深对语言教育中有关内容的理解,牢固掌握有关语言知识,熟练掌握语言运用技能。在运用练习法时应注意以下问题。

(1)明确并逐步提高练习的要求。

(2)要求学前儿童在理解内容的基础上,进行具有独创性的练习,避免简单、枯燥的重复。

(3)练习方式应生动活泼,形式应变化多样,从而调动学前儿童练习的积极性。

除以上几种常见的幼儿园语言教育方法外,还有提问法、评价法等。每种方法都有优势与不足,也都需要一定的使用条件,没有好坏之分。教师在实际运用的过程中,需要结合学前儿童语言发展的实际状况和活动的类型、内容的特点等,选择和创造较为恰当的方法。有时,多种语言教育方法可以互相配合、交叉使用,或互相补充、综合运用,以实现教育效果最优化。

二、学前儿童语言教育活动的途径

(一)在幼儿园语言教育领域教育活动中进行专门的语言教育

在幼儿园语言教育领域开展专门的语言教育是促进学前儿童语言能力发展的重要途径。专门的语言教育活动的类型主要包括谈话活动、讲述活动、听说游戏、文学活动和早期阅读几种形式。教师要依照语言教育规律来精心设计、组织每一个具体的教育活动,确立明确的、有针对性的、具体的、可操作的目标,确定能承载目标的教育内容,采取适宜的教育方法,给学前儿童提供充分的、以语言为对象的学习机会,使学前儿童的语言能力得到发展。

(二)在幼儿园其他领域教育活动中随机渗透语言教育

幼儿园语言领域教育不是封闭的,其他领域的教育活动虽然不是以语言教育为主要内容,但也包含大量的语言教育因素,为学前儿童提供了语言活动的素材,丰富了学前儿童谈话和讲述的内容。同时,其他领域教育活动的实施过程也为学前儿童言语表达和交际提供了条件。其他领域教育活动中的各种符号学习可以帮助学前儿童理解语言的符号特性等。可见,语言能力的发展渗透在各个领域的学习中。

(三)在五大领域外的其他活动中补充、延伸语言教育

1.在日常交往中指导学前儿童学习语言

语言运用是学前儿童语言发展的根本动力,学前儿童的语言运用能力是在使用语言的过程中发展起来的。日常交往中真实而丰富的语言环境为学前儿童提供了大量的语言运用机会,教师可以通过日常交往了解儿童语言发展的真实水平,使日常交往中的语言教育活动具有宽松性、针对性、随机性的特征。

第七章　学前儿童语言教育活动设计与实施

（1）创设良好的环境，使学前儿童愿意交往。教师要为学前儿童创设自主表达与自由表现的机会，使他们在自主、自由的氛围中，有话愿说，有话敢说，成为主动的学习者，而不是被动的接受者。

（2）为学前儿童营造良好的语言交流氛围，促进学前儿童语言的发展。教师应从情感上、行动上亲近学前儿童，让他们保持轻松、愉快的情绪，产生说话的愿望，从而推动和促进他们语言能力的发展。

（3）利用生活活动，随机进行语言教育。学前儿童的一日活动中有一半时间是生活活动，如晨间谈话、午餐、上厕所、洗手、离园等，此时学前儿童会与他人进行大量的日常的、随机的语言交往，语言运用处于最真实而自然的状态，是学前儿童语言教育的好时机。教师要善于利用一日生活的各个环节，选择一些随机性的话题，开展多样性的谈话活动，随机进行语言教育。如让学前儿童说说愉快的周末、介绍自己喜欢的玩具等，让学前儿童主动创造、调整自己的语言，运用语言技巧解决生活中的实际问题，同时学会交往的方法，乐于与人交往、沟通。

2. 通过常规主题活动发展学前儿童的语言[①]

这里所说的常规主题活动主要是指托儿所和幼儿园组织学前儿童定期参加的、围绕某个话题展开的语言活动。目前，各托幼机构经常进行的语言常规主题活动主要有以下几种形式：

（1）天气预报员。在每天早晨来园之后到早操之前这段时间，请一名学前儿童向全班预报当日的天气情况。天气预报员可以由值日生轮流担任，也可以由教师指定。为提高学前儿童对这项活动的兴趣，丰富他们的语言内容，教师还可以启发他们根据当日气温和特殊的天气状况，结合自己的生活经验进行讲述。

（2）周末趣闻。这项活动通常安排在每周一，请学前儿童从双休日的经历中选出最有趣或最有意义的事进行讲述，可以面对全班同学讲述，也可以与老师或同伴自由交谈。因为是自己的直接经验而且印象比较深刻，学前儿童往往对这项活动非常感兴趣，参加的积极性较高。

（3）小小广播站。该项活动综合性比较强，对学前儿童口语表达能力要求比较高，多在幼儿园大班开展。但广播站的某些节目也可以在中班或小班组织收听。其内容主要有报告午餐菜谱、表演文娱节目、介绍新闻和身边的好人好事、介绍新书或玩具、知识问答、文学作品欣赏等。

3. 通过区域活动发展学前儿童的语言[②]

（1）利用图书角和语言角进行语言教育。托儿所和幼儿园各班均设有图书

[①] 张明红：《学前儿童语言教育》，第235页，上海：华东师范大学出版社，2001年。

[②] 张明红：《学前儿童语言教育》，第235页，上海：华东师范大学出版社，2001年。

角。学前儿童可以根据兴趣以及各领域学习的需要,去看书或借书。这可以培养学前儿童对书籍的兴趣以及利用图书查询、收集信息的能力。

语言角的主要作用是让学前儿童练习口语表达。教师可以在语言角准备一些图片或剪贴用具和儿童画报,以便学前儿童练习讲述,或边制作边讲述;也可在语言角里投放一些识字图片或填图游戏卡,准备一些书写工具,以便有些学前儿童认读汉字或练习拿笔写字等。

(2)在活动区活动中随机指导学前儿童的语言交往。活动区的设立为学前儿童自主选择游戏内容提供了多种可能性,同时也增加了学前儿童之间的交往机会。此外,学前儿童在活动区活动时,常常是一边摆弄玩具,一边与同伴自由交谈。教师要鼓励学前儿童与同伴谈话,并利用巡回指导的机会引导扩展谈话内容。

4.游戏是促进学前儿童语言发展的重要途径

游戏是幼儿园最基本的活动形式,也是学前儿童之间最基本的交往活动。游戏不仅有助于学前儿童亲社会行为、思维等的发展,还是发展学前儿童语言能力的重要途径。在游戏开始前,对于主题的确定、场地与材料的选择、角色的分配等,都可以让学前儿童表达自己的观点,倾听同伴的意见,学前儿童的语言交往能力在这一过程中能够得到锻炼。在游戏中,学前儿童的自由交流既来自于生活经验,也来自于自己的愿望和想象,如在《商场》游戏结束后的讲述互评常常发生在全体学前儿童中,可采用回忆的方式,让学前儿童介绍自己的游戏情况。由于每个学前儿童都有话可说、有话愿说。这不仅有助于学前儿童形成良好的语言表达习惯,也可以培养学前儿童认真倾听他人讲话的良好习惯。

总之,教师要抓住日常交往和各种活动的有利时机,观察和了解学前儿童的语言发展状况,为他们提供良好的言语示范,给予针对性的指导。心中有语言教育目标、心中有儿童的教师,处处可以进行语言教育。

第三节 学前儿童语言教育活动设计的原则及步骤

设计语言育活动是将一定的目标、内容和活动方式转化成一个个具体方案的过程,也是对学前儿童有计划、有组织、有目的地施加教育影响的具体体现。如何使教育活动形成科学、合理的机制,并有效地运转以产生积极的效果,关键在于教师要科学地遵循与运用语言教育活动设计与实施的原则、步骤。

第七章 学前儿童语言教育活动设计与实施

一、学前儿童语言教育活动设计的原则

(一)注意学前儿童经验连续性原则

这一原则要求教师在设计与实施语言教育活动时,既要考虑学前儿童现有的发展水平,即他们已经获得的经验,也要考虑为学前儿童再提供一些新的学习内容。这样,才能保证设计与实施的活动符合儿童语言发展需要,才能真正起到促进学前儿童语言发展的作用。

注意学前儿童经验连续性原则包含以下两层意思。

1.以学前儿童已有语言经验为设计活动基本出发点

如果知道了学前儿童已有的语言发展水平,就能够有的放矢地设计活动。如组织学前儿童进行谈话活动《我该怎么办》时,教师就需要了解学前儿童是否能够凭借已有的经验解决该活动设置的问题。

2.为学前儿童提供新的学习内容

在上例中,如果学前儿童已积累了解决活动中所设置的问题的经验,教师可进一步引导学前儿童根据自己的想象,将解决方法编成故事讲述,或创编剧本进行表演,原有经验和新的内容可以引发儿童强烈的学习兴趣。当学前儿童积极参与活动时,他们可以通过学习将新的内容再次吸收转化为经验。

(二)教师与学前儿童互相作用的原则

在语言教育活动过程中,学前儿童是活动的主体,具有参与语言教育活动的主动性和积极性。作为客体的语言教育内容和教育方式在客观上能起到促进学前儿童主动参与活动的作用。主体和客体的相互作用构成了语言教育活动的主要关系。因为学前儿童在认识和经验方面存在不足,所以教师在教育活动中的参与是不可缺少的,教师和学前儿童相互作用构成了一对关系。

教师与学前儿童的相互作用以促进学前儿童更好地参与活动为目的,在此基础上,教师发挥教育的主导作用。因此,设计语言教育活动时,教师要根据具体活动内容、活动要求,考虑学前儿童主动活动与教师参与活动的比例关系,以充分体现学前儿童的主体地位和教师的主导作用。① 运用这一原则时应注意以下几点。

(1)了解每一个儿童的发展水平(包括个别儿童的特点)。教师据此决定自

---

① 赵寄石、楼必生:《学前儿童语言教育》,第196页,北京:人民教育出版社,1993年。

己在活动中参与的比例。

(2)找出语言教育活动中出现的新技能、新的语言要求。由此,教师策划自己参与指导的重点和难点。

(3)了解每一个儿童在语言教育活动中操作工具的熟练程度。据此,教师决定自己参与指导的时间分配。

(三)活动内容和活动形式相适应的原则

语言教育活动的内容是多方面的,活动的方式也不是固定不变的,它们之间存在着一定的关系。在教育实践中,针对不同的活动内容可以选择相同的活动方式,例如,故事、诗歌、图片和情景讲述等,都可以采用表演的活动方式;针对同一个活动内容也可以选择不同的活动方式,例如,故事活动既可以采用讲述的形式进行,也可以采用谈话或表演的方式进行。因此,教师在设计语言教育活动时,应抓住活动内容和活动方式,使活动内容和活动方式相适应。

(1)教师要根据具体的内容采用适当的活动方式。如学习童话、寓言、故事时,教师可以考虑采用表演、游戏的方式来帮助学前儿童理解作品内容,体会作品角色的情感;在学习儿歌或进行散文欣赏活动时,采用讲述、谈话的方式更合适。

(2)选择活动方式时,教师要考虑这一方式是否适合学前儿童。如在故事教学中,不同年龄的学前儿童对于理解、体验故事中人物特点和情感的程度不同。所以,对小班儿童开展活动时,可把活动重点放在让儿童理解情节、理清故事发展的线索上,倾听、讲述的方式比较适合;而对中班儿童开展活动时,则可以重点让他们理解、体验故事中的人物特点和情感,除了进行谈话、讲述,还可以采用表演的方式。

(四)不同领域教育活动相互渗透的原则

"幼儿语言的发展与其情感、经验、思维、社会交往能力等其他方面的发展密切相关,因此,发展幼儿语言的重要途径是通过互相渗透的各领域的教育,在丰富多彩的活动中去扩展幼儿的经验,提供促进语言发展的条件。"[①]据此,教师在设计与实施语言教育活动时,应作如下考虑:

(1)应从语言角度出发安排活动的要求、内容和形式,为学前儿童提供促进语言发展的学习机会。

---

① 中华人民共和国教育部:《幼儿园教育指导纲要(试行)》,2001年。

(2)在活动中,其他领域活动因素的参与具有辅助意义。至于何时需要辅之以其他领域的活动手段,要以帮助学前儿童更好地理解学习内容、主动积极地学习、完成学习任务为原则,要根据活动内容的要求来定。

(3)教师设计的活动,从语言符号的操作出发,经过多种符号系统的共同参与,最后仍应回到语言上。

(五)面向全体学前儿童,重视个别差异的原则

在设计语言教育活动时,教师应具有正确的儿童观和教育观,要使设计的活动既面向全体学前儿童,又重视个别差异。

(1)面向全体学前儿童,是指教师要了解全体参加活动学前儿童的需求,站在他们的角度把握活动设计的尺度,使活动设计能照顾到面。如组织谈话活动时,教师应注意本班学前儿童已有的谈话经验和他们可能共同感兴趣的话题,以及他们的语言发展水平,以使安排的活动满足他们的普遍需要,能较好地引发他们的兴趣。

(2)在面向全体学前儿童的同时,教师要注意个体的差异。学前儿童的语言发展水平以及语言经验存在个体差异,教师在设计语言教育活动时,必须正视这些差异,给予应有的重视,因材施教:既要为能力强的学前儿童提供发挥的机会,又要为能力较弱的学前儿童或不具备这方面经验的学前儿童提供补偿的机会。

二、学前儿童语言教育活动设计的步骤

(一)确定活动目标

确定学前儿童语言教育活动目标,是语言教育活动设计中首要的也是最重要的环节。目标恰当与否,对整个活动设计具有决定性的影响。因此,教师在确定活动目标时应注意以下几个方面:

(1)活动目标要着眼于学前儿童的发展,体现学前儿童的年龄特征。这一要求包含两层意思:其一,目标要立足于学前儿童现有的语言水平,符合学前儿童语言发展的规律;其二,目标应着眼于学前儿童的语言发展,要推动学前儿童语言的潜在发展水平向现实水平过渡。因此,教师在设定语言教育目标时除了要考虑学前儿童年龄段认知之类的发展特点,还要根据他们的语言发展核心经验提出不同程度的目标要求。

(2)活动目标的内容和要求,在方向上要与终期目标、阶段目标相一致。活动目标要为阶段目标和终期目标服务,终期目标、阶段目标要在具体的活动目标逐步实现的过程中实现。

(3)目标的内容要全面,应包括认知、情感态度和能力三个方面。

(4)目标的表述要明确、具体。一是要明确而详细地说明目标内容,即语言活动的类型;二是要用特定的术语来表述学前儿童在活动前后的变化。一个好的目标不仅能成功地表达教师的教育意图,而且便于操作和检测。

(二)选择活动内容

语言教育活动内容是实现教育目标的载体,也是活动设计和实施的主要依据。教师选择语言教育活动内容时必须综合考虑以下几个方面内容。

(1)根据目标来选择教育内容。确定的语言教育目标往往是全面的,有促进学前儿童语言能力发展的要求。一方面,教师需要选择一些专业性的内容,采用专门的语言教育活动方式来组织活动,以体现语言教育内容的特殊性和培养儿童听、说、读、写能力的目标要求;另一方面,教师需要整合一些语言教育内容,并在日常生活和其他领域中进行渗透,鼓励学前儿童积极交流,以体现语言教育内容的渗透性和培养学前儿童语言运用能力这一核心要求。

(2)根据学前儿童心理发展的水平和已有的经验选择内容。在选择内容时,要了解学前儿童的已有经验,在其新旧经验间建立联系。学前儿童的已有经验包括已有的生活经验和语言经验。只有掌握了学前儿童的已有经验,才能选择出有针对性的、能产生新经验的活动内容。

(3)根据语言教育活动的类型、特点选择活动内容。教师在选择谈话的内容时,要按照学前儿童的熟悉度、学前儿童共同关心的程度等来确定中心话题。如"我的妈妈""我喜欢的玩具""有趣的动物"等话题,既贴近儿童的生活,又具有一定的新鲜感,能引起学前儿童谈话与讨论的兴趣,有利于谈话活动的开展。

(三)设计活动方案

学前儿童语言教育活动是一个过程,是教师围绕教育目标,根据教育内容,指导学前儿童学习语言的过程。为了将一定的教育理念体现在活动中,实现语言教育活动的目标,教师需要设计合理的语言教育活动方案。教育活动方案设计的基本步骤如下:

1.确定活动名称

确定活动名称是指明确语言教育活动的具体类型是什么,适合于哪个年龄班,具体内容是什么。

2.确定活动目标

活动目标是通过某次教育活动,应该达到的具体目标。根据教育的整体性和语言教育的渗透性原则,在活动的目标中,也应该体现有关认知、情感和社会方面的要求。

3. 做好活动准备

做好活动准备是指教师对语言活动内容和活动方式进行初步思考后所做的工作。它主要包括三个方面：一是选择恰当的教学方法，通常是几种方法交替使用，发挥其综合作用；二是物资准备，包括活动开展所需的空间和教具、学具等；三是活动组织形式，主要有全班或大组的集体活动和小组活动或个别活动等形式。

4. 设计活动流程

语言教育活动流程即是活动的基本走向。设计活动流程能使活动过程一目了然，便于教师操作。由于语言教育活动类型和内容不同，活动流程也存在着差异。例如，看图讲述的活动流程为出示图片—组织观察—启发提问、讲述图片—图片命名；故事讲述的活动流程则是故事名称—教师讲故事、学前儿童听故事—帮助学前儿童了解故事内容和学习新词、新句式—明确故事主题。一般而言，语言教育的活动流程为：

(1) 活动开始。这是引导学前儿童准备参与活动的第一个步骤，要让学前儿童明确本次活动的目标要求，初步调动学前儿童学习的主动性。

(2) 基本活动。这是活动流程的主要部分。在基本活动中，除用少量时间展示学习内容外，教师主要是引导学前儿童通过参与活动进行学习。

(3) 活动结束。让学前儿童在轻松愉快的情绪中自然地结束活动。

(4) 活动延伸。活动延伸是指在日常活动中对学习内容的继续练习、巩固和运用。

在设计语言教育的活动流程时，要注意以下问题。

(1) 认真拟定活动流程的起点和终点：活动怎么开始，用什么方法引起儿童学习的兴趣，导入哪些具体的活动内容和组织形式；用什么方法和形式来结束整个活动，并且使学前儿童余兴未了。

(2) 活动流程要清晰，环节之间的过渡要自然、流畅、连贯，以保障活动有序进行，促进活动目标的有效实现。

(3) 认真设计提问的内容和方式：根据活动目标、活动进程以及学前儿童的兴趣和需要来设计提问；根据提问的铺垫以及学前儿童的回答考虑回应的策略，如表情或手势等非言语回应，或重复回答、随机追问、反向提问、概括总结等形式的言语回应。

5. 活动评价、反思

评价、反思是学前儿童语言教育活动整体结构的一个组成部分。评价可以在方案形成之前、方案实施阶段以及方案实施之后进行，分别起到比较与选择、诊断与修订、了解目标的达成程度等作用。反思一般是在方案实施之后进行,主要是根据评价的结果反馈做出调整,起到增效的作用。

第四节　学前儿童语言教育活动设计的基本模式

课程设计与实施是幼儿教师的基本任务,是促进学前儿童全面和谐发展的教育终极目标实现的根本保证。受幼儿园课程设计模式的影响,学前儿童语言教育活动的设计表现出不同的模式。

一、幼儿园课程设计的两种主要模式

课程设计是一种决定、改进课程的活动与过程,探讨形成、实施、评价和改变课程的方式、方法,主要有两种模式,即目标模式和过程模式。

（一）目标模式

目标模式是以目标为课程设计的基础和核心,围绕课程目标的确定及其实现、评价而进行课程设计的模式。"现代课程理论之父"拉尔夫·泰勒创立的"泰勒模式"被公认为是目标模式经典形态形成的标志。泰勒指出,任何课程设计都必须回答以下四个问题:学校应该实现哪些教育目标;要提供哪些教育经验才能实现这些目标;怎样才能有效地组织这些教育经验;怎样才能确定这些目标正在被实现。这四个问题实际上构成了课程的四个基本要素:目标、内容、组织和评价,也被认为是课程设计的步骤,即确定教育目标、选择学习经验、组织学习经验、评价教育计划。其中,确定教育目标是出发点与归宿,是课程设计的核心;选择与组织学习经验是主体环节,指向教育目标的实现;评价教育计划是整个系统运行的基本保障。

（二）过程模式

过程模式实际上是针对目标模式提出的,是指在课程设计中以过程或程序为焦点,详细说明内容和过程中多种原理的方法,以教育本体功能和知识本身固有的价值为标准选择活动内容、以学生主动的学习和建构为过程原则。

第一个明确提出过程模式的人是英国学者斯滕豪斯。他认为,知识不是现成的、确定的、外在的、需要学生接受的东西,而是学生思考的对象,应通过教育的过程帮助学生思考知识,进而使之获得解放。因此,过程模式的逻辑起点是内容的选择,教育者可以从具有内在价值的知识、活动中选择,而不是以预期的学生行为为依据;课程应该考虑与关注知识的不确定性,鼓励教师对课程实践的反

第七章 学前儿童语言教育活动设计与实施

思批判和发挥创造,提出教师应遵循五项过程原则:一是教师应该与学生一起在课堂上讨论、研究有争议的问题,二是在处理有争议的问题时,教师应持中立原则,使课堂成为学生的论坛,三是探究有争议问题的主要方式是讨论,而不是灌输式的讲授,四是讨论应尊重参与者的不同观点,无需达成一致意见,五是教师作为讨论的主持人,对学习的质量和标准负有责任。[①]

在对学习结果的评定中,教师不应像在目标模式中那样,是一个对照预定目标打分的评分者,而是一个对活动加以批评以促进学前儿童发展的批评者。

过程模式也要涉及多种目的。过程模式的课程设计不是制定一套计划,然后遵照实施,进行结果评价,而是一个将研究、设计和评价整合的过程。它直接关注教育过程的不断调试,始终伴随着对多种确定的、不确定的因素或变量及其交互作用的关系不断评价和修正,使教育产生最大的效益。所以,确切地说,过程模式是一种设计的思路、一种设计的思想。

二、两种模式下的学前儿童语言教育活动设计

幼儿园的任务是实行保育与教育相结合的原则,对幼儿实施体、智、德、美诸方面全面发展的教育,促进其身心和谐发展。而幼儿园语言教育目标特定、内容特殊,在实现幼儿园任务中起着举足轻重的作用,活动设计模式会直接影响幼儿园语言教育的实施与评价。

(一)目标模式下的学前儿童语言教育活动设计

目标模式对学前教育课程的理论与实践领域,包括幼儿园语言教育领域,影响巨大。

目标模式下的学前儿童语言教育活动设计都遵循以下步骤:首先将语言教育目标层层分解,确定具体的活动目标;然后再根据确定的活动目标选择活动内容;最后设计具体的活动方案。因此,在每一次语言教育活动中,都包含一定的教育目标要求,而每一次活动目标的实现,都是向阶段目标和终期目标的迈进。

我国幼儿园语言教育活动的设计采用比较典型的目标模式。目标模式以明确且具体的目标作为课程设计的核心,幼儿园语言教育中的行为目标是教育活动设计的起点,也是教育活动的归宿。这种设计模式条理清晰,非常便于操作和评价,可以提高语言教育过程的计划性、可控性和可操作性。但目标模式的不足之处也很明显:

[①] 王春燕:《幼儿园课程概论》,第 24 页,北京:高等教育出版社,2007 年。

首先,活动目标一般是由活动实施者事先确定好的。尽管在活动目标确定时,活动实施者会考虑学前儿童的发展水平和实际需要,但由于学前儿童行为的不可预知性之类的因素的制约,预定目标很难与学前儿童的发展水平和实际需要相契合,尤其很难顾及学前儿童的个体差异。在活动过程中,学前儿童还会生发许多预设之外的表现,这些表现在目标模式中往往得不到重视,甚至被认为是应该尽量避免的,进而忽视了学前儿童的主体性、自主性。

其次,活动目标的层层分解,具体到每一个细节,强调通过每个具体目标的达成逐步实现阶段目标和终期目标。但另一方面,目标越具体就越容易破坏学前儿童学习的整体性,使学前儿童的语言经验支离破碎。

最后,目标模式往往是根据学前儿童行为来确定教育目标,而行为不仅包括外显行为,还包括内隐行为(如情感、态度、价值观等)。对于启蒙阶段的学前儿童而言,内隐行为更重要。但目标模式的活动设计恰恰将之排除在外。

(二)过程模式下的学前儿童语言教育活动设计

目标模式下的学前儿童语言教育活动设计,实际上是一种通过目标明晰化来改善实践的尝试,能促进学前儿童语言运用能力的发展,但预定的统一目标框架往往会在很大程度上束缚教师与学生,使目标成为一种控制的手段与工具,而过程模式下的学前儿童语言教育活动设计可以对其进行有效的补充。

过程模式意在改善活动过程的本质,将学前儿童视为一个积极活动者,教师是学前儿童的学习伙伴和学生行为的引导者;通过教师和学前儿童的交互作用,挖掘他们的潜能。过程模式下的学前儿童语言教育活动设计的出发点是通过对知识和教育活动的内在价值的确认,鼓励学前儿童进行自由活动,探索具有教育价值的知识领域,倡导过程原则,主张活动过程中教师对学前儿童需要和感兴趣的事物进行价值判断,不断调整活动,把无效的、不利于广泛的教育目的达成的做法识别出来,并加以排除,以促使学前儿童进行更加有效的学习。所以,过程模式下学前儿童语言教育活动的设计一般遵循如下步骤:首先是设定一般性的或宽泛的目标;其次是选择内容,设计有创造性的活动;再次是依据过程原则,展开活动过程;最后是评价活动结果。

探索性的主题活动设计、方案教学设计等属于比较典型的过程模式。方案教学设计的第一步便是确定主题和初步编制主题网络。接着是展开阶段,引导学前儿童围绕主题进行形式多样、活泼生动的讨论,了解学前儿童对主题哪些方面感兴趣,具有哪些相关经验,主要存在哪些问题或疑问。在此过程中,可以提供给学前儿童与主题有关的非结构化活动,如戏剧扮演活动、绘画等,通过讨论,学前儿童会逐渐明确要探究的问题。之后可以开展多种类型的活动进行探究,并保证教师和学前儿童处于一种积极互动状态。第三阶段是结束阶段。此阶段很重要的一个任务或特点是，以作品展览之类的形式与他人（如同伴、家长等）分享成果和进行交流，帮助学前儿童回顾在方案活动中运用过的技巧、策略以及探究过程。教师更为熟悉的主题活动设计也基本遵循这三个阶段。

过程模式下学前儿童语言教育活动的设计具有鲜明的特征：儿童围绕某感兴趣的、熟悉的和有意义的主题进行主动探究；探究的方式多样化，多方面资源优化组合与有效利用；学习的动机是一种内在动机；民主、平等的师幼关系，儿童的个别差异得到尊重；更强调偶然性、不确定性和生成性，没有固定模式等。这能够调动学前儿童学习的积极性，使他们学得更生动、更有效，同时也有利于激发教师创造的热情，促进其专业成长。

过程模式下学前儿童语言教育活动的展开在很大程度上依赖于教师的高素质，但从总体上来看，目前我国幼儿园教师的整体素质水平不高，与过程模式下语言教育活动开展的要求还有较大差距，因而实施的难度很大。比如，相当一部分教师没有树立正确的儿童观，没有尊重儿童的需要、兴趣和已有知识经验等的意识；或是虽然有这种意识，但缺乏捕捉有教育价值的活动以及有意义事件的能力；或是虽然发现了有教育价值的活动、有意义的事件，但是因为自身业务素质等方面因素的制约，没有充分地发挥活动应有的教育功能，甚至出现扭曲与变质。

三、两种设计模式之间的动态契合

两种设计模式各有优点和不足，也各有特定条件与适宜性。目标模式目标明确而具体、操作性强，过程模式对培养儿童的自主性、创造性更有优势。过程模式不是无目标，而是弱化具体目标，是根据儿童的兴趣和经验不断调整目标，目标模式在操作层面上也离不开循序渐进的发展过程。因此，应该在深入分析与把握每种模式优缺点的基础上，综合考虑诸如教师、学前儿童、学习内容等因素，在这两种模式之间寻求一种动态的契合。如在目标模式的设计和组织的经验基础上，逐渐吸纳过程模式的理念和做法，从局部开始进行探索、反思、积累，逐渐全面推广，最终形成科学合理的设计。以下几点建议可供参考。①

第一，在设计教育活动方案时，多设计几种假设和课程发展的可能性，以便在实施过程中能够应对学前儿童的不同反应。

第二，发现感兴趣而且有价值的事物时，大胆打破原来的计划，调整教育活

---

① 冯晓霞：《生成课程与预成课程》，载《早期教育》，2001(15)。

动内容。

第三,当发现原定的活动时间、进度不符合实际情况时,不要拘泥于原定计划,应顺应活动的自然发展,因势利导。

第四,经常反思教育活动的目标、内容结构,一旦发现有明显的缺陷,应该及时调整。

▶阅读推荐◀

1. 肯·古德曼著,李连珠译.全语言的全,全在哪里[M].南京:南京师范大学出版社,2005.

2. 张明红.给幼儿园教师的101条建议·语言教育[M].南京:南京师范大学出版社,2007.

3. 虞永平等.学前课程的多视角透视[M].南京:江苏教育出版社,2006.

▶思考与探索◀

1. 学前儿童语言教育活动的内涵特点是什么?
2. 学前儿童语言教育活动有哪些常用的方法和途径?
3. 学前儿童语言教育活动的设计原则与步骤有哪些?
4. 分析下列活动目标,指出并修正存在的问题。

(1)中班语言活动《我喜欢的书》活动目标:在看看、讲讲的交流活动中,丰富与阅读有关的经验;体验在阅读中发现的快乐,激发阅读的兴趣。

(2)小班语言活动《儿歌〈伞〉》活动目标:在感受、理解儿歌的基础上,初步学念儿歌,并能大胆表现;培养语言表达能力、发展想象力等。

(3)小班语言活动《不怕冷的大衣》活动目标:知道冬天时多运动就不会冷;通过体育运动进一步体验"不怕冷的大衣"。

(4)大班语言活动《摘橘子》活动目标:通过看照片和视频回忆、交流各自在摘橘子活动中的经历;在观察、比较的过程中发现橘子成熟的过程,萌生爱护植物的情感。

5. 根据幼儿园语言教育活动设计的有关要求,设计两个语言教育活动方案。
6. 去一所幼儿园体验幼儿园语言教育活动的设计与实施,并写出活动报告。
7. 结合幼儿园教育活动组织实施的实际情况,谈谈我国幼儿园语言教育活动的设计应该采用哪种模式,并说明原因。

第八章
学前儿童文学教育活动

【内容提要】 本章的主要任务是厘定学前儿童文学教育活动的含义,阐述学前儿童文学教育活动对学前儿童的教育作用;明确学前儿童文学教育活动的目标及内容选择;提出学前儿童讲述活动设计与实施应围绕学习作品、理解体验作品、迁移作品、创造性想象和语言表述四个基本环节展开。本章重点阐述了文学欣赏活动和文学创造活动设计与实施的基本步骤。

【学习目标】 通过本章学习,正确理解文学教育活动对于学前儿童语言发展的重要意义;把握学前儿童文学教育活动的基本特征;理解学前儿童讲述教育活动的目标,能够根据一定的要求选择合适的文学作品;联系实际领会学前儿童文学教育活动设计和实施的结构与基本步骤,并尝试将其应用到不同形式的文学教育活动中去。

第一节 学前儿童文学教育活动概述

学前儿童对文学作品是情有独钟的。无论是朗朗上口的童谣、生动有趣的故事,还是优美动听的散文,对他们来说都有着强大的吸引力。可以说,文学作品伴随着他们的成长,对文学作品的学习是他们获得宝贵生活经验和丰富情感体验的重要途径。学前儿童文学教育活动历来是学前儿童喜闻乐见的一种学习活动。

一、学前儿童文学教育活动的含义

学前儿童文学教育活动,是指以学前儿童文学作品为基本教育内容而设计、组织的系列语言教育活动。它从某种具体的文学作品入手,围绕这个作品展开一系列的活动,帮助学前儿童理解、体验作品所展示的丰富有趣的内容,体会语言艺术的美,为学前儿童提供全面的语言学习机会,帮助学前儿童发展完整的语言。文学教育是学前教育机构语言教育十分重要的一个方面,也是学前儿童语言教育活动中不可缺少的类型。

二、学前儿童文学教育活动的作用

(一)激发学前儿童对文学的兴趣

学前儿童喜爱听故事,喜欢欣赏优美的诗歌和散文,他们常常对文学作品展现的生活场景、有趣人物和动人情节为迷。在学前阶段,如果儿童能经常欣赏到优美的文学作品,并有自由的空间发挥自己的想象,表达自己的感受,他们在参与活动的过程中就会逐渐萌生对文学的兴趣。在教师的引导下,学前儿童学会欣赏文学作品中优美的句子,体验作品中丰富的情感,并能初步感受作品的结构。教师应运用多种方式激发学前儿童对文学作品的兴趣。

(二)培养学前儿童的文学理解能力和想象力

文学理解能力和文学想象力是两种基本的文学素养。在文学教育活动中,学前儿童从逐渐听懂作品的语言到慢慢感受作品表达的情感,其文学理解能力在不断增强。同时由于学前儿童的想象力很丰富,通过教师的引导,他们可以很好地想象作品描述的画面、人物的心理活动、作品表达的意境以及作品的情节发展,尽情地表达自己的感受。例如,《千人糕》是一个情节比较简单的故事。在这个故事里,有一个很重要的问题就是:为什么小小的一块糕叫"千人糕"?教师可以此为发散点,让学前儿童想象千人糕是什么样子的,有哪些人参与做千人糕。幼儿讨论热烈,他们心目中的千人糕都不一样。这不仅让学前儿童展开想象并积极表达,而且也让他们真正理解了"千人糕是许许多多的人的劳动成果"这个道理。

(三)培养学前儿童创造性地运用语言表达自己想法的能力

当学前儿童插上文学想象的翅膀自由翱翔时,他们需要通过语言、绘画、音乐、动作等方式来表达自己对文学作品的理解和感受。文学教育活动可以培养学前儿童创造性地运用语言表达自己想法的能力,培养他们运用自己的生活经验特别是语言经验,将自己想表达的内容用合适的语言表达出来的能力。其中,续编故事、改编故事、扩编故事以及仿编诗歌和散文就是很好的形式。

第八章　学前儿童文学教育活动

三、学前儿童文学教育活动的基本特征

（一）围绕文学作品展开一系列活动

从活动对象的特点来看，在学前儿童文学教育活动中，学前儿童学习的内容是具体的文学作品。文学作品是语言艺术的产物，任何一首儿歌或一个故事都包含了丰富而独特的语言信息，都可能包含着学前儿童未知的人、事、物的概念，综合呈现了学前儿童所需要和渴望了解的社会生活现象。如故事《三只小猪》《城里来了大恐龙》《三只蝴蝶》等，向学前儿童展示了一个个有趣的事件。与其他语言教育活动相比，文学教育活动中学前儿童所面临的活动对象有着形象生动、信息丰富的特点，而学前儿童在活动中与活动对象交互作用的首要任务，就是学习、理解文学作品。

从活动主体的特点来看，文学作品以书面语言的形式储存语言信息，学前儿童要想将书面语言信息转化为口头语言信息，需要以聆听、诵读、阅读图画、观看动画片等方式来感受、理解文学作品所传递的信息。

从活动目的来看，文学教育活动的主要目的不在于通过文学作品进行知识教育和道德教育，而更侧重于对学前儿童审美能力和文学理解能力、想象能力的培养。因此，文学教育活动是一个包含理解美、欣赏美、表现美以及表达自己对文学作品的理解和想象的多层次活动。例如，在大班的诗歌教学活动《春天》中，我们可以设计一系列活动：活动一，感知、理解作品的主要内容和文学语言的特色；活动二，以折纸、粘贴、绘画等多种方式表现春天的美丽景象，同时理解并学习作品中的文学语言；活动三，改编或仿编诗歌《春天》，加深对作品的理解。通过这一系列活动，学前儿童能够感受到作品所描述的春天的美丽景象，理解作品语言的特色，这种层层深入的活动设计真正体现了文学作品的教育功能，达到了文学教育的目的。

（二）整合相关学科的学习内容开展活动

文学作品包含丰富的信息，涉及认知、语言和社会知识等多方面内容。因为学前儿童的生活经验和知识有限，所以在开展文学教育活动时，教师常常需要将文学作品与相关的其他学科内容整合，开展形式多样的系列活动，使学前儿童能够更好地理解文学作品中的相关知识，促进学前儿童对文学作品的感知、理解，帮助学前儿童完成整合学习的内容。如故事《小熊开商店》中涉及以下一些内容：小熊开了一个鞋店，但这个鞋店却经常关门，因为小熊的鞋店中总是缺乏顾客需要的鞋。大象要大鞋，老鼠要小鞋，小兔子要穿四只鞋，蜘蛛要穿八只鞋，而

蜈蚣要穿十六只鞋。在这里,小兔子、蜘蛛、蜈蚣为什么会穿不同数量的鞋呢?如果不解决这个知识点,势必会影响学前儿童对作品的理解。因此,在教学活动中,要利用图片、幻灯片等对学前儿童进行科学教育,保证学前儿童全面、准确地理解作品的内容和作品的巧妙之处。

(三)提供多种与文学作品相互作用的途径

学前儿童的发展是在他们与外部环境交互作用中进行的,并且需要通过自身的操作活动与外部环境相互作用。学前儿童语言的发展也是通过个体与外部环境中多种语言和非语言信息交互作用逐步实现的。因此,学前儿童文学教育活动,应当着重引导学前儿童积极地与文学作品相互作用,在这一过程中通过多种途径让他们得到发展。用活动的形式来组织文学教育,意味着学前儿童可以在动手、动口、动脑、动眼、动耳等过程中获得多方面直接经验,从而能更深刻、更全面地理解与感受文学作品。以故事《会唱歌的生日蛋糕》为例,学前儿童通过听故事、看图片、角色表演体会故事中人物的情感和心理,再通过想一想、画一画、谈一谈等活动获得与文学作品的交互作用的机会,这样可以更好地帮助学前儿童全方位地理解和感受故事内容,也使学前儿童多方面的能力得到锻炼和提高。

(四)扩大学前儿童自主活动的范围

在文学教育活动中,学前儿童往往有较大的活动自主性,他们在教师的引导下,能比较自由地进行讨论、操作表演、编构等,在亲自实践、探索和想象创造中,有机地将个人的直接经验和文学作品提供的间接经验结合起来,达到对作品和文学语言准确、深刻的感知和理解。

四、学前儿童文学作品的类型

学前儿童文学作品是一个笼统的概念,主要指那些与学前儿童心理发展水平及接受能力和阅读能力相适应的各类文学作品。根据文学样式和体裁不同,可分为儿童故事、儿童诗歌、寓言和童话等,最常见的是儿童故事和儿童诗歌两大类。

(一)儿童故事

儿童故事有广义和狭义之分,广义的儿童故事泛指神话、传说、童话、寓言等体裁的作品;狭义的儿童故事是指以叙事为中心,适合学前儿童阅读和欣赏的篇幅短小的各类故事,这里所讲的主要是狭义的儿童故事。

第八章 学前儿童文学教育活动

儿童故事属于叙事文学的一种,它重在叙述事情的经过。完整的儿童故事应该有开端、发展、高潮、结束等几个部分,如《小马过河》,故事开端妈妈对小马说"你长大了,能帮妈妈做事情了",然后围绕小马去帮妈妈磨面展开情节,叙述小马在这个过程中遇到的问题和小马的思想变化,最后小马在妈妈的启发下,自己去思考和尝试,终于完成了任务。可以看出,儿童故事多采用拟人化的叙事风格,这符合儿童思维的特点;儿童故事题材广泛,主题单一,结构完整,故事性强,语言口语化,容易被学前儿童理解和接受,是学前儿童喜闻乐见的一种文学形式。

(二)儿童诗歌

儿童诗歌是儿童文学作品中韵体作品的统称,包括儿歌、儿童诗、儿童散文、浅显的古诗等。儿童诗歌语言精练,想象丰富,内容生动,韵律优美,节奏明快,易懂易记,适合学前儿童学习,是学前儿童喜闻乐见的一种文学形式。儿童诗歌在学前儿童语言教育方面有着特殊的作用,它适于朗诵,便于学前儿童练习发音,有利于学前儿童说好普通话,能够提高学前儿童语言的艺术性和表现力。同时,儿童诗歌可以陶冶学前儿童情操,对学前儿童进行美感教育,还可以促进学前儿童想象力的发展。

第二节 学前儿童文学教育活动的目标与内容

一、学前儿童文学教育活动的目标

(一)学前儿童文学教育活动的总目标

1.展示成熟的语言,提高学前儿童对语言多样性的认识

儿童文学作品为学前儿童语言的丰富与个性化发展提供了成熟的语言样本,可以让学前儿童模仿、记忆并创造性地将其运用到生活中。通过倾听不同的语言句式、形象化的语言、不同风格特色的语言,学前儿童提高了对语言多样性的认识,进而提高了对多样化语言的适应能力、理解能力和运用能力。

2.丰富学前儿童的词汇量,培养他们自觉获取语言材料的能力

学习文学作品,是丰富学前儿童词汇量、帮助学前儿童掌握语言内容的重要途径。学前儿童可以在学习文学作品的过程中理解和学习新词,还可以在语言文学活动中掌握和运用新的词汇,如形容人心情的词"兴致勃勃""垂头丧气""欢天喜地"等,就可以让学前儿童用动作和表情将它们表现出来。

3. 培养学前儿童倾听的能力

学习做一个乐于倾听并善于倾听的人是学前儿童语言交往的重要方面。语言文学作品的教学,是与学前儿童的"听"紧密联系在一起的,它给学前儿童提供了有意识倾听、辨析性倾听、理解性倾听的机会,并能在实践中培养倾听能力。

4. 鼓励学前儿童创造性地运用语言,提高学前儿童灵活运用语言的能力

语言文学作品在帮助学前儿童创造性地运用语言方面的作用表现在以下三个方面:

(1)激励学前儿童积极参与语言游戏。这里的语言游戏是指使用语音、词汇、语句,并从中体会到乐趣的活动。如《颠倒歌》:"稀奇稀奇真稀奇,麻雀踩死老母鸡。蚂蚁身长三尺六,老爷爷坐在摇篮里!东西街,南北走,出门看见人咬狗。拿起狗来砸砖头,又怕砖头咬了手。"这首儿歌中所描述的颠倒事物会极大地激发学前儿童的游戏兴趣。学前儿童创造性地运用语言,正是从积极地投入语言游戏开始的。

(2)帮助学前儿童在不同的语境中创造性地运用语言。故事《狼和小羊》和《下雨的时候》等分别表现了不同的语言交往情境。在学习这些文学作品时,学前儿童理解了不同的语境,也逐步掌握了在不同语境中运用适当的语言的能力。

(3)增强学前儿童的语言结构敏感性。学前儿童的语言发展有一种语言结构敏感性。这种敏感性是对语言本身的反应,而不是对语言传递信息的反应。学前儿童对语言结构的敏感性是在逐步熟悉、理解文学作品的过程中增强的。教师在教学中有意识地引导学前儿童去感受文学作品的语言形式是增强其语言结构敏感性的重要途径。学前儿童语言结构敏感性的增强,能为其创造性地运用语言以及未来的写作奠定良好的基础。

(二)幼儿园文学教育活动各年龄班目标

1. 小班

(1)喜欢欣赏文学作品,愿意参加文学活动,对文学作品的语言感兴趣。

(2)能初步感受文学作品的语言美,知道童话故事、诗歌、散文是不同体裁的文学作品。

(3)学习理解文学作品的情节内容或画面情景,能用语言、动作、表情等不同方式表达自己对文学作品的理解。

(4)在原有文学作品基础上展开想象,仿编诗歌、散文中的一句或续编故事。

2. 中班

(1)喜欢欣赏不同形式的文学作品,主动积极地参加文学活动。

(2)知道文学作品的语言与日常生活语言不同,进一步感受文学作品的语

言美。

（3）学习理解人物形象，感受作品的情感基调，能运用恰当的语言、动作、绘画创作等表现自己的理解。

（4）能根据文学作品提供的线索扩展想象，仿编或续编一个情节或一个画面。

3.大班

（1）乐意欣赏不同体裁、不同风格的文学作品，在文学活动中积累文学语言，并尝试在恰当的场合使用。

（2）在理解文学作品人物、情节或情景的基础上，学习理解作品的主题或感受作品的情感脉络。

（3）初步感知文学语言和文学作品结构的艺术表现特点，开始接触文学作品的艺术语言构成方式。

（4）依据文学作品提供的想象线索，联系个人已有知识经验扩展想象，并创造性地进行表述。

二、学前儿童文学教育活动的内容

学前儿童文学作品是教育活动的载体，又是活动的依据。作品选得好，教育活动的实施就有了一定的保证。选择作品内容既要考虑到作品的教育功能，又要考虑到学前儿童的欣赏趣味和欣赏能力。

（一）作品中的形象鲜明生动

学前儿童文学作品中所塑造的形象要鲜明生动、活灵活现，不论是人物还是小动物，都要抓住其外部特征，刻画其神态和动作。如儿歌《小白兔》前两句主要描写了小白兔的神态和外部特征，后两句重点描述了小白兔的动作和生活习性，把小白兔描写得活灵活现。学前儿童经常会表达自己对一些故事中人物的感受，如"小白兔真是太可爱了，我最喜欢小白兔了""我不喜欢可恶的大灰狼，大灰狼真坏""卖火柴的小女孩太可怜了，我想帮助她"……儿童的这些感受都表明故事中那些生动的形象能够增强作品的艺术感染力和表现力，有助于提高学前儿童学习的兴趣。因此，教师应选择那些有着生动鲜明的形象的文学作品，让学前儿童去体会角色的喜、怒、哀、乐。

（二）作品结构简单，情节单纯有趣

因为学前儿童难以理解事物和人物间深层次的关系，所以在学前儿童文学教育活动中应选择结构简单、情节不太复杂的作品。如故事《慢吞吞的小熊》描述了一只慢性子的小熊找工作的过程。它结构简单、人物少,学前儿童很容易理解和接受。

学前儿童喜爱情节生动有趣、吸引力强的故事。如故事《野猫的城市》讲述了一只从城市来到森林里的野猫,它向森林里的动物介绍了城市的三个特征:城市里有斑马线、城市里有地图、城市里有高楼大厦,但因为它用了不清楚、不正确的比喻来形容城市,所以让动物们对城市产生了误解,以为城市是一个很疼、很痒、没羞的地方。这个故事情节生动、富有童趣。

（三）作品的语言浅显易懂、具体生动

学前儿童不能准确地理解很抽象的词汇,比较容易理解一些反映事物具体特征的词汇。如学前儿童能理解"山路高低不平",但不一定理解"山路崎岖不平";能理解"心里难过",不一定能理解"心情不好"。因此,教师在为学前儿童选择文学作品时,一定要对作品的用词进行分析。对作品中学前儿童难以理解的词,可以在不影响作品原意的前提下稍加改动,运用学前儿童能理解的词语和表达方式使之浅显易懂,并尽可能多使用一些富有个性特色的、有趣的对话语言。另外,句子要尽量口语化,多用简单句、主动句和短句,少用复杂句、被动句和长句。

（四）题材以学前儿童熟悉的事物为主,符合现代儿童特征

学前儿童文学作品的主题和主要情节应取材于学前儿童所熟悉的事物,如学前儿童（小动物）间的交往和游戏,发生在日常生活中的轶闻趣事、四季景色的变化、周围环境的特点等。

首先,应选择多种题材的作品,让沉淀在文学作品中的大量的间接经验与学前儿童产生联系。具体来说,为了让学前儿童在文学教育活动中获得一定的语言发展、智力启蒙,从而形成正确的思维方式以及良好品德行为习惯,可以选择含有哲学启蒙知识的作品,如《小马过河》《谁的本领大》,可以选择赞美人类的智慧、勇气和诚实等美德的作品,如《手捧空花盆的孩子》《曹冲称象》,以及反映自然规律和科学幻想的作品,如《葫芦娃》《七色花》等,这些题材的作品对学前儿童智慧的启迪有着重要作用。

其次,应选择不同体裁的作品。儿歌及儿童诗想象丰富、情感热烈、语言含蓄而凝练,具有节奏感、韵律感、音乐性、形象性和对称、均衡或错落有致的整体结构,集中体现了文学语言形式美的特征。故事,有引人入胜的情节,有采用拟人、夸张、象征等表现手法创造的个性化的人物形象,有人物活动的特定时空环境,有重复变化、多样统一、均衡完满的整体结构,容易引起学前儿童的情感共

第八章 学前儿童文学教育活动

鸣。故事的语言浅显易懂，想象丰富奇特，内容多种多样，可以满足学前儿童多方面的精神需要。散文，以优美抒情为主要特征，常采用比喻、象征、拟人等手法，用精美的语言、动态的描述，展现一幅幅富有色彩的画面，使学前儿童感受到语言的魅力。它能使学前儿童在感受语言美、意境美、情感美的同时，提高对自然美、社会美的敏感性。还有古诗、古代寓言、神话故事等，只要是学前儿童能够理解的都可以提供给学前儿童学习。

再次，适当选择名著。这类作品一般都是美的形式和真、善、美的内容高度统一的典范，经久不衰。我们可以为学前儿童选择一些他们能够欣赏的名篇名著，如《海的女儿》《丑小鸭》《小红帽》《白雪公主》《渔夫和金鱼的故事》等。

第三节 学前儿童文学教育活动的设计与实施

一、学前儿童文学教育活动设计与实施的基本结构

教师在设计与实施学前儿童文学教育活动时，必须贯彻文学教育的基本理念，设计好活动结构，组织好活动过程。学前儿童文学教育活动是系统化、多方位的活动形式，它的设计与实施需要按照以下四个层次来进行：

（一）学习文学作品

学前儿童文学教育活动的首要环节是将文学作品传授给学前儿童，但是作品内容以何种形式传递给学前儿童，是教师必须认真考虑的。教师需要根据作品的难易程度、本班学前儿童的实际水平以及活动环境与材料利用便利与否，而采取不同的形式来组织教学。有的需采用直观形象的图片、幻灯片、视频等视觉教育手段进行教育；有的需采用录音、教师讲述或教具、玩具等辅助教育手段呈现作品内容；有的需采用观看表演等方式来了解学习内容。如果作品内容浅显易懂，学前儿童有相关生活经验，教师可通过朗读直接呈现。

在这一环节中，教师应将重点放在帮助学前儿童感受、理解作品上。因为学前儿童能否很好地感受、理解作品，决定了他们是否能排除学习上的认知、语言和社会知识障碍，也决定了他们能否更好地进行后面的学习活动。在这一环节中，有三个问题值得教师注意：

第一，不要过多地重复讲述作品，以免儿童失去对文学作品的兴趣。故事类作品以两遍为宜。

第二，不要强调让学前儿童机械记忆文学作品的内容，而应将学前儿童注意的焦点更多地投向对作品的理解和思考上。

第三,用提问的方式组织学前儿童讨论,帮助他们理解作品的主要情节、人物形象和主题倾向,尤其要注意引导学前儿童用已有的个人经验或假设性的问题进行深入的思考和想象。如学习文学作品《金色的房子》时,教师可以提问:"故事里的小姑娘遇到了一件什么样的事?她开始时是怎样做的?你喜欢小姑娘吗?为什么?"可以使学前儿童对作品的内容进行回忆,在回忆的基础上,教师还可以继续提问:"如果你是故事里的小姑娘,你会怎样对待小动物们的请求?如果你有一座金色的房子,你会用它来做什么?"这类问题有助于引导学前儿童进一步思考,激发他们继续学习的兴趣与愿望。

(二)理解、体验文学作品

在学习作品内容的基础上,教师还要进一步引导学前儿童理解作品、体验作品,尤其是让学前儿童通过亲身感受去体验作品中人物的情感历程和心理世界,理解作品的内涵,这是文学活动的又一个重要环节。

在帮助学前儿童理解、体验作品的内涵时,可以通过创设环境来支持和帮助学前儿童对作品内容进行认识和理解,从而感受、体验作品的思想感情。如在学习故事《会唱歌的生日蛋糕》内容的基础上,教师可组织学前儿童学唱生日歌,然后在生日歌乐曲声中开展故事表演、边看边画故事、观看相关的动画片等活动。通过学唱生日歌和参加相关活动,学前儿童感受到过生日时的气氛,体验了故事中小动物们准备过生日时的情绪。

在这个环节中,教师还可以设计和组织相关的活动,围绕作品内容引导学前儿童理解与思考。既可以采用观察、走访的活动方式,让学前儿童接近与作品内容相关的自然或生活情景,也可以选取绘画、手工、表演的方式,引导学前儿童交流和表现作品内容,还可以组织专门的谈话活动,加深学前儿童对文学作品的理解。总之,要全方位地调动学前儿童动脑、动口、动手,学会围绕作品来理解、体验作品。

(三)迁移作品经验

在帮助学前儿童深入理解、体验作品的基础上,教师应进一步引导他们迁移作品经验。文学作品向学前儿童展示的是建立在他们生活经验基础上的间接经验。这种间接经验让学前儿童感到既熟悉又新奇有趣。学前儿童仅仅停留在理解这些间接经验的基础上是不够的,他们需要通过参与与作品内容有关的操作、表演、游戏等活动,将作品内容整合并融入自己的经验范畴,实现直接经验与作品的间接经验的双向迁移,既加深了对作品的理解,又丰富了自己的生活经验。例如,在散文诗《春雨的色彩》的教育活动中,在学前儿童学习了这一作品后,教师可以引导他们观察春天雨后周围的环境,然后谈一谈为什么小鸟们会争论"春雨到底是什么颜色的"这个问题,最后再画一幅春雨图。这样的活动设计,不仅会加深学前儿童对作品的理解,而且为下一步扩展学前儿童想象和提高语言表达能力打下了基础。

(四)创造性想象和语言表述

文学作品活动归根到底是语言教育活动,最后应该落实到学前儿童语言的学习和运用上。通过前面三个层次的活动,学前儿童已较好地完成了对作品的学习、理解和体验。这时候,教师可以进一步创设条件,让学前儿童扩展自己的想象,并创造性地运用语言去表达自己的认识与想象。学前儿童的创造性想象和语言表述仍然立足于已学的文学作品内容。在这一层次活动中,教师可以让学前儿童学习编构文学作品,还可以让学前儿童围绕文学作品的内容展开想象并进行讲述。这些创造性学习活动,可以增强学前儿童对语言艺术的敏感性,提高他们的艺术思维能力。这一层次的活动可以从以下三个方面开展。

1.指导学前儿童艺术地再现文学作品

再现文学作品的方式有复述、朗诵、表演、用音乐或美术手段再现其思想内涵和情感氛围等。其中,前三种再现方式与语言运用的关系比较大,也是学前儿童文学教育经常采用的方式。无论是复述、朗诵,还是表演,教师都需要指导学前儿童在准确理解作品的基础上,借用作品的一些原词原句,再用自己的解释以及辅助性的情感表达手段,对作品原词原句加以分析和选择,根据朗诵或表演的需要对其进行一番"加工"。这类活动可以使学前儿童逐渐把原作品的词汇和句式化为己有,从而提高口语表达能力。

2.指导学前儿童学习仿编文学作品

同再现相比,文学作品的仿编活动是更大的挑战。再现文学作品虽然有创造的成分,但更多的是再现文学作品的原貌,而仿编文学作品的过程则是仿造或再造的过程。学前儿童先感知、理解作品中一句话或一段话的结构特点,然后凭借想象构思新的内容,再借用原作品的结构,通过换一个词或换几个词,甚至换几个句子的方式完成仿编活动。通过文学作品仿编活动,教师可以引导学前儿童理解语言结构形式与语言内容的关系,即不同的思想内容可以通过同一种语言结构表达出来。同时,教师还可以鼓励学前儿童大胆想象,创造性地对词语进行搭配组合,来表达丰富的思想内容。在练习用词造句、组句成段的过程中,不但提高了学前儿童组织语言的能力,也大大增加了他们语言学习的兴趣。学前儿童也能从自己仿编的作品里体验到成功的快乐,增强自信心。

3.指导学前儿童创编文学作品

在大量感知文学作品以及仿编文学作品的基础上,教师可以鼓励学前儿童进行文学创编活动。最初的文学创编活动往往需要借助图画及教师的语言进行。以学前儿童编构故事活动为例,教师可以引导学前儿童根据故事开头提供的线索,展开丰富的想象创编一定的故事情节,也可以鼓励学前儿童根据故事结尾提供的线索,创编与故事原文不同的情节。在指导学前儿童创编文学作品时,教师既可以让学前儿童编出一句话或一个段落,也可以视学前儿童的能力鼓励他们编出完整的文学作品。

二、不同形式学前儿童文学教育活动设计与实施的基本步骤

学前儿童文学教育活动主要包括文学欣赏和文学创作两种形式。

(一)文学欣赏活动设计与实施的基本步骤

文学欣赏是对作品再现的生活及作家在作品中的审美认识进行再创造和再评价的过程。研究表明,学前期儿童已具备学习欣赏的基本能力。成人可以通过欣赏教育引导儿童逐渐学习、品味作品的形式和寓意。可以说,文学欣赏是将作品的语言材料转换成学前儿童头脑中视觉的、听觉的表象(画面)的过程。这一活动设计与实施的基本步骤如下。

1.文学欣赏作品的传递

文学欣赏作品的传递是开展文学欣赏活动的第一步,选用何种方式呈现作品关系到能否调动儿童的学习兴趣。一般来说,主要有以下几种传递形式:

(1)成人口述作品内容。对于内容浅显易懂或学前儿童有相关生活经验的文学作品,教师可以直接口述,让学前儿童倾听、理解。例如大班儿歌《小雨点儿,慢慢下》:"小雨点儿,慢慢下,妈妈下班快回家。淋到我不要紧,可别淋湿我妈妈。"儿歌表达了孩子对妈妈的深情厚谊。孩子爱妈妈这件事,每个学前儿童都有直接体验。

(2)利用教具演示。文学作品的内容具有较强的知识性,学前儿童恰在这一经验上较为欠缺,对作品内容有一定的理解障碍,教师就必须为学前儿童提供图片、立体活动教具等直观材料,增强学前儿童的感性认识,帮助他们更好地把握和理解内容。

(3)录音、录像和情境表演。可以通过观看与倾听,使文学作品在学前儿童的头脑中形成知觉表象,利用文学作品的具体形象唤起学前儿童的情感体验。

2.利用多种方法引导学前儿童感知、理解作品内容

成人在欣赏文学作品时,脑子里虽然很"热闹",外表却显得比较平静。而学

前儿童的动作尚未完全内化,他们在欣赏文学作品时,还做不到仅凭倾听语言符号就能对文学作品进行深入感知、理解,4岁前的儿童尤其如此。因此,教师在带领学前儿童欣赏文学作品时,必须借助一些手段引导他们理解作品,使他们的视觉、听觉同时发生作用,对作品进行动态加工,全面感受、体验、理解作品。主要方法如下:

(1)作品欣赏与使用活动教具或利用肢体语言相结合。如绘本《猜猜我有多爱你》是兔妈妈和兔宝宝之间的一段对话。整个作品的画面很温馨,文字很简单,学前儿童很容易理解。因此,教师在带领学前儿童感知理解作品内容时,可以引导他们把自己对妈妈的爱用肢体语言表现出来。

(2)作品欣赏与多媒体教学相结合。尝试运用多媒体技术来引起学前儿童学习的兴趣,带领他们进入作品中较难想象的情境,为学前儿童多角度地感受、理解作品提供条件。如散文诗《春雨的色彩》中绵绵的春雨、屋檐下叽叽喳喳的小鸟、万紫千红的大地,给人以美的享受。教师可用动画片向学前儿童展示春天里百花争艳、万物复苏的迷人景色,帮助学前儿童了解和熟悉春天和春雨,更好地体验诗歌优美的意境,感受春天的勃勃生机。

(3)作品欣赏与音乐活动相结合。在欣赏作品时,教师可以利用音乐。音乐的介入为学前儿童感知和理解文学作品发挥了如同"催化剂"的作用。许多意境优美的散文诗都可以通过轻柔的配乐朗诵来表现。

(4)作品欣赏与游戏结合。儿童文学作品中离奇的情节、特定的动作在学前儿童看来就像是一场游戏。将文学作品欣赏与游戏结合起来,可以把学前儿童尽快带入作品情境中,使他们不受时空限制,沉浸在游戏中,并从中得到情感、幻想和愿望的满足。绘本《逃家小兔》讲的是一只淘气的小兔要离家出走引发的故事,故事情节展现了浓浓的母爱。在学前儿童欣赏这个故事时,教师可以当兔妈妈,让小朋友当小兔,创设一个游戏情境,引导学前儿童感受妈妈的爱。

(5)作品欣赏与美术活动相结合。根据文学作品的内容和情绪色彩,教师引导学前儿童通过美术活动的方式表达对文学作品的感受和体验,可以达到进一步理解作品的目的。如学前儿童在欣赏了散文诗《春雨的色彩》后,可以用绘画、折纸、剪贴画、泥塑等手段来表现自己对春天、春雨的认识与感受。

(6)作品欣赏与歌舞结合。如欣赏儿歌《小鸡》,儿童边跳舞边听儿歌,并做出觅食、展示自己漂亮的衣服等动作。

上述方法都能够有效地帮助学前儿童走进文学作品。随着年龄的增长,学前儿童的动作会逐渐内化,心理操作部分会逐渐增加,直至学会静听和静思。

3.通过形象的解释帮助学前儿童理解作品内容

学前儿童文学作品一般都突出人、物、境,并不需要对它做过多的语言解释。

但是在大班,教师可以利用形象的语言,为学前儿童解读一些难度较大的文学作品。通过解释,帮助学前儿童理解作品形象。词语的解释,有助于发展学前儿童的想象,形成对作品的审美意象,并使他们对文学语言的凝练、含蓄、拟人、隐喻、象征等表现手法有更多的感受,有助于学前儿童与文学词语建立审美关系。

如学前儿童在学习古诗《登鹳雀楼》时,教师可以这样解释:傍晚的太阳依傍着西山慢慢地落下去,滔滔不绝的黄河水朝着东海汹涌地奔流着。想看到远处的风景,就要登上更高的一层城楼。如果能在欣赏古诗前,让学前儿童观察与欣赏太阳落山时的美丽景象和黄河入海的恢宏气势,那么在朗诵和解释后,学前儿童的头脑中就会浮现出作品中所描绘的美丽壮观的画面。

4. 采用适宜的提问方式

针对教学目标和内容提问,可以帮助学前儿童准确、深入地理解文学作品的内容,顺利地达成教学目标。在学前儿童语言教育活动中,教师的提问方式有很多,但常用的主要有以下几种:

(1)针对学前儿童记忆系统的提问。如,作品叫什么名字,作品里面都有谁,他们之间发生了什么事情等。一般来说,从对理解、想象和情感之类问题所作的回答中,可以看出儿童的理解、记忆、情感体验和想象创造的成分。

(2)针对细节的提问。对此种类型的提问,学前儿童需要复述细节,这往往能激发学前儿童的学习兴趣。如在学习《野猫的城市》中,教师可以请儿童说说野猫所说的城市是什么样的,它是怎样比画城市给小动物们看的,小动物们又有什么样的反应等。

(3)针对情感识别与匹配的提问。这种类型的提问是针对学前儿童对文学作品中角色的情感与自己的情感体验进行匹配的提问。如你在什么时候会这么高兴或难过。

(4)针对作品的主题或情节的提问。如你喜欢故事里的谁,喜欢他什么,为什么。这种类型的提问对小班学前儿童只要求其用自己的经验或以自我为中心来回答,对中班和大班学前儿童可要求其比较客观地、具有社会意义地回答。

(5)针对作品中文学语言的提问。在活动中,教师请学前儿童把作品中自己喜欢的词找出来这一活动,在小班或中班初期,一般以教师示范为主,以此引起学前儿童对文学语言的敏感性和浓厚的兴趣,中班后期则可以让学前儿童自己寻找作品中喜欢的语言,并讲一讲喜欢的原因。

(6)针对作品整体结构形式的提问。这种提问一般从中班后期或大班开始提出,可以把用来对照的两首儿歌写在黑板上,边指着字边念给学前儿童听。在大家听完后,让他们讨论,每一句话有几个字,是否每句话都一样长,两首儿歌的韵脚有什么不一样,哪一首更好听等。

(7)对生活原型与作品形象进行比较的提问。这种类型的提问是将作品角色与生活原型进行比较,帮助学前儿童深刻地体会作品中的角色特征。这种类型的提问一般从中班后期就可以开始进行。如《城里来了大恐龙》里的小熊与动物园里的小熊有什么不一样,故事里恐龙讲述的城市和我们生活的城市有什么区别等。

上述提问包括了引导学前儿童的感知、理解、想象、情感等,引导学前儿童对作品展开全方位的了解,但不是说所有作品都需要这样做。教师可以根据目标、作品、年龄段、整体教育的需要灵活设计文学欣赏活动。

(二)文学创作活动设计与实施的基本步骤

根据儿童的水平,可以将儿童对文学形象的再创造,也就是自外向内的文学再加工过程中的表达活动和自内向外的文学创作实践,都归为文学创造活动。学前儿童文学创造活动设计与实施的基本步骤如下:

1. 复述与朗诵

复述和朗诵是建立在感受体验基础上的艺术形象创造活动,是欣赏过程在大脑中产生的作品意象的表达或表现。复述与朗诵的要求如下:

(1)复述和朗诵的材料要适宜。故事复述有全文复述或细节复述两种形式。用于全文复述的作品大致需具备下列特征:篇幅不长,结构完整,语言和情节有适当反复,词语优美,通俗易懂,富有童趣。有些作品篇幅较长、难度较大,但其描述或人物对话特别精彩,可让学前儿童在欣赏的基础上对其进行某一段或某几段的复述。儿歌或儿童诗的篇幅都特别短,而且整体形象感特别强,学前儿童基本上都可全文朗诵,一般情况下,教师不对儿歌或儿童诗作部分朗诵的要求。

(2)复述和朗诵强调出声的语言操练。出声的复述和朗诵,是学前儿童对作品语言的语音、语调、音量、语气、韵律、节奏的玩味,同时,必须受语义的控制。出声的语言操练过程,是学前儿童寻找特定语音与文学内涵相契合的过程。由于经常性的欣赏和朗诵讲述的双重练习,学前儿童会对语音、语感、语义、语法、修辞等各语言层次以及词、词组、句子和篇章结构等各语言单位所具有的特征产生较强的直觉敏感性。与具体作品结合时,就能自发地进行声韵的自我调整,找到自己喜欢的感觉。

(3)复述和朗诵需要运用多种方法。如有变化地反复朗诵欣赏同一个作品;围绕作品展开系列活动(绘画、手工制作、游览、歌舞等);积累不同语境中的表达经验;发挥成人的语言榜样作用;在背景音乐中学习朗诵和复述;在日常生活中自由地利用玩具、道具等练习复述和朗诵等。

2.表演

表演一般都由复述自然转入。从文本的复述到表演,从对静态语言的描述到动态形象的表达,都是早期的戏剧创作实践活动,极具创造性。学前儿童十分喜欢文学作品的表演活动,教师完全可以利用一个作品尽可能地增强教育效果,凡能被复述的作品都可以组织学前儿童进行表演。表演的分层次内容有:情境性对话;根据现有作品或自创作品进行出声或不出声的表演,包括个人的哑剧表演;作品中主要人物的立体动态塑造;作品段落的表演;作品完整形象的表演。

前四个层次的表演,既可以在欣赏和朗诵活动中穿插进行,也可以在学前儿童学会复述之后进行。大班儿童可以共同商讨谁表演什么角色,表演哪个片段等。第五个层次的表演一般是在学会复述的基础上进行,这样会达到更好的效果,这样学前儿童就不必再为回忆语言而分散注意力,可以把注意力集中在动作表情以及彼此的相互关系上。

3.创编

学前儿童文学作品的创编大致可分为扩编和续编、仿编、转换编构、独立完整编构四种类型。

(1)扩编和续编。扩编是指通过想象和联想,对原有作品的某些部分进行扩充;续编是让学前儿童根据故事的开头和发展编出结尾或高潮,或在原有诗歌的基础上续编段落。在有组织的编构活动中,教师通常借助提问来激发学前儿童的想象和联想,例如在续编故事《狮子的雪橇》的活动中,教师可以借助提问来引导学前儿童进行故事续编活动,如热带地区还有什么动物?它们会把雪说成什么样子?此外,还可以借助某些活动与操作材料,引导学前儿童凭借丰富的想象进行编构。扩编、续编和欣赏、朗诵、复述结合,是对原著这一开放系统的拓展,是学前儿童对更大艺术空间的探索,是一种创造性的语言活动,它需要学前儿童理解故事、有相关知识经验和语言的准备等。

扩编和续编活动应贯彻从理解到表达的原则,服从文学教育活动的整体要求,对不同年龄班儿童有不同的要求:以故事为例,小班扩编和续编故事的重点是编构故事的结局,中班扩编和续编的重点是故事的高潮部分,大班则是扩编和续编完整的故事。

(2)仿编。仿编是学前儿童在欣赏、理解文学作品内容及构成的基础上的一种创造性学习活动。它要求学前儿童仿照某一篇作品的框架或某一个段落,调动个人已有经验进行扩展想象,按照文学作品的结构编出新内容。

在仿编活动设计与实施中,教师要从以下几个方面入手:一是帮助学前儿童做好仿编活动前的准备,包括充分熟悉和理解所要仿照的作品,认识仿编作品的内容和形式,有一定的知识经验、想象力和语言表达能力;二是组织学前儿童讨论并进行示范;三是启发学前儿童想象并在此基础上进行仿编;四是教师对学前儿童仿编的内容进行串联和总结。小班仿编活动的重点是要求儿童更换某一个词,例如把诗歌《绿色的世界》仿编成《红色的世界》《蓝色的世界》《彩色的世界》等,通过换词来体现文学作品的变化;中班仿编活动的重点是要求学前儿童通过更换某一个词而构成句子的变化。如仿编诗歌《我是三军总司令》,通过把鸟妈妈、小鸟和飞机换成蝙蝠妈妈、小蝙蝠和降落伞来变换词句,使整个作品呈现为新内容;大班仿编活动的重点是要求学前儿童对原有文学作品的结构进行部分变动,也可以根据学前儿童已有的知识经验仅向他们提供一个开头作为仿编的线索,引导他们独立完成文学作品的仿编活动。总之,大班儿童的仿编在结构上的限制相对少一些,允许学前儿童大胆想象,进行再创造。

(3)转换编构。转换编构是将语义内容转换成描述性语言和叙述性语言。提供语义内容的材料有乐曲、声音、图片、表演(哑剧)及其他儿童化情境。这些语义材料能否成为文学作品制作的材料,要看其是否具有主题、人物形象、情节发展、儿童情趣等要素。如果具备这些要素,教师可以安排将艺术符号进行相互转换的活动,将画面或乐曲等转换成故事或诗歌,如根据剪贴拼成的画面编故事,根据学前儿童自己的绘画作品编故事,观察玩具或学习用具上的图案并用它编故事,用桌面玩具编故事,用木偶编故事,听音乐编故事等。学前儿童可以依据这些语义材料编出不同的作品。

(4)独立完整编构。独立完整编构是学前儿童凭借想象和联想独立编构完整的文学作品。它分为两种类型:一是根据题目进行口头创编,当学前儿童具有较多的编构故事的经验和生活经验后,可让他们随意编故事,不要过多地制约他们,扩大他们的自主范围;二是让学前儿童先把用来编构故事的事件画成图画,再根据图画编构故事。这种做法可以避免出现"前讲后忘"现象,使故事的内容和学前儿童的语序变得比较稳定,学前儿童在编讲时又会围绕中心产生新的联想,使故事更加丰满。教师可以把学前儿童对绘画作品内容的口述记录在他们的图画旁边。如果教师能把学前儿童每次的绘画和语言创编积累成册,就能从中看到他们在图画和故事内容两方面的发展。

【案例1】 中班故事欣赏活动《猜猜我有多爱你》

一、活动目标

通过欣赏故事,使幼儿记住故事的主要情节并学会描述;引导幼儿理解故事的内容,体验爱与被爱的感觉,并能体会故事的意境美;鼓励幼儿敢于并乐于用语言、动作表达内心的情感。

二、活动准备

1.多媒体课件,绘本《猜猜我有多爱你》。
2.轻音乐《宁静》。
3.兔子面具。

三、活动过程
1.教师谈话导入,传递作品。
(1)教师谈话导入,引发幼儿兴趣:"孩子们,老师带来一本非常有趣的故事书,想和大家一起分享。这是一本什么样的书呢?"
(2)出示图书,引导幼儿观察封面:封面上有两只小动物,引导幼儿观察是什么动物,并思考它们在做什么,它们会说些什么。
(3)教师帮助幼儿有感情地配乐讲述故事。
(4)提问:"故事发生在什么地方?故事中有谁?故事讲述了一件什么事情?"

2.教师帮助幼儿感知理解故事内容。
(1)引导幼儿看课件,配乐讲述故事第一部分(从故事开头到"嗯,这真的很多")。讲完后提问并引导幼儿讨论:
①小兔子说了什么?
②大兔子猜出来了吗?
③小兔子用了一个什么动作来表达对大兔子的爱?
④小兔子为什么不能再张开手臂?
在讨论的过程中,教师引导幼儿学习用故事中的动作、对话来感受爱、表现爱。
(2)看课件,教师配乐讲述绘本的第二部分(从"我爱你,像我举的这么高"到"嗯,这真的很多")然后提问并引导幼儿讨论:
①小兔子又用了什么方法来表达自己对大兔子的爱?它还说了一句什么话?
②大兔子是怎样说的呢?它做了什么动作呢?
③小兔子心里怎么想?它又会用什么方式来表达自己对大兔子的爱呢?
④还能用什么动作把那么多的爱表达出来呢?咱们一起来帮小兔子想想办法吧!(鼓励幼儿大胆猜想)
(3)继续看课件并讲故事最后一部分。
①先看课件再引导幼儿讨论:大兔子和小兔子看到什么了?你猜猜他们是怎么说的?
②教师讲述故事的最后一部分。
③提问:"你能用你看到的东西来比喻对妈妈的爱吗?"

④教师引导幼儿认真观察课件上的景物,并将其比喻成对妈妈的爱。如路有多长,我就有多爱你!花有多美,我就有多爱你!山有多高,我就有多爱你!(鼓励幼儿大胆说)

⑤提问:"小兔子睡着了,大兔子微笑着说了什么?"(幼儿讨论后教师再慢慢地讲述大兔子的话)

⑥提问:"当你们听到大兔子这么说之后有什么感觉?小兔子和大兔子之间还会发生些什么呢?"

3.教师引导幼儿完整地欣赏故事,通过提问使他们进一步感受作品中浓浓的亲情,鼓励他们大胆地说出爱。

①提问:"你们喜欢这个故事吗?为什么?"

②讨论:为什么小兔子要变换不同的方式表达自己对大兔子的爱呢?

小兔子说的话让大兔子有什么感觉?

为什么大兔子每次的回答都要比小兔子的爱多很多呢?

故事中的大兔子是谁呢?

亲人给了我们那么多的爱,你想对他们说"猜猜我有多爱你"吗?你想对谁说?你的爱像什么一样?

4.教师总结,进一步鼓励幼儿感受爱、表达爱。

教师总结:"孩子们,爱是我们心里的一种感受。当你很爱一个人的时候,你可能会想把这种感觉表达出来,可是就像小兔子发现的那样,爱,是一种很难衡量的东西,但我们还是要像小兔子一样大胆地把心里的爱表达出来。老师想告诉你们,我很爱你们。你们回家后可以用自己喜欢的方式向家人表达心里的爱,如果你们能大胆地说出来,你们一定会感到非常快乐的!"

四、活动延伸

1.将该绘本放在图书角供幼儿阅读欣赏。

2.将兔子面具放在表演角,幼儿可以自由选择角色,自由选择搭档表演。

3.鼓励幼儿回家后用自己喜欢的方式向家人表达心里的爱。

(本案例由上海市松江区永丰幼儿园王冉冉老师提供。)

【案例2】 大班故事创编活动《狮子的雪橇》

一、活动目标

1.理解故事情节,感受小动物们可爱的形象。

2.尝试用语言大胆地表达自己对作品的理解。

3.初步学习仿编故事中的部分对话,进一步丰富幼儿的艺术想象力和创造性语言。

二、活动准备

课件和图片。

三、活动过程

1.教师问题导入。

教师："小朋友们,你们知道哪些热带动物?热带动物生活的地方一年四季都是夏天,它们都没见过雪,那现在老师要讲一个故事,看看它们会把雪说成什么样子。"

2.教师引导幼儿学习故事内容。

教师讲故事,注意语气、语调的变化,并做一些动作。讨论:①狮子收到了谁的来信?信里说了什么?

②狮子去问邻居长颈鹿、河马、小兔雪是什么,它们是怎么说的?

③旅鼠是怎么说的?

④雪橇变成了什么?

3.教师引导幼儿理解并复述故事内容。

教师："小朋友们说得都很棒!老师把这个故事做成了一个很好看的动画,小朋友们想不想看啊?老师跟着动画分段再讲述一遍故事,小朋友们要认真听哦!"

(1)分段演示课件,要求幼儿学说故事中的部分对话。

(2)播放课件,要求幼儿跟着老师边看课件边复述故事,帮助他们记忆。

(3)提出问题让幼儿讨论,为下一步仿编故事做好铺垫。问题:①长颈鹿为什么把雪说得和树叶一样鲜嫩呢?

②小猴为什么说雪和桃子一样香甜呢?

③小兔为什么把雪说成一定像蘑菇、胡萝卜、西红柿一样可口呢?

4.教师引导幼儿分角色表演故事。

(1)教师将幼儿分成4组,分别扮演长颈鹿、小猴、小兔、旅鼠,教师扮演狮子,然后根据故事内容分角色进行情境性对话。

(2)请幼儿分角色进行故事表演。

5.教师引导幼儿进行故事仿编。

教师："现在还有些热带动物没见过雪,它们会把雪说成什么样子呢?"

(本案例由安徽省淮南市直机关幼儿园胡传荣老师提供。)

▶阅读推荐◀

1.周杰人,李杰.学前儿童文学[M].上海:华东师范大学出版社,2009.

2.李汝中.儿童文学[M].北京:科学出版社,2007.
3.韩映虹.学前儿童语言教育与活动指导[M].长沙:湖南大学出版社,2015.
4.祝士媛.幼儿文学经典作品赏析[M].北京:高等教育出版社,2012.
5.方美波.幼儿文学作品导引(修订本)[M].杭州:浙江大学出版社,2012.
6.张欣.利用故事结构促进幼儿语言能力的发展[J].学前教育研究,2015(2):57—59.
7.李垚.我国幼儿园语言教育儿童文学作品不同时期价值取向比较分析[J].学前教育研究,2002(5):28—29.

▶思考与探索◀

1.学前儿童文学教育活动的基本含义是什么？它的主要特征是什么？
2.学前儿童文学教育活动的对学前儿童的教育作用表现在哪些方面？
3.学前儿童文学教育活动的目标有哪些？
4.设计一个文学作品教育活动方案并组织实施。
5.调查几所幼儿园，了解幼儿园文学教育活动的现状，写出调查报告，或对一所幼儿园的文学教育活动现状进行课题研究并写一篇研究性论文。

第九章
学前儿童谈话活动

【内容提要】 本章主要界定学前儿童谈话活动的基本含义,厘清谈话活动与讲述、日常交谈活动等的区别;阐述谈话活动的特征、类型及基本目标;提出设计学前儿童谈话活动的基本环节,并通过探讨、交流、互相学习等手段掌握一些具体的谈话活动组织策略。

【学习目标】 正确理解幼儿园谈话活动对于学前儿童语言发展的重要意义;理解学前儿童谈话教育活动的目标,能够根据一定的要求选择合适的谈话内容;联系实际领会学前儿童谈话活动设计和实施的基本步骤并尝试应用。

第一节 学前儿童谈话活动概述

一、谈话活动的含义

幼儿园的谈话活动是一种有目的、有计划地帮助学前儿童学习在一定范围内运用语言与他人进行交流的活动。这种活动旨在创造一个良好的语言环境,帮助学前儿童学习倾听别人谈话,围绕一定的话题进行谈话,学习与他人交流的方式,培养与人交往的能力。由于交谈过程中语言信息量大,交谈双方的思路开阔、想象力丰富,因此,在各种类型的语言教育活动中,谈话具有独特的促进学前儿童语言发展的功能。

学前儿童谈话活动是一种对学前儿童进行语言教育的特殊方式,与幼儿园其他语言教育活动相比,在形式、内容、方法及实施途径等方面,具有独特性,其作用是其他语言教育活动不能替代的。为增强对谈话活动独特性的了解,有必要将谈话活动与日常交谈、讲述活动以及科学教育中的总结性谈话加以区别。

谈话活动与日常交谈的区别如下:从目的性和计划性来看,谈话活动是有目的、有计划地创造交谈机会,而日常交谈则是无预期目标和计划的谈话,具有自发性与随机性。相应地,前者体现出教师的指导作用,而后者更多地发挥学前儿童的主动性。同时,二者又是相互促进、互为基础的。从形式上来说,前者是在集体场合下进行的,而后者往往是在两名或两名以上学前儿童中发生的;从话题上来说,前者是固定的,是教师根据教育目标、计划而精心设计的,后者是非固定的,是学前儿童随机产生的;从时间上来说,前者是利用正式活动时间专门进行的,后者则一般发生在自由活动中。

谈话活动与讲述活动的区别如下:从活动目标来看,谈话活动注重的是学前儿童运用口头语言与他人进行交流的机会,而讲述活动则侧重于学前儿童清楚、完整、连贯地表述某一事物或事件的能力;从内容来看,谈话活动往往围绕学前儿童已有经验的话题进行,而讲述活动则针对学前儿童需认识的图片或情境进行讲述;从活动中学前儿童表达的语言方式来看,谈话语言属于对话,可纳入非正式场合语言运用范畴,而讲述语言则是一种独白,要求类似正式场合的语言。

谈话活动与科学教育中的总结性谈话的区别如下:幼儿园科学教育中的谈话是总结性谈话,是一种重要的活动类型。它与谈话活动相比,最明显的区别在于活动目的和内容不同,谈话活动侧重于培养学前儿童语言能力,不特别考虑话题内容的认识范畴;而总结性谈话的目的在于帮助学前儿童巩固、加深对有关科学内容的认识。需要注意的是,幼儿园各种类型教育活动之间本身就是密切联系、相互渗透的,科学教育总结性谈话活动渗透语言教育内容,而语言教育的谈话活动也有可能综合科学教育的内容,如谈话活动《我喜欢冬天还是夏天》与总结性谈话关于冬天的总结谈话在内容上是相互渗透的,都涉及冬天的天气特征、景象和人们的活动等内容。在教学中,将谈话活动与总结性谈话适当结合能够取得更好的活动效果。

二、谈话活动的教育作用

(一)激发学前儿童与他人交谈的兴趣

在学前儿童语言发展过程中,学前儿童学习语言的态度是否积极主动,讲话的愿望是否强烈,会影响学前儿童对语言信息的摄入量和语言发展的速度与水平。专门的、有组织、有计划的谈话活动,能够使学前儿童集中注意力,激发学前儿童的谈话兴趣,培养他们谈话的积极性、主动性,使学前儿童逐渐养成良好的谈话习惯,从而促进学前儿童口语能力的发展。

(二)帮助学前儿童习得谈话的基本规则

语言的学习过程,同时也是语言使用规则的习得过程。帮助学前儿童学习谈话,实际上是指导学前儿童按照社会交往过程中约定俗成的方式进行交流,使学前儿童在谈话活动中逐渐领悟、掌握谈话的基本规则。学前儿童学习谈话时,不仅需要掌握倾听、理解别人谈话等能力,还应该懂得语言交往的基本规则。例如,别人讲话时不随便插话;别人讲话时要认真倾听;必须对别人的话给予适当的应答,以保证谈话的延续等。

(三)增强学前儿童通过交流获取信息的意识

在谈话活动中,学前儿童还可以从谈话内容中获得许多他们原来不知道的信息和知识。例如,在谈话活动《我们周围的新产品》中,学前儿童通过谈论新产品,能够了解很多产品的名称、外形特征及其在生活中的用途;谈话活动《南京的雨花石》,能够使学前儿童了解雨花石的形状、花纹以及象征意义等,增加他们科学、社会等方面知识的积累。更重要的是,学前儿童在谈话活动过程中可以逐步建立起一种意识,即通过交流来学习。

(四)引导学前儿童关注周围生活

通过气氛热烈的谈话,学前儿童能够加深对所谈内容的了解,从而关注周围生活,建立积极的生活态度和情感。例如在谈话活动《我们的城市/村庄》中,学前儿童通过谈论自己居住的城市或村庄,增进对城市或村庄的了解,产生对城市或村庄的热爱之情;在谈话活动《我们有好看的图书》中,学前儿童通过观看活动室里图书角的图书或自带的图书,一起谈论自己喜欢的图书,会更加喜欢阅读,并知道要爱护图书;通过参与谈话活动《我们周围的新产品》,学前儿童也会增强对周围生活的关注。

(五)促进学前儿童建立良好的同伴关系

近年来,国内外教育界兴起同伴教学的潮流,认为学前儿童更容易从同伴那里得到多种信息和学习方法,因此大力提倡同伴教学的方式。谈话活动强调同伴间的语言交流,需要交谈双方合作。这不但有助于学前儿童理解交谈规则,提高他们的交流水平,还可以促进他们相互学习,建立相互协作、共同活动的同伴关系。因此,谈话活动是同伴教学的有利途径。

三、谈话活动的基本特征

(一)有一个具体、有趣的中心话题

谈话活动的中心话题必须具备三个特征:

第一,学前儿童对中心话题具有一定的熟悉度。中心话题应是学前儿童熟悉的、喜闻乐见的内容。例如,大班谈话活动《快乐的国庆节长假》,学前儿童在教师为其设置的语言环境中,围绕国庆节长假这个谈话主题进行深入的交流。反之,完全陌生的话题就不可能调动学前儿童的谈话兴趣,如儿童很难就飞机的制造这一话题展开谈话。

第二,中心话题具有一定的新鲜感。中心话题要能调动学前儿童参与谈话的积极性,具有一定的新鲜感和刺激性。比如《快乐的国庆节长假》这一谈话活动可以在刚过完节的时候展开,如果教师反复进行,或者在节后很久才提起这个话题,就不能很好地引起学前儿童的注意。

第三,要与学前儿童共同关心的内容有关。某些学前儿童经历的事或是新近放映的动画片,往往能够使学前儿童产生交流和分享的愿望,可成为有趣的中心话题。

(二)有较丰富的谈话素材

谈话所涉及的素材必须是学前儿童知识经验范围以内的,可以是学前儿童参观、游览、日常生活中的观察或是在教育活动、游戏、电影、电视中获得的知识经验。学前儿童的知识越丰富,谈话的素材积累得越多,谈话的内容便越丰富。如果对某地方或某事物只有粗浅的印象,学前儿童在谈话活动中便会感到无话可说。例如若从初春开始,教师就有意识地引导学前儿童观察春天的特征:太阳晒得人暖洋洋的、冰雪融化、土地松软,小草长出嫩芽,柳树长出绿枝、桃花、梅花、迎春花开了,人们脱下厚厚的冬装,换上轻巧的春装……那么学前儿童就会积累丰富的谈话素材,谈话过程自然也会生动。

(三)注重谈话活动中的多方交流

谈话活动注重学前儿童的交往语言或对白语言,侧重师生问答、同伴间的信息交流与补充。当学前儿童围绕中心话题进行交谈时,他们的思路是呈辐射状向外发散的,而不同个体间的经验也多种多样,因此在谈话中每个学前儿童获取的信息量都比较大。具体来说,主要表现在以下几个方面:

1.谈话活动中的语言信息量较大

学前儿童围绕中心话题交谈时,思路相对开阔,他们的语言经验各有不同,因此承载这些经验内容的语言形式也比较丰富。

2.谈话活动中的交流对象范围也相对较大

学前儿童有时在全班小朋友面前谈个人见解,有时在小组里与同伴交流,有时与邻座学前儿童或教师进行个别交谈。

3.谈话活动的语言交流方式较多

谈话活动包括教师与学前儿童交谈、学前儿童与学前儿童交谈等多种方式。因此,谈话活动是一种多方位的语言交流活动,给学前儿童提供了学习运用语言的机会。

(四)谈话的语境宽松自由

在谈话活动中,谈话的语境是比较宽松自由的。无论原有经验如何,学前儿童都可以在活动中畅所欲言。例如在《快乐的国庆节长假》谈话活动中,有的学前儿童根据自己的经验和感受,谈论长假中自己最喜欢的活动、自己觉得最有趣的场所等,有的学前儿童用图画的方式将自己感兴趣的活动画出来并和大家交流等。宽松自由的语境主要表现在以下两点:

第一,讲述和见解自由。谈话活动中没有统一的答案和看法,也没有一致的讲述经验和思路。学前儿童完全可以根据自己的意愿和内心感受,将自己的想法直截了当地表达出来。

第二,语言自由,不强求规范。谈话活动的主要目的是鼓励学前儿童大胆地与他人交谈,用语言表达自己的意见和看法,但它不要求学前儿童一定要使用准确无误的句式、完整连贯的语言来表达。谈话活动为学前儿童提供很多与人交谈的机会,使他们能练习和巩固已有的语言经验,提高对语言的敏感程度,不断地发展语言表达能力。

(五)教师在谈话活动中起间接引导的作用

在谈话活动中,教师的指导作用是间接的。他们往往以参与者的身份参加谈话,给学前儿童平等的感觉,这也是创造宽松自由氛围的一个重要途径。教师在谈话活动中以参与者的身份出现,并不表明谈话是无计划的交谈。教师需要按照预定的目标内容,紧扣谈话的中心话题,有效地影响谈话活动的进程。教师的间接引导主要体现为两点:用提问的方式引出话题或转换话题,引导学前儿童的谈话思路,把握谈话活动的方式;教师用平行谈话的方式做隐形示范。如教师可以谈论自己的生活经验和感受,向学前儿童暗示谈话的内容和方式。

四、谈话活动的主要类型

(一)日常生活中的谈话

日常生活中的谈话是发展学前儿童口语的重要途径,它带有极大的情境性和感情色彩,交谈的话题内容极其丰富,交谈的对象经常变化,交谈可以在任何情况下开始或结束,不受时间、空间、年龄对象的限制。

这种谈话活动在幼儿园三个年龄班都可以进行,主要有两种形式:一是日常个别谈话。如在幼儿早晨入园、晨间活动、游戏、活动的过渡间隙、离开幼儿园等时间段,教师都可以与部分儿童就某话题进行交谈。这种交谈不是随意进行的,而是经过一定的计划与准备的,教师要考虑好要与哪些学前儿童交谈,谈什么,通过交谈要发展他们的哪些语言技能。教师应把这部分内容列入每天的活动计划中。例如,早晨入园时段,教师计划要与班上较内向、语言能力相对较弱的三名儿童交谈,话题可以是:"来的路上都看到了什么?""昨天晚上看电视了吗?"以此鼓励他们主动积极地表达,来增强他们的自信心,调动他们参与活动的积极性。二是日常集体交谈。与个别谈话相比,日常集体交谈的话题更自由,可以同时有多个话题。例如,在散步时,教师就可以与学前儿童谈论园内的花草树木或者其他的环境变化,教师可以问"你们猜猜,是谁把滑梯旁的秋千搬过来的""应该怎么玩秋千""荡秋千的时候应该注意什么"等。通过这样的日常集体谈话,既能锻炼学前儿童的语言表达能力,又能培养他们的观察力和注意力。

(二)有计划的谈话

这类活动是教师制定一定的计划和教育活动方案,依据事先确定的话题,有目的地组织学前儿童进行谈话的活动。凡是学前儿童熟悉的或是与他们的生活紧密相关的,都可以成为谈话的话题。这些话题可由教师确定,在大班也可以请学前儿童参与拟订。如我最喜欢的(玩具、图书、人物、动物、衣服等);我和……(爸爸、妈妈、爷爷、奶奶、老师及同伴等);我的节日(六一国际儿童节、国庆节、春节等);我参加的活动(郊游、参观、访问、探亲访友等)等。

在活动指导过程中,教师要注意以下两点:一是要创设良好的语言环境,鼓励每个学前儿童都能积极地表达自己的看法和见解;二是要增加学前儿童语言交流的密集程度。在活动中,教师不仅要让学前儿童自己说,还要让他们积极与同伴交流、与教师交流,在交谈中学习他人的经验,以不断提高语言运用能力。有计划的谈话活动对儿童的要求较高,不太适合小班初期的幼儿,可以从小班下学期开始进行。

第二节 学前儿童谈话活动的目标与内容

一、学前儿童谈话活动的目标

（一）学前儿童谈话活动的总目标

在设计与实施学前儿童谈话活动时，教师首先要认真分析和思考《纲要》中关于谈话活动的教育目标，然后安排学习内容，以便更好地把握谈话活动的设计与实施。

1. 引导学前儿童学习倾听他人的谈话，并及时从中捕捉有效的语言信息

倾听是学前儿童感知和理解语言的行为表现，是学前儿童不可或缺的行为能力。只有懂得倾听、乐于倾听并善于倾听他人的谈话，才能真正理解谈话的内容和方式，掌握与人进行语言交流的技巧，进而产生相应的见解。可以说，倾听是学前儿童学会谈话的第一步。

事实上，学前儿童的倾听能力是在学习过程中逐步发展起来的。观察发现3岁左右的学前儿童在一起自由交谈时，有自说自话的现象。他们都不太懂得耐心倾听别人的谈话，并给予相应的反馈。这说明该年龄段儿童的社会性发展和语言交往水平存在一定的局限性。因此，在指导这一年龄段儿童谈话时，首先要引导他们学会倾听谈话内容。通过有目的、有计划、有组织地开展谈话活动，教师可以引导学前儿童形成如下几种倾听技能：有意识倾听、辨析性倾听和理解性倾听。这几种倾听技能的培养，在设计与实施谈话活动时应被置于重要的位置。

2. 引导学前儿童学习围绕一定的话题谈话，充分表达个人见解

作为运用语言进行交往的一种固定方式，谈话需要参与者拥有一定的能力。有关学前儿童语言发展的研究成果表明：3岁后的学前儿童已经习得了基本的语音、句型和词汇，并且继续以令人难以置信的速度发展他们的语言。这些语言条件使得学前儿童能够用语言进行交流，也能够逐步学习谈话。

引导学前儿童学习谈话，即指导学前儿童按照社会交往过程中约定俗成的方式进行交流。引导学前儿童学习谈话有以下两点要求：

首先，要求学前儿童学会围绕中心话题谈话，避免跑题。谈话往往有一个中心话题，参与谈话的任何一方都应该围绕中心话题进行交流，这是谈话最基本的思路及方法。3岁左右的学前儿童，处于语言和社会性发展过程中，自我中心语言逐步减少，社会性语言逐步增加。谈话可让学前儿童从对方或者从话题出发

来考虑问题,在倾听他人谈话的基础上,围绕话题进行思考后发言。

其次,要求学前儿童围绕中心话题不断扩展谈话内容,层层深入地表达见解。围绕中心话题谈话,并不断扩展谈话内容,才能使参与交谈的人充分表达自己的想法,使谈话层层深入,使话题得以延续。

3.帮助学前儿童学会基本的交谈的规则,提高语言交往水平

学前儿童学习谈话,除了应掌握倾听和围绕话题进行交谈等一些直接与谈话有关的能力,还应懂得语言交往的基本规则。掌握这些基本规则,学前儿童可正确地运用语言与人交流,不断提高自身的谈话水平。语言交谈的基本规则是人们在社会交往过程中约定俗成的一些方式方法。若违背这些谈话的基本规则,便有可能对人际交往造成不利影响,干扰谈话的正常进行。在不同的国家、民族和地区,由于文化和习俗的不同,谈话的基本规则也有差异。因此,需要帮助学前儿童学习与人交谈的最基本的规则。概括起来,在组织谈话活动中,应为学前儿童创造机会学习以下几种谈话规则。

(1)用适合角色的语言进行交谈。谈话是一种多样化的交流途径,每个人在谈话中都拥有某种特定的角色,要用相应的方式来交流。这里所说的相应的交流方式,包括与不同的人谈话时会有不同的语音、语调、音量和组词造句方法。尽管这种交流方式属于一个复杂的语言运用的学习过程,但是学前儿童在语言发展过程中需要掌握,因此,有必要提供机会使学前儿童学会有关语言运用的方式方法。

(2)用轮流的方式进行交谈。在谈话过程中,另一基本规则是参与者要轮流谈话,学前儿童要逐步学会耐心听别人把话讲完后再发表个人意见。两人交谈需要轮流说话,多人交谈便要按潜在顺序逐个说话。教师在组织谈话活动时,应有意识地培养学前儿童轮流交谈的习惯。

(3)用修补方法延续谈话。谈话不是瞬间就结束的交流方式,参与者需要就交流内容进行一定时间的交谈。在这样的谈话过程中,有可能会出现谈话内容中断的现象,那么交谈的参与者便应具有修补意识和能力来延续谈话。所谓"修补方法",就是在谈话中出现听错或理解错时,为保证谈话信息传递的准确性而进行及时修正与补充。修补的方法包括自我修补和他人修补。自我修补是指说话者在谈话时发现别人没有理解自己的意思后,进行自我重复或自我确认,让别人明白自己的真正意思。例如,在谈话活动《有趣的饼干》中,一个学前儿童在讲自己要发明"饼干书"后,发现别人理解模糊或可能认为"饼干书"是把书做成饼干的样子,于是补充说"饼干书就是看完后可以当成饼干来吃掉的书"。他人修补则是指谈话时有不理解的情况出现时,听话人用重复、提问等方式来进一步了解信息。在上述谈话活动中,另一个学前儿童不理解什么是"饼干书",便追问:

"饼干书是不是就是可以把书当作饼干吃掉?"教师可以通过示范、提问或引导来培养学前儿童的这种意识和能力。

(二)幼儿园谈话活动各年龄班目标

1. 小班

(1)学会安静地听同伴说话,不随便插嘴。
(2)喜欢与同伴交谈,愿意在同伴面前讲话。
(3)能听懂并愿意说普通话。
(4)在教师的引导下,学习围绕主题谈话,用短句表达自己的意思。
(5)初步学习常见的交往语言和礼貌用语。

2. 中班

(1)能集中注意力,耐心地倾听别人谈话,不打断别人的话。
(2)乐意与同伴交流,能大方地在集体面前说话。
(3)能说普通话,较连贯地表达自己的意思。
(4)学会围绕一定的话题谈话,不跑题。
(5)学会用轮流的方式谈话,不抢着讲,不乱插嘴。
(6)继续学习交往语言,提高语言交往能力。

3. 大班

(1)能主动、积极、专注地倾听别人的谈话,迅速掌握别人谈话的主要内容,并从中获取有用的信息。
(2)能主动地用普通话与同伴交流,态度自然大方。
(3)能围绕话题谈话,会用轮流的方式交谈,并能用恰当的语言表达自己的情感,与同伴分享感受。
(4)逐步学习用修补的方法延续谈话,进一步提高语言交往能力。

二、学前儿童谈话活动的内容

学前儿童谈话活动内容的确定是实现教育目标的手段,是将目标转化为学前儿童发展的中间环节,同时也是活动设计与组织的主要依据。所以,活动内容的确定是语言教育活动设计的核心内容。

第三节 学前儿童谈话活动的设计与实施

学前儿童谈话活动的目标、类型、活动方式的独特性,需在活动设计与实施的过程中得到充分的体现。

一、教师创设谈话情境，引出谈话话题

设计与实施谈话活动的第一步就是创设谈话情境，引出谈话话题。教师在谈话活动开始时，可以通过一定的情境激发学前儿童的兴趣，启发学前儿童对话题有关经验的联想，做好谈话准备。为此，教师要做到以下两点。

（一）营造一个宽松自由的谈话氛围

在活动开始时，教师一定要让气氛轻松、自然，可以让学前儿童唱唱歌、做做游戏等，使学前儿童的情绪稳定，将注意力集中到教师身上。

（二）创设生动、有趣的谈话情境

谈话情境的创设，常见的方式有以下三种。

1.用实物或直观教具创设谈话情境

挂图、幻灯、墙饰、玩具等可以激发学前儿童参与活动的兴趣。例如在谈话活动《快乐的国庆节长假》开始时，教师可引导学前儿童观察国庆节长假后小朋友带来的照片，或用旅游物品布置展览区。

2.用语言创设谈话情境

教师自己说一段话，提出一些问题来调动学前儿童的经验，以便适时切入话题。例如教师在展览区说："小朋友们，今天我们的展览区展出了小朋友带来的很多的纪念品和照片。大家过来看看，可以边看边与你身边的小朋友说说这个国庆节你去了哪里，和谁去的，发生了什么开心的、难忘的事情。"

3.用游戏或表演的形式创设谈话情境

通过开展一些游戏或表演活动，创设与谈话内容有关的情境，引发学前儿童表述的愿望。例如在谈话活动《我妈妈》中，教师可以事先请学前儿童回想自己妈妈的日常生活，然后提问："每个人的妈妈都不一样。你的妈妈是什么样子的？她在家里做些什么事情？"然后请一部分学前儿童进行模仿表演。

二、学前儿童围绕话题，运用已有经验自由交谈

教师提出话题后，要给学前儿童提供围绕话题进行自由交谈的机会，以调动学前儿童的已有经验，充分交流。

（一）让学前儿童自由讲述内心的真实感受

一个谈话活动开展得如何，很大程度上取决于教师的调控能力。教师在指导中应尽量做到"一个围绕""两个自由"。所谓"一个围绕"是指教师指导学前儿

童围绕中心话题大胆地与同伴交谈;所谓"两个自由"是指交谈的内容自由、交谈的对象自由,学前儿童只要围绕话题进行交谈就可以,教师不必过多地干涉。学前儿童交谈的对象的选择是自由的,既可以两两交谈,也可以分组交谈,或与教师交谈。教师不要干涉学前儿童改换交谈对象,只要他们积极地参与交谈,就符合教学要求。例如在《快乐的国庆节长假》谈话活动中,教师可以让学前儿童自由参观展览区,围绕照片和旅游纪念品进行交谈,也可以请学前儿童画出特别好玩的地方,边画边向其他小朋友或教师介绍,使每个学前儿童都有充分谈话的机会。

(二)注意自由交谈中的个别差异

自由交谈虽给学前儿童提供了开口说话的大好机会,但有些语言能力较差的学前儿童却得不到很好的锻炼,常常表现为光听不说。因此教师要有意识地将语言能力较弱和语言能力较强的学前儿童安排在一起,让他们互相影响。此外,教师还要重点倾听语言能力较弱的学前儿童的谈话,提醒其他学前儿童倾听他们的谈话,给予他们充分的鼓励,增强他们的自信心。

三、教师围绕中心话题拓展交谈内容

在学前儿童运用已有知识经验进行充分地交谈后,教师要将学前儿童集中起来,教会他们新的谈话技能和谈话规则,使他们掌握正确的谈话方法。教师通过逐层深入的谈话,向学前儿童展示并帮助他们学习、运用新的谈话经验。同时要防止学前儿童呆板地理解"谈话经验",不要让他们把一种句式或几个词汇的学习与新的谈话经验学习等同起来。这一过程是谈话活动的重点内容和核心。

(一)中心话题的拓展是逐步进行的

一般来说,中心话题是这样拓展的:对话题对象的描述和基本态度—为什么会有这种态度—对话题对象的独特感受。

(二)正确地看待谈话技能、态度和规则的学习

教师在引导学前儿童学习新的谈话经验时,不要急于求成。如果教师在谈话活动中,让学前儿童机械地反复练习某一种交往技能,甚至让学前儿童将某些交往词语背诵下来,就违背了谈话活动的基本宗旨。

具体来说,在向学前儿童提供新的语言经验时,需要注意两点:一是应在学前儿童原有谈话经验的基础上进一步扩展他们的经验范畴,如对于学前儿童倾听与谈话的意识、情感和能力的培养,对小班、中班和大班的学前儿童都应有不

同的要求。二是每个谈话活动设计的新的语言经验可能有所侧重,如一个谈话活动可以帮助学前儿童学习围绕中心话题谈话,另一个可能是重点学习围绕中心话题深入扩展小话题,等等。例如在谈话活动《快乐的国庆节长假》中,教师说:"刚才和大家交流了国庆节我们玩过的地方,可是我们还有很多没有去,但是很想去的地方。现在你们可以把这些地方画下来,然后拿着自己的画,跟别的小朋友说你画的是什么地方,为什么很想去。"这样做可以逐步扩展谈话内容。

四、教师隐性示范新的谈话经验

教师在此阶段向学前儿童展示的新的说话经验不是用显性示范,而是通过扩展谈话范围将这种经验逐步传递给学前儿童。教师可以用提问、平行谈话等方法,引入新的谈话经验,让学前儿童在谈话过程中不知不觉地沿着新的思路去说,运用新的谈话经验,并最终学会这种新的谈话经验。

教师可以通过隐性示范向学前儿童提供谈话范例,帮助他们掌握新的谈话经验,使他们的谈话水平进一步提高。如教师可以拿出自己国庆节度假的照片,谈谈自己是怎样度假以及自己在旅游时对保护环境的一些想法,再请学前儿童针对感兴趣的照片继续自由交流。

教师在设计与实施谈话活动时,应当特别注意思考自己"说什么"和"怎么说"。教师说话的内容和方式会直接影响学前儿童对新的谈话经验的学习。

【案例1】 小班谈话活动《我妈妈》

一、活动目标

1.学会围绕主题谈话,并能用准确的语言介绍自己的妈妈;
2.养成安静地听同伴谈话、轮流交谈的习惯;
3.对妈妈有更多的了解,培养儿童关心和热爱妈妈的情感。

二、活动准备

1.事先请幼儿观察自己妈妈的日常生活,了解妈妈在家做些什么事;
2.每人带一张自己妈妈的照片。
3.绘本《我妈妈》的节选PPT。

三、活动过程

1.创设情境,引发儿童谈话兴趣。
(1)教师展出自己妈妈的照片,教师先说说自己的妈妈。
(2)出示PPT,观察并说说图片中的妈妈是什么样子?她会是一个什么样的妈妈?
(3)教师:"我们每个人都有一个妈妈,每个人的妈妈都不一样。你的妈妈是什么样子的？她在家里做些什么事情"？

（设计意图：因为幼儿对自己的妈妈比较熟悉，所以此活动中谈话情境的创设采用了提问的方式，除此之外，有关"妈妈"的图片、谜语等也可用来创设情景、引出谈话话题）

2.幼儿围绕话题自由交谈。

(1)幼儿自由交谈。

将幼儿分成几个小组或两两结伴，要求幼儿拿着自己带来的照片向同伴作介绍。教师轮流参与幼儿的小组谈话，了解他们的谈话内容，间接引导他们围绕主题谈话。

（设计意图：这一步要求幼儿借助照片围绕话题在小组和集体面前自由交流对自己妈妈的认识。这里的照片至少有两个作用，其一是避免幼儿谈话时跑题，其二是诱发幼儿对妈妈的记忆，使幼儿有话可说）

(2)引导儿童集体谈妈妈。

自由交谈结束后，教师请个别幼儿在集体面前谈自己的妈妈。要求围绕以上两个问题，大胆地讲出自己对妈妈的认识。教师对幼儿的谈话给予赞许和鼓励，对认真、专心听同伴讲话的幼儿，也给予鼓励。

（设计意图：这一步旨在引导幼儿相互学习谈"妈妈"的不同方法，分享同伴的经验。每一个在集体面前谈话的幼儿谈话结束后，教师需要进行简单的讲评）

3.教师引导幼儿结合绘本《我妈妈》拓展谈话范围。

(1)图一：问：这是什么？谁变的？你怎么知道？变成蝴蝶说明妈妈像蝴蝶一样什么？

(2)图二：问：这是什么？谁变的？你怎么知道？变成沙发说妈妈像沙发一样什么？

(3)图三：问：这是什么？谁变的？你怎么知道？妈妈什么时候会像猫咪一样温柔？

(4)图四：问：这是什么？谁变的？妈妈为什么变成狮子了？你们的妈妈什么候会像狮子一样啊？妈妈变成狮子的时候还爱你们吗？

(5)最后画面：妈妈和宝宝紧紧地拥抱在一起，你猜妈妈对宝宝说了什么？

(6)讨论：什么是永远爱你？

在幼儿谈话过程中，教师用平行谈话的方式，为幼儿提供新的谈话经验。如：我的妈妈是老师，妈妈的工作很辛苦，每天晚上都要看书、写文章。她会说很多有趣的故事。我常和妈妈在一起整理图书，还帮妈妈做其他事情。我爱我的妈妈，永远爱她……

(3)教师小结。引导儿童想一想：妈妈都很爱孩子，希望我们的小朋友成为好孩子。小朋友也应该关心妈妈,爱妈妈。

(设计意图:教师通过三个提问"你喜欢妈妈吗""为什么喜欢她""你愿意为你妈妈做些什么事情"来启发、引导幼儿逐步拓展谈话范围,使他们在谈话过程中不知不觉地学到新的谈话经验)

4.隐性示范新的谈话经验。

教师拿出自己妈妈的照片,谈谈妈妈和自己在日常生活中的一些有趣的事情。

5.结束活动。

欣赏歌曲《好妈妈》,鼓励儿童回家对妈妈表达自己的爱,爱就要大声得说出来!

(本案例由安徽省淮南市田家庵区第六幼儿园冯桢石老师提供。)

【案例2】 大班谈话活动《快乐的国庆节长假》

一、活动目标

1.知道交流时要听说轮换,可以用语言和同伴谈话,围绕中心话题画出内容。

2.乐意参与谈话活动,能按教师的要求,围绕中心话题绘画并交流。

3.耐心倾听他人谈话,能清楚谈论自己国庆节期间所去地方的特色及自己的感受。

4.通过谈话活动,使幼儿了解本地区的旅游景点,激发他们爱家乡的情感。

二、活动准备

幼儿在国庆节期间的照片及相关景点或场所的资料和纪念品。

三、活动过程

1.创设情境,引发幼儿谈话兴趣。

教师:"我们的教室展出了小朋友带来的很多纪念品和照片。大家看看,可以边看边向你身边的小朋友介绍一下,这个国庆节你去了哪里,你和谁去的,有什么好玩的,在那里发生了什么开心的、难忘的事情。"

2.幼儿围绕话题自由交谈。

(1)幼儿边观看展品边围绕话题自由交谈,教师以平等的交谈者身份参与幼儿的谈话交流。

(2)分组自由绘画交谈。

教师:"刚才大家交谈了这个国庆节去过的地方和玩过的玩具。可是还有很多我们没有去,但是很想去的地方。现在,你们可以想象一下然后把这些地方画下来,可以边画边和身边的朋友交谈:你画的是什么地方?你最想玩什么?为什么?"

3.教师引导幼儿拓展谈话内容。

将幼儿分成小组,教师请他们拿着自己的画,围绕话题进行集体交谈,逐步拓展话题内容。

教师:"谈谈自己觉得最有趣的地方,为什么有趣? 谈谈自己画的关于国庆节长假的内容。说说自己明年准备怎么过快乐的国庆节长假。"

针对每个问题,教师面向全体幼儿提出后,先请幼儿和身边的同伴进行交流,使每个幼儿都参与谈话,然后请个别幼儿围绕问题面向集体进行交流。

4.隐性示范新的谈话经验。

教师拿出自己国庆节度假的照片,谈谈自己的国庆节长假和自己在旅游时所做的保护环境的一些行为,然后请幼儿继续自由交流。

(本案例由安徽省淮南市田家庵区第六幼儿园冯桢石老师提供。)

▶阅读推荐◀

1.张加蓉,卢伟.学前儿童语言教育活动指导(第2版)[M].上海:复旦大学出版社,2009.

2.张明红.正确区分谈话活动与讲述活动[J].幼儿教育,2011(9):26—28.

▶思考与探索◀

1.什么是谈话活动? 它与讲述活动和日常交谈之间的差别是什么?

2.谈话活动的基本特征是什么?

3.谈话活动的主要类型有哪些?

4.学前儿童谈话活动的语言教育的总目标和各年龄班目标分别是什么?

5.设计一个谈话活动方案并组织实施。

第十章
学前儿童讲述活动

【内容提要】 本章主要厘定学前儿童讲述活动的含义;阐述讲述活动对学前儿童的教育作用;分析学前儿童讲述活动的基本特征和类型,明确学前儿童讲述教育活动的目标及内容选择;提出学前儿童讲述活动设计与实施应遵循感知理解讲述对象、运用已有经验自由讲述、引进并学习新的讲述经验、巩固和迁移新的讲述经验这四个基本步骤展开。

【学习目标】 正确理解讲述活动对学前儿童语言发展的重要意义;把握学前儿童讲述活动的基本特征和主要类型,理解学前儿童讲述活动的目标,能够根据一定要求选择合适的讲述内容;联系实际领会学前儿童讲述活动设计和实施的基本步骤并尝试应用。

第一节 学前儿童讲述活动概述

讲述活动是一种有目的、有计划地培养学前儿童语言能力的教育活动,是学前儿童语言教育的一种重要组织形式,在学前儿童语言教育中占据重要地位。

一、学前儿童讲述活动的含义

学前儿童讲述活动是指学前儿童凭借一定的讲述对象,在相对正式的语言环境中独自完成的语言表达活动。这类活动以促进学前儿童语言表述行为的发展为主要目的,要求学前儿童积极参与讲述实践,帮助学前儿童逐步获得独立构思和完整连贯表述的经验。

二、学前儿童讲述活动的教育作用

讲述活动能够有效提高学前儿童的语言水平,增强学前儿童的口头表达能力,同时对学前儿童的认知、社会化等方面的发展具有重要的促进作用,具体表现有以下几点:

(一)培养学前儿童的讲述能力

学前儿童语言教育的目标之一是培养学前儿童的讲述能力。在讲述活动中,学前儿童需要积极调动大脑思维活动,独立构思讲述内容、讲述顺序、讲述重点等,这样有助于培养他们的讲述能力。例如,在讲述活动《秋天的水果》中,学前儿童讲述前需要思考先讲述什么,再讲述什么,重点讲述哪几种水果,用什么样的词汇和句子等。所以,讲述活动能够帮助学前儿童掌握讲述的一般方法和特殊方法,使他们能够连贯、完整、清楚地讲述某一事物。

(二)锻炼学前儿童的独白语言能力

讲述活动中使用的语言是独白语言,独白语言是学前儿童语言讲述能力的一个重要方面。讲述活动为学前儿童提供了独立讲述自己想法的环境和机会。在讲述活动中,学前儿童可以在集体面前独立讲述自己的想法,把人、事、物讲述清楚,描述准确,他们的语言表述能力在这个过程中逐步得到提升。在教师指导下,学前儿童讲述的内容会逐渐清晰、完整、合乎逻辑。

(三)教授学前儿童认识事物的方法

在讲述之前,学前儿童对所讲的事物要有所了解。通过讲述活动,学前儿童能够学习认识事物的顺序和方法。以讲述活动《香樟树》为例,学前儿童自己先要了解香樟树的特征,知道大概的介绍顺序,如树的名称—树叶的颜色—树叶的形状—树的气味—树的用途等,使自己的讲述给听者一种完整、清楚的印象。经过多次练习,学前儿童能够掌握讲述事物的方法。

(四)发展学前儿童思维和想象能力

在讲述活动中,学前儿童需要全面观察、分析事物的特征,明确事件发生的原因和过程,领会人物在不同状态下的思想感情,如在看图讲述时,图片中的人、事、物之间都存在一定的关系,学前儿童需要经过一定的分析、判断、推理,才能明白所要讲述的内容,然后组织语言连贯地表述出来。在这个观察、分析、判断、推理的过程中,学前儿童的思维得到了极大的发展。此外,在看图讲述中,学前儿童要对画面以外的事情展开丰富的想象和联想，这有助于培养他们的想象力和创造性思维能力。

三、学前儿童讲述活动的基本特征

（一）讲述活动有一定的凭借物

一般来说，讲述活动需要借助一定的凭借物来进行。这里所说的凭借物，是指学前儿童在活动中的讲述对象，如教师为学前儿童准备的或学前儿童自己参与准备的图片、实物等。教师通过提供讲述活动的凭借物，可以使学前儿童的讲述具有明显的指向性。例如，教师提供图片，让学前儿童讲述《三只老鼠》，学前儿童按照图片所展示的内容叙述三只老鼠发现西瓜皮，然后把西瓜皮当作小船开心地"乘船"以及啃了西瓜船的故事。可以说，在讲述活动中，凭借物往往是学前儿童讲述的客体，对学前儿童的讲述有重要影响。

（二）讲述活动的语言是独白语言

讲述活动的语言有别于其他类型活动的语言，它要求学前儿童使用独白语言，是培养、锻炼学前儿童独白语言能力的特别途径。独白，顾名思义，需要说话的人独自构思和表达对某一方面内容的完整认识。这是一种复杂、周密的口头语言表达形式，它需要学前儿童用完整、连贯的语言将内心的感受和体验准确无误地表达出来，并能得到他人的理解。

讲述活动与谈话活动是有区别的。在谈话活动中，学前儿童的语言交流是双向或多向的，交谈的对象是明确的，交谈的话语是简短而紧密联系的。而在讲述活动中，学前儿童的语言交流对象是不明确的，往往由一个人讲给多人听，讲述的话语相对较长，彼此所说的一段话并不需要上下紧扣，而是相对独立的。

讲述的独白语言特性要求学前儿童的口头语言表述经历从独立完整编码到独立完整发码的过程。所谓"独立完整编码"，即学前儿童按照所要表达的内容选择词语，组成语句。讲述活动的独白是学前儿童独自完成一段完整话语。例如，在讲述活动《过新年》中，学前儿童要依据图片确定先说什么、后说什么，要打一个腹稿。同时，学前儿童还要在活动中独立完整地发码，即通过自己的发音器官，以口头语言的方式将自己构思的内容讲述出来，这个过程对于学前儿童来说是有一定难度的。因此，讲述的语言要求比谈话的语言要求高，并且是建立在一般交谈的语言基础之上的。在幼儿园里，学前儿童要在谈话活动和日常交谈中发展自己运用语言的能力，也要逐步具备一定的讲述能力。

（三）讲述活动有相对正式、规范的语言情境

语言表达受一定的情境支配。与其他语言教育活动相比，讲述活动为学前儿童提供的是一种相对正式、规范的语言情境，即要求学前儿童根据一定的凭借物和情境，在头脑中经过构思，用正式规范、完整清楚的语言在集体面前大胆地表达个人对人、事、物的认识或看法。这种规范主要表现在语言规范和环境规范两个方面。语言规范是指学前儿童需要使用较为完整、连贯、清楚的语言进行表达；环境规范是指讲述活动一般要求在专门的教育活动中和正式的语言学习环境中开展。例如，同样是说与大灰狼有关的内容，在谈话活动中学前儿童可以随便地谈论，如"大灰狼长得那么丑、那么凶，我不喜欢它，而且它还吃羊！大灰狼，真坏！"而在讲述活动中，学前儿童要根据图片内容说："大灰狼瞪着红红的眼睛，张开血盆大口，露出尖利的牙齿，迅速地扑向了可怜的小羊。"讲述活动必须根据语言环境要求，结合具体凭借物，组织口语表达的内容和方式，采用正规的语言风格说话。

（四）需要调动学前儿童的多种能力

如前所述，在讲述活动中，学前儿童需要感知、理解凭借物，借助对凭借物的认识和已有的生活经验，构思组织自己的独白语言，完成由独立完整编码到独立完整发码的过程。而且，不同的讲述内容需要有不同的思维方式和逻辑顺序，这对学前儿童的观察力、记忆力、想象力和思维能力的要求都是极高的。

四、学前儿童讲述活动的主要类型

讲述活动是一种调动学前儿童多种能力的综合性活动，根据不同的分类标准，可以分为不同的类型。

（一）按讲述内容划分

1. 叙事性讲述

叙事性讲述即用口头语言把人物的经历或事情的发生、发展、变化过程讲述出来。叙事性讲述要求说清楚人物、事件、时间、地点和原因，以及事情发生、发展的先后顺序。虽然在学前阶段，学前儿童的叙事性讲述能力迅速发展，但总体水平仍然不高，因此一般只要求学前儿童清楚简洁地按顺序讲述事件即可。叙事性讲述可以以第一人称"我"的口吻，把事件的经过和个人见闻讲给别人听，也可以以第三人称的口吻讲述"他""她"或"他们"经历的事情。

2. 描述性讲述

描述性讲述即用生动形象的语言，把人物的状态、动作或物体以及景物的性

质、特征具体描述出来。在学前阶段,学前儿童学习描述性讲述的重点在于初步尝试使用具体、生动、形象的词语说话,同时抓住事物的主要特征进行描述。如讲述喜欢的小动物时,要求具体说出这个小动物的名字、颜色、长相等。

3.说明性讲述

说明性讲述就是用简单明了的语言,把事物的形状、特征、用途等解说清楚。如讲述自己的书包时,要求说明书包是什么样的、什么材料做的、有什么用处等。说明性讲述不需要使用生动、形象的形容词,只需表述清楚事物的状态,交代清楚它的特点、来源即可。

4.议论性讲述

议论性讲述主要通过讲观点、摆事实来说明自己赞成什么或者反对什么。因为学前儿童的逻辑思维水平不高、议论能力不强,所以他们只能进行初步的议论性讲述。如讲述自己喜欢的季节时,学前儿童时常结合自己的生活经验及喜好,通过讲观点、举例子来说自己究竟喜欢哪个季节,原因是什么。这种讲述对于培养学前儿童的语言逻辑能力,发展他们的逻辑思维能力极为有益。

(二)按凭借物的特点划分

1.看图讲述

看图讲述是指教师引导学前儿童在观察图片、理解图意的基础上,根据图片提供的线索,运用完整连贯、条理清晰的语言表达图意的一种教学活动。看图讲述活动的图片形式多样,既可以是印刷出版的图画,也可以是教师自己的制作;既可以是完整的教学图片,也可以是教师绘制的留有联想空间的不完整图片;既可以是教师提供几张图,让学前儿童自选拼图,也可以用学前儿童自己画的或贴的图片,等等。这类凭借物表现的是静止、瞬间的暂停形象,因此,在进行看图讲述时,教师需要引导学前儿童联想静止之外的活动的形象和相关联的情节。

看图讲述根据图片的运用和对学前儿童语言的不同要求,具体还可以分为描述性看图讲述、创造性看图讲述、排图讲述、拼图讲述、绘图讲述等。

(1)描述性看图讲述。描述性看图讲述要求学前儿童不仅能观察图片主要内容,而且能观察细节部分,弄清楚事物之间的关系和联系,并能恰当运用形容词和句子进行细致描述。

(2)创造性看图讲述。创造性看图讲述要求学前儿童不但要讲出图片的主要、次要内容的特征和关系,而且要根据图片的线索,创编简短的故事。学前儿童要能够根据自己的想象编出超出画面的内容,并用连贯的语言把这些内容表述出来。它的创造性表现在学前儿童不但要讲出画面上的内容,而且要讲出与画面内容有关,但画面上没有表现出来的内容。如画面内容发生之前和发生之后的情节,如原因、动机、心理活动、情绪、情感等。

开展此类讲述活动时,选择适合的讲述对象是非常重要的。除了图片,还可以寻找一些儿童生活中常见的带有图片的物品。如文具盒、书包、餐具、包装袋等,这些物品上一般都印有鲜艳、漂亮的图画,有的还具有一定的故事情节,可以作为儿童创造性看图讲述的材料。

(3)排图讲述。排图讲述是训练学前儿童判断和推理等思维能力的一种看图讲述形式。它主要通过提供给学前儿童一套无序号的图片,让他们根据画面的内容,结合自己的理解与想象,将无序的图片排好顺序,形成一个完整、连贯的故事,并将故事的内容讲述出来。

由于理解与思维的差异,面对同样的图片,学前儿童可能会排出不同的序列,所编构的故事也会千差万别,出现平铺直叙、插叙、倒叙等多种讲述方法。如让学前儿童根据画有教师、小朋友、图书的图片进行排图讲述,有的小朋友可能会编出一个教师教小朋友们看图书的故事,有的小朋友可能会编出一个小朋友捡到一本图书交给教师的故事。排图讲述对学前儿童的语言能力、思维能力的要求较高,比较适合大班学前儿童。

(4)拼图讲述。拼图讲述也叫"构图讲述",是看图讲述的拓展。拼图讲述的特点是教师不直接提供讲述的凭借物,而是向学前儿童提供一张大的背景图和多种构图材料,如贴绒图片、磁铁图片、立体图片等,其中有人物、动物、植物、场景等,让学前儿童根据一定的主题自由构思,将这些材料摆放在背景图上,拼出各种各样的画面,然后展开想象,构成完整、有情节的故事,并将它们清楚地表述出来。例如,拼图讲述活动《春天》的主题是"春天",教师确定主题并提供构图材料——多种小动物的图片、多种花草树木的图片、代表天气的图片、代表故事场景的立体图片等,学前儿童可以根据自己的思路讲述与场景相吻合的故事,根据同一场景编出的故事可以多种多样。如"春天来了,小河里的冰融化了,小鸡和小鸭相约到草地上去放风筝……"或者"小鸡和小鸭要去看望住在河对岸的好朋友小猫,小鸡不会游泳,过不了河,小鸭帮助小鸡过河……"这种讲述可以由学前儿童独立进行,也可以由几个学前儿童合作完成。

(5)绘图讲述。绘图讲述是将绘画、泥工、折纸等活动与讲述结合起来的综合性活动。绘图讲述要求学前儿童根据自己的生活经验,结合自己掌握的有关知识,独立绘图、独立构思,将材料进行组合后编创有情节的内容并讲述出来。这对学前儿童的想象力、创造力、绘图能力、编构故事的能力都有一定的要求。

因为绘图讲述是由学前儿童自己制作讲述材料,所以刚开始开展这种活动时可以分两次进行,第一次活动绘制讲述材料,第二次活动安排讲述。待学前儿童对这种活动形式熟悉后,可以将二者有机地结合在一次活动中。以绘图讲述活动《我的一家》为例,可以先让学前儿童画出自己的一家人,有的学前儿童画了爷爷、奶奶、爸爸、妈妈和自己,在讲述活动中这样说:"我们一家有五口人,爷爷、奶奶、爸爸、妈妈和我。爷爷最爱看报纸,所以每天晚上他都要向我们全家发布新闻,奶奶爱唱歌,每天家里都响着奶奶快乐的歌声……"需要注意的是,对不同年龄的学前儿童应有不同的要求:小班学前儿童可以先绘图后讲述,而中班学前儿童可以边绘图边讲述,大班学前儿童则应先讲述后绘图。

2. 实物讲述

实物讲述是将实物作为凭借物来协助学前儿童讲述的一种活动。实物包含玩具、教具、日常生活用品和外在的自然景物等,教师在指导学前儿童感知、理解实物并进行讲述时,最重要的是要帮助学前儿童把握实物的特征。实物讲述往往是伴随着观察进行的,在观察中或观察后,要求学前儿童将实物的基本特征、用途、使用方法等多方面的内容清楚地描述出来。值得注意的是,实物讲述一定要与科学教育活动中的讲述区分开。科学教育活动中的讲述重在让学前儿童认识事先不熟悉的实物,而语言活动中的实物讲述则更侧重于描述、倾听实物的有关特征、用途等,因此实物讲述活动应在学前儿童已经熟悉实物的基础上开展。

3. 情境表演讲述

情境表演讲述是在某种情境表演后,在教师的帮助下,学前儿童将表演中的情节、对话连贯地表述出来的一种讲述形式。它包括真人表演的情境、用木偶表演的情境、真人与木偶共同表演的情境,或者是通过录像或电脑展示的一段情境。它们都体现了角色表演和连续活动的特点,向学前儿童展示可供讲述的内容。因为这种讲述活动要求学前儿童在观看表演后马上把内容讲述出来,所以它要求学前儿童具有较强的注意力、观察力、记忆力以及一定的想象力和思维能力。学前儿童不仅要记住人物和情节,记住人物的对话、动作、事件的发展过程,还要感受人物的情绪情感和心理活动状态,并准确地讲述出来。在所有的讲述活动中,情境表演讲述难度最大,所以它一般被安排在小班后期或中班早期进行。

第二节 学前儿童讲述活动的目标与内容

一、学前儿童讲述活动的目标

(一)学前儿童讲述活动的总目标

1. 培养学前儿童感知和理解讲述对象的能力

在学前儿童语言发展范畴中,有一部分是关于"儿童根据要求进行表达"的内容。学前儿童不仅需要学会说自己的想法,还要学会按照主题要求去构思和说话。这就需要儿童懂得积极地感知、理解"要求说"的内容,讲述活动就是提高这一能力的良好途径。

从语言学习的角度来看,感知、理解讲述对象,获得有关讲述内容的要求,是一个综合信息汲取的过程。它要求学前儿童不仅要听懂指示,还要会观察讲述对象,然后通过运用概念、想象、判断、推理等多种思维活动,获得一定的认识。这个过程并非只有简单的听和说,还有认知能力、社会能力、加工与协调能力的参与。因此,将活动的目标之一放在培养学前儿童感知、理解讲述对象,把握、获得有关讲述内容要求方面,有益于学前儿童不断提高综合信息汲取能力,对学前儿童语言和其他方面发展都会产生极大的促进作用。

2.培养学前儿童独立构思与清楚、完整地表述的意识、情感和能力

讲述活动为学前儿童提供了独立构思、清楚完整地表述的机会。讲述活动可以从以下三个方面提高学前儿童的语言水平。

(1)在集体面前自然大方地讲话。3岁儿童萌生了在集体面前讲话的意识,但其讲话的能力需要通过不断的学习才能得到提高。通过教师指导,学前儿童可以在讲述活动中逐步学会如何在集体面前自然大方地讲话。具体包括四点要求:一是勇于在集体面前说出自己的想法;二是乐于分享自己的观点;三是在集体面前说话不忸怩作态,不胆怯退缩;四是用正常的语调、节奏说话。

(2)使用正确的语言内容和形式进行讲述。学前儿童处于语言学习过程之中,他们的表达还会出现语音、语法、词汇等方面的错误。但是,通过练习可以不断地修正错误,越说越好。讲述活动要求学前儿童使用规范化的语言,这就要引导学前儿童不断地纠正错误,提高语言表达能力。

(3)有中心、有顺序、有重点地讲述。在讲述活动中要求学前儿童使用独白语言,以发展学前儿童有中心、有顺序、有重点地说话的意识和能力。有中心地讲述,要求学前儿童准确把握说话内容,不偏离讲述的中心内容,不说与中心内容无关的事;有顺序地讲述,要求学前儿童学习按照一定的逻辑顺序来组织、表达自己的口语,增强说话的清晰度和条理性;有重点地讲述,要求学前儿童抓住事件或物体的主要特征,传达最重要的信息,避免漫无目的地胡乱讲述。学前儿童在讲述活动中,独立进行构思,清楚、完整地表达,可以提高他们的表述水平,促进语言发展。

3.培养学前儿童掌握对语言交流信息清晰度的调节能力

在讲述活动中,学前儿童要善于倾听别人的讲述是否与自己的相同,他们要根据不同的语境和听者的反应来调整语言表达方式,以保证交流信息的清晰度。心理语言学的有关研究成果显示,学前儿童在学习运用语言与人交往的过程中,

第十章 学前儿童讲述活动

需要不断提高个体对交流信息清晰度的调节能力。通过讲述活动学习,要求学前儿童获得调节交流信息清晰度的三种技能。

(1)增强对听者特征的敏感性。根据听者的特征来调整说话的内容和形式,使听者能理解和接受,这是保证交流信息清晰度的一个方面。皮亚杰认为,4岁前儿童的语言主要是以自我为中心的,他们之间没有真正的相互交流,即使在一起游戏,也常常各说各话。每个儿童在讲到自己正在做或准备做的事情时,既不注意别人在说什么,也不关心别人是否在听自己说。因此,他们对听者的特征是不敏感的。但是学前儿童在语言发展过程中,在教育的影响下,可逐步提高语言交流清晰度的调节技能。幼儿园的讲述活动要求学前儿童就共同的讲述内容在所处的集体中说话、交流,这类活动可促使学前儿童关注别人的言谈,以及自己所说的与别人所说的内容之间的关系,努力使听众对自己所讲的内容感兴趣,并提高这方面的敏感性。

(2)增强对语境变化的敏感性。根据语言环境的变化来调节语言表达方式,是保证交流信息的清晰度,促进听者理解的一个方面。幼儿园的讲述活动要求学前儿童使用适宜于相应场合的语言进行交流。即使在讲述活动范围内,每一次给学前儿童提供的语言环境也不尽相同。可以说,每一次具体的讲述活动,都对学前儿童提出了感知语境变化的具体要求。学前儿童在学习讲述的过程中,逐步锻炼自己对语言变化的敏感性,培养随语言环境变化而调节自己表述方式的能力。

(3)增强对听者反馈的敏感性。在运用语言进行交往时,学前儿童需要学习根据听者的反馈,及时调整自己说话的内容和方式,这是保证语言清晰度和交流效果的另一种语用技能。掌握这种语用技能,需要学前儿童获得两方面的能力:一是及时发现听者的信号,即说话人在说话时,要及时地捕捉听者的反馈信息并以之判断听者是否听懂,是否表现出困惑、不同意等反馈信息,并作出相应的反应;二是讲话人要能够根据听者反馈的信息对所说内容进行修正。有研究认为,学前儿童修正自己讲话,以适应听者的能力尚处在初级阶段。当听者发出不理解的反馈信息时,学前儿童多半是沉默,或是多次重复最初的话语。如果讲述的内容是他们熟悉的事情,学前儿童就能根据听者反馈的信息进行再编码。

在讲述活动中,学前儿童可以并且应当在讲述活动中学习敏锐地察觉听者的反馈,从而及时调整交流内容和方式的能力。在讲述活动中,学前儿童要在集体面前讲述一段较长、较完整的话,因为听说双方均处于注意力高度集中的状态,所以通过教师的提示、插话,学前儿童可以觉察自己所说的话是否有遗漏,信息是否被接受,并能按照要求进行修补,最终具备根据听者的反馈及时调整交流内容和交流方式的能力。

（二）幼儿园讲述活动各年龄班目标

1.小班

(1)能有兴趣地运用各种感官，按照要求去感知讲述内容。
(2)理解内容简单、特征鲜明的实物、图片或主要事件。
(3)愿意在集体面前讲述。
(4)能正确地说出讲述内容的主要特征或其中的主要事件。
(5)能安静地听教师或同伴讲述，并注视讲述者。

2.中班

(1)养成先仔细观察、后表达讲述的习惯。
(2)逐步学会理解图片和情境中展示的事件顺序。
(3)能主动地在集体面前讲述，声音响亮，句式完整。
(4)学习按照一定的顺序讲述相关内容。
(5)能积极倾听别人的讲述内容，感知与自己讲述内容的不同并从中学习好的讲述方法。

3.大班

(1)通过观察、理解图片与情景中主要人物的关系和思想感情倾向。
(2)能有重点地讲述实物、图片和情景，突出讲述的中心内容。
(3)在集体面前讲话态度自然大方，能根据场合的需要调节自己讲述的音量和语速。
(4)讲述时语言表达流畅，没有明显的停顿现象，用词、用句较为准确。

二、学前儿童讲述活动的内容

教师在选择学前儿童讲述活动的内容时，要从以下几个方面加以考虑。

（一）内容选择要体现整合性特点

学前儿童教育活动的整合性，不仅仅体现在教育目标的整合上，也体现在教育内容的整合上。《纲要》指出，学前儿童教育"各领域的内容要有机联系、相互渗透，注重综合性、趣味性、活动性，寓教育于生活、游戏之中"，力图营造一个与学前儿童生活本身一致的高度综合的课程形态，这与现代教育的发展趋势是一致的。讲述活动的内容选择更是如此，要从学前儿童喜闻乐见的生活事件中汲取有用的部分作为讲述活动的内容，培养学前儿童流畅有序地进行讲述的能力。

(二)内容选择要符合讲述活动的要求

讲述活动旨在锻炼学前儿童的独白语言能力,要求有相对正式的语言环境。处于学前阶段的儿童,独白语言发展的水平较低,教师在选择讲述内容时要考虑所选内容的适宜性,创设相对正式的语言环境,从而促进学前儿童独白语言的发展。

(三)内容选择要符合学前儿童的身心发展水平

讲述活动的内容选择应与学前儿童的身心发展水平相符合。这里所说的身心发展水平是指学前儿童的年龄特点、知识经验水平、兴趣和能力等。

第三节 学前儿童讲述活动的设计与实施

讲述活动的类型虽然多种多样,但是由于其拥有共同的特点,因此在设计和实施时必然存在一个相对稳定的结构,遵循着一个固定的规律,这就是讲述活动设计和实施的基本步骤和展开顺序。

一、感知、理解讲述对象

感知、理解讲述对象,即学前儿童通过各种感官去获得对事物的认知。当然,最主要的途径还是观察,即通过视觉汲取信息。例如,让学前儿童通过看(图片、实物、表演)来感知、理解讲述对象;通过听(录音或教师、同伴的讲述)进行听音讲述。如在讲述活动《夏天的雷雨》中,可以先让学前儿童听一段录音,请他们分辨录音中风声、雨声、雷声。通过听录音将风声、雨声、雷声联系起来,想象出夏天刮风、打雷、下雨的情景;通过摸或摆弄(物体、模型)等来感知、理解讲述对象并进行实物讲述或创造性讲述。例如,触摸实物讲述活动《神奇的口袋》要求学前儿童闭着眼睛从口袋里摸出一样物体,然后通过触摸来感觉物体的特征,猜出物体名称并讲述。这一层次的指导具体可以从以下三个方面来进行:

1.依据讲述类型的特点来感知、理解讲述对象

叙事性讲述应着重感知、理解事件发生发展的过程、顺序以及人物在其中的作用;描述性讲述应重点观察物体或人物的状态、动作、特征等;说明性讲述应重点感知事物的形状、特征、功用;议论性讲述可让学前儿童结合自己的生活经验和个人喜好感知、理解讲述对象。从这样的角度把握住讲述对象,才能为讲述做好准备。

2.依据凭借物的特点来感知、理解讲述对象

讲述活动中的凭借物是多种多样的,有的是相互有关系的图片,有的是实物,还有的是听觉信息组成的活动情景等。对于不同的凭借物,学前儿童感知的侧重点是不同的,如学前儿童讲述时对图片的感知可能集中在事件过程上,而对表演的感知可能集中在人物的表情、动作及语言等方面。因此,教师在指导学前儿童感知、理解讲述对象时,应抓住这类讲述对象的特点去组织观察活动。

3.依据具体活动要求的特点来感知、理解讲述对象

因为每一次活动的目标要求都是不一样的,所以在感知、理解讲述对象时的要求也不一样。以情境讲述为例,如果要求学前儿童有重点地讲,教师可让他们完整地观看表演内容;如果要求学前儿童有顺序地讲述,可让他们分段观看表演内容,这样才能更好地达到讲述要求。

二、运用已有经验自由讲述

在学前儿童感知、理解讲述对象的基础上,教师应充分调动学前儿童的学习积极性,启发他们思考,给他们创设讲述活动环境并引导他们运用已有经验讲述。组织学前儿童运用已有经验讲述的方式很多,大体上可以归纳为以下三种。

1.集体讲述

这种方式的讲述虽然保持集体活动的状态,但是每个学前儿童都有围绕感知对象充分而自由地发表个人见解的机会。如中班讲述活动《我最喜欢的一本图书》,教师在设计与组织活动时,可让学前儿童根据个人经验向同伴介绍自己带来的图书,教师不作规定和提示。

2.分小组讲述

一般情况下,每组 4 个人为宜。在分小组讲述中,学前儿童有更多的机会围绕同一感知对象轮流讲述。这种方式具有直接交流的特质,能保证每个学前儿童都有讲述的机会。仍以《我最喜欢的一本图书》讲述活动为例,教师在组织这一活动时,可将学前儿童分成小组讲述各自带来的图书。

3.个别交流讲述

个别交流讲述常常是学前儿童一对一地讲述。教师可让学前儿童就近与邻座结成对子,轮流讲述,也可让学前儿童对着假想的对象进行讲述。

教师在指导学前儿童运用已有经验进行讲述时,需要注意以下几点:

第一,在学前儿童自由讲述前,教师要交代要求,提醒学前儿童围绕感知、理解的对象进行讲述。

第二,在学前儿童自由讲述的过程中,教师要注意倾听学前儿童讲述的内容,及时发现他们讲述中的闪光点和存在的问题,并适时予以评价和纠正。

第三,在讲述活动中,教师不要过多指点,以免打断学前儿童的思路,干扰他们运用已有经验进行讲述。当然,适当地引发学前儿童讲述,鼓励他们大胆运用语言表达自己的已有经验是必要的。

三、引进并学习新的讲述经验

经过上一阶段开放性的讲述之后,教师应将活动引入到讲述活动的重点——为学前儿童引进新的讲述经验。教师在制定活动目标时,应考虑上次活动的重点、解决的问题、达到的目的等情况,以便在此基础上向学前儿童提供新的讲述经验,引导学前儿童从新的思路、新的角度进行讲述。新的讲述经验包括讲述的思路、讲述的全面性和讲述的基本方式三个方面。

1.讲述的思路

教师在引进新的讲述经验时,最重要的就是通过帮助学前儿童理清讲述的思路,使整个讲述有较强的顺序性和条理性。如在看图讲述活动《愚蠢的熊妈妈》中,教师可以引导学前儿童按照这样的思路来讲述:熊妈妈和小熊在什么地方—他们在干什么—后来谁来了—发生了一件什么事—结果怎样呢—为什么会出现这样的结果等。帮助学前儿童理顺讲述的思路是非常重要的,这样做可以帮助学前儿童将基本内容讲述出来,避免在讲述中遗漏重大事件、重要人物或没有围绕事件发展的顺序来讲述。教师可以就同一讲述对象发表个人的见解来示范新的讲述思路,但要注意的是,教师的示范切不可成为学前儿童讲述的模板,否则会降低学前儿童讲述的积极性和创造性。

2.讲述的全面性

在讲述中,教师要帮助学前儿童掌握讲述的基本要素:人物(特征、动作、对话、心理感受)—地点—事件(开始、发展、结束)—结果。学前儿童在讲述中容易遗漏某些内容,使讲述缺乏完整性和连贯性。为此,教师要引导学前儿童牢记这些基本要素,准确地将要表述的内容完整、全面地讲述出来。教师可以用提问或插问的方式引导学前儿童讨论新的讲述内容,或就某一学前儿童的讲述内容,与大家一起分析其讲述的内容是否全面、完整,经过讨论达成一致意见,在此过程中学前儿童也就学习到了新的讲述经验。

3.讲述的基本方式

在引进新的讲述经验时,教师要引导学前儿童观察、感知、理解讲述对象的重点讲述内容和次要讲述内容,前者要多讲,后者要少讲或略讲。这种讲述对学前儿童的分析、概括能力要求较高,一般在中班后期开始进行。

在讲述活动中,无论是看图讲述,还是实物讲述,都要培养学前儿童按照一定的顺序进行讲述的能力。这种顺序包括从上到下、从左到右、从大到小、从近到远、从表面到本质等。掌握这些能力有助于儿童清楚、有条理地进行讲述,不断提高口头语言表达能力。

四、巩固和迁移新的讲述经验

在讲述活动中,仅仅引进新的讲述经验是不够的,还需要给学前儿童提供实际操练新经验的机会,以利于他们更好地掌握这些经验。因此,讲述活动的最后一个步骤是巩固、迁移新的讲述经验。具体做法有以下几种。

1. 由 A 及 B

在学前儿童学会一种新的讲述经验后,教师便可提供同类型不同内容的讲述活动机会,让他们用新的讲述 A 的思路去讲述 B。

2. 由 A 及 A

教师在示范新的讲述经验并帮助学前儿童理清思路后,可以让他们尝试用新的讲述方式来讲同一件事、同一情景。需要教师注意的是,应要求学前儿童创造性地运用新的讲述经验,尽可能地避免完全模仿和复述别人的话。

3. 由 A 及 A_1

教师可以在原讲述内容的基础上,提供一个扩展或延伸的讲述机会。如在拼图讲述活动《草地、小猫和小朋友》中,在教师示范过新的拼图添画和讲述经验之后,要求学前儿童拼图添画,然后讲述,通过这样一个环节可以让学前儿童巩固和迁移新的讲述经验。

总之,在四个步骤的讲述活动组织过程中,有一个内在的、完整的组织程序。可以说,学前儿童每学习一种新的讲述经验,都在活动中得到操练、实践,并得以巩固、迁移,并在之后的讲述活动中再次运用。通过这种"滚雪球"式的积累过程,学前儿童的讲述能力会不断得到提高。

【案例 1】 中班看图讲述活动《安静》

一、活动目标

1. 仔细观察图中角色的动作,想象对话,引导幼儿用连贯的语言讲述小狗、小兔让小猫安静睡觉的情景。
2. 学习新词使用:安静、正在。
3. 学会倾听,并借鉴别人的讲述,以丰富自己的讲述内容。

二、活动准备

1. 幻灯片和幻灯机,大信封一个,图片两幅。
2. 小狗、小兔、小猫头饰各一个。
3. 录音设备及相关音频。

4.玩具电话一个,电视机一台,桌面教具一套,布娃娃一个(眼睛能动),小床一张。

三、活动过程

出示信封,引出主题:"小朋友,今天老师收到一封小兔寄来的信,我们来看一看里面装的是什么?"

1.感知、理解讲述对象。

(1)放幻灯片1:"你们看,这是谁呀?"教师抽拉背景图问,"咦,小兔干什么去了?"

(2)放幻灯片2:"小兔来到了谁的家?它看到小猫正在干什么呢?什么叫'正在'?老师正在干什么?我们再看看照片上的小兔正在干什么?"幼儿一起说:"小猫正在睡觉。"

教师问:"小猫为什么要白天睡觉?它晚上干什么去了?"(教师小结图1图2)

(3)放幻灯片3:"小兔看到小猫正在睡觉,它是怎么做的?"(请幼儿仔细看图上小兔的动作,并学一学)

教师问:"小兔为什么悄悄地到外面去拔草吃?它为什么不叫醒小猫跟它一起玩呢?它是怎么想的?"(教师小结图3)

(4)放幻灯片4:"这时谁来了?它手里拿着什么?它来干什么?什么叫'安静'?"(学习词语安静)教师带领幼儿边做动作边学说小狗的话。(教师小结图4)

2.运用已有经验自由讲述

(1)教师演示桌面教具,让幼儿边看边演边讲述故事。

(2)教师将幼儿分成若干小组,进行分组讲述。

(3)请个别幼儿在集体面前进行连贯讲述。

3.教师引导幼儿引进并学习新的讲述经验

教师放故事的音频,并引导幼儿分析音频与幼儿的讲述的异同,重点帮助幼儿理解:小兔和小狗在小猫睡觉时是怎么做的?小猫看到小兔和小狗很安静,不吵它睡觉,它是怎么想的?别人睡觉时,我们应该怎么做?大人在看书时,我们应该怎么做?

4.教师引导幼儿巩固和迁移新的讲述经验

教师出示布娃娃,请幼儿帮助它睡觉,并和幼儿一起说:"大家安静,不吵闹,我们的娃娃快睡觉。"最后让幼儿讨论怎样做才能不影响娃娃睡觉,并把讨论的结果用连贯的语言清楚地讲述出来。

(本案例由安徽省淮南市直机关幼儿园宫明老师提供。)

【案例 2】 大班看图讲述活动《愚蠢的熊妈妈》

一、活动目标

1. 在观察图片、理解图意的基础上,用清楚连贯的语言讲述图片的内容。

2. 学会从不同的角度思考问题,讲述不同的故事情节,提高语言表达能力和逻辑思维能力。

3. 认真倾听别人讲述,养成良好的倾听习惯。

二、活动准备

1. 物质准备:教学课件《愚蠢的熊妈妈》;三幅图片为一组(共 5 组)。

2. 经验准备:有过看图讲述的相关经验。

三、活动过程

1. 介绍主人公,引起兴趣。

播放 PPT 课件,出示单个的熊妈妈和小熊图片,猜测它们的关系。提问:这是两只熊,它们可能是谁和谁呢?

(设计意图:开门见山地以对比呈现的方式出示熊妈妈和小熊,让幼儿通过观察,推测两只熊的关系,激发他们阅读图片的兴趣。)

2. 感知、理解讲述内容。

(1)播放课件,三幅画面不按顺序同时出示,让幼儿观察、猜测故事情节。提问:熊妈妈和小熊在什么地方?你认为发生了一件什么事?结果怎样呢?

(设计意图:在这个环节中,幼儿在仔细观察中思考,并在思考中结合自身的感受和已有的生活经验对故事情节的可能发展进行推理判断,为图片排序奠定基础。)

(2)分组合作排图,并尝试运用已有经验结伴讲述。

过渡语:熊妈妈和小熊看起来经历了一件很特别的事,请你们四人一组,把图片上这件特别的事情按顺序排一排,讲给你身边的朋友听一听吧!

(设计意图:此环节涉及两个关键经验,一是幼儿分组合作排图的经验,二是根据排图的顺序结伴讲述的经验。而在排图过程中,幼儿得到的不仅是对图片的显性认知,还有隐性的理解和思维。)

在幼儿讲述时,教师要认真倾听,要引导幼儿大胆而清楚地讲述事件发展的过程,细致描述熊妈妈和小熊的表情、动作及心理活动。

(3)请个别幼儿到集体面前进行讲述。

3. 引进并学习新的讲述经验。

播放课件,教师完整地讲述图片的故事内容,并引导幼儿分析教师讲的内容与刚才小朋友讲的内容哪里不一样,重点帮助幼儿理解熊妈妈看见马蜂叮咬小熊时的心理感受,讲述熊妈妈是采用什么办法赶跑马蜂的,结果怎样。

(设计意图:教师完整的讲述,既是一种暗示,也是一种铺垫,可帮助幼儿在后面的讲述中用更形象的语言表达。)

4.巩固和迁移新的讲述经验。

教师提出新的问题:熊妈妈怎样做才能既赶走马蜂,又不会伤着小熊呢?

让幼儿思考,然后鼓励幼儿运用已获得的讲述经验将思考的结果大胆地讲述出来。

(还可以迁移新的讲述经验,运用凡事要从两个方面来考虑问题的思路,让幼儿运用"只想到……没想到……"进行讲述,如:"长时间看电视""夏天吃冷饮""在窗外踢球"……)

图片一:秋天,树木里的野果熟了。熊妈妈领着小熊去摘野果吃。小熊吃饱了,就躺在草地上睡着了,熊妈妈在一旁看护着小熊。

图片二:忽然,一只马蜂飞过来,落在了小熊的脑袋上,熊妈妈急了,怕马蜂蜇了小熊,就连忙抓起一块大石头,朝马蜂砸去。

图片三:马蜂被砸死了。可是小熊的脑袋上也凸起了一个大包。小熊疼得哇哇大哭,熊妈妈也后悔地哭了起来。

(本案例由安徽省淮南市直机关幼儿园李彩老师提供。)

▶阅读推荐◀

1.王晓娟.学前儿童语言教育[M].北京:机械工业出版社,2016.

2.朱海琳.学前儿童语言教育[M].北京:科学出版社,2009.

3.张文洁,钮艺琳.说明性讲述活动与幼儿的学业语言发展[J].幼儿教育(教育科学),2013(6):19—22.

▶思考与探索◀

1.什么是讲述活动?它的主要特点是什么?

2.讲述活动对学前儿童的教育作用表现在哪些方面?

3.讲述活动的基本类型有哪些?

4.学前儿童讲述活动的总目标和各年龄班目标分别是什么?

5.设计一个讲述活动方案并组织实施。

第十一章
学前儿童听说游戏活动

【内容提要】 本章主要厘清学前儿童听说游戏的含义；阐述听说游戏活动对学前儿童的教育作用；分析学前儿童听说游戏活动的基本特征和类型，明确学前儿童听说游戏活动的目标及选编听说游戏活动的要求；提出学前儿童听说游戏活动设计与实施应遵循创设游戏情境、引发学前儿童兴趣、交代游戏规则、明确游戏玩法、教师指导学前儿童游戏、学前儿童自主游戏这六个基本步骤展开。

【学习目标】 正确理解听说游戏活动对于学前儿童语言发展的重要意义；把握学前儿童听说游戏活动的基本特征和主要类型，理解学前儿童听说游戏活动的目标，能够根据一定的要求选择合适的听说游戏活动内容；联系实际领会学前儿童听说游戏活动设计和实施的基本步骤并尝试应用。

第一节 学前儿童听说游戏活动概述

一、听说游戏活动的含义

（一）听说游戏与游戏

听说游戏是由教师设计组织的儿童自愿参加的教学游戏，它含有较多的规则。广义的游戏包含角色游戏、结构游戏、表演游戏和规则游戏等，狭义的游戏则将规则游戏排除在外。这里所讨论的听说游戏，是由教师设计，用来组织学前儿童学习语言的规则游戏。根据美国游戏研究专家诺伊曼的观点，游戏与活动

第十一章 学前儿童听说游戏活动

的主要区别表现在控制性、真实性、动机三个方面,具体见下表。

表11-1 游戏与活动的主要区别

	游　　戏	活　　动
控制性	主要由内部控制	主要由外部控制
真实性	假想的情景(游戏中的人、事、物、语言均有假扮、转换的可能)	真实的情景
动机	由内部动机产生(儿童自发地开展和参与)	由外部动机产生(教师组织儿童参加)

根据诺伊曼对游戏特征的论述,我们发现,听说游戏是一种半活动半游戏的教学形式。因为在听说游戏中,随着游戏的开展和儿童对游戏规则的熟悉,教师的指导地位逐渐下降,儿童游戏的自主性不断增强,游戏角色的变化让儿童在活动中由外部控制转向内部控制,活动动机从外部激发转换为内部引发,活动情景由真实转向假想。由此,我们可以将它定义为"听说游戏活动"。

(二)听说游戏与语言游戏

听说游戏是儿童学习语言的教学游戏,不是一般的语言游戏。语言游戏是指儿童在语言发展过程中自发地玩弄和操练语音、语词的一种现象。例如,五六个月大的婴儿,当家长对他说话时,他会发出一连串的音节作为回应,如"a—baba—bagu—bei—bigu"。又如,三四岁的儿童在和爸爸一起游戏时,嘴里念念有词地说:"爸,巴巴,马马驾!噼啪哇啦啦。"这些口头语言游戏带有明显的自发言语的特点,有玩弄、操练口语的性质,并且是无意义的、没有具体指向性的语言活动。这种语言现象在很大程度上带有自娱自乐的意味。

听说游戏是指为培养儿童倾听和表述能力而专门设计的、用游戏的形式组织的语言教育活动。它的教育目标以培养儿童倾听和表述能力为主,活动内容主要集中在儿童听和说的理解和表达上,含有较多的规则游戏的成分。用听说游戏的方式来实施语言教学能够较好地吸引儿童参与语言学习活动,并在积极愉快的活动中完成语言学习的任务,实现良好的教学效果。

二、学前儿童听说游戏活动的教育作用

(一)培养学前儿童语言学习兴趣

听说游戏活动的目的之一就是要培养学前儿童对语言活动的兴趣。学前儿童一旦对语言学习产生了兴趣,就会寻找练习听话和说话的机会,语言的潜能就

能得到发掘。听说游戏活动将语音、词汇、语法等语言知识与娱乐、游戏相结合，淡化了教与学的界限，使学前儿童真正成为活动的主人。游戏的形式打破了课堂教学的局限，消除了学习的枯燥感和紧张感，满足了学前儿童爱表现和好模仿的心理，使他们在玩的过程中不知不觉地获得大量的语音、词汇和理解表达的经验。听说游戏鲜明的形象性和直觉行动性，不仅能使学前儿童获得知识，还能使学前儿童的好奇心在游戏中得到极大的满足，并感受到成功的快乐。学前儿童对语言学习的兴趣能够促进其语言能力的发展，而语言能力的发展不但会对他们入学后的阅读、写作、口头表达等活动产生积极的影响，而且会对其终身的语言学习和语言运用起到积极作用。

（二）促进学前儿童智力发展

从语言与智力的关系来看，语言是思维的工具，学前儿童早期的语言能力是其智力发展的重要标志。从游戏的分类来看，听说游戏属于智力游戏的一种，是发展学前儿童智力的重要手段。

在游戏活动中，学前儿童要按照教师的要求理解游戏的玩法和规则，学习正确的发音，掌握、运用更多的词汇，练习完整、连贯地表达自己的思想，这些都需要有感知、记忆、想象、思维等的参与。例如小班听说游戏活动《拼图练说话》的规则为：教师随意将图片剪开并撒在桌上，由学前儿童独立拼接，恢复图片；拼接完毕后，学前儿童仔细观察画面，用一句话把图片内容完整、准确地表述出来。在游戏操作过程中，学前儿童需调动所有的感官积极参与。这个活动不仅培养了学前儿童知觉的整体性，发展了学前儿童的想象力，而且训练了学前儿童语言表达的完整性和准确性、语言概括的精确性和观察的细致性。可见，一个好的听说游戏活动，能使学前儿童产生愉快的情绪，提高学习的积极性和努力完成任务的坚持性，锻炼思维的敏捷性和灵活性，使他们养成乐于动手、动脑、动口的习惯，促进他们感知、记忆、想象、思维、言语表达等智力因素的发展。

（三）提高学前儿童语言能力

从听说游戏活动的分类来看，听说游戏活动对学前儿童语言能力发展的影响是全方位的。语音游戏可以发展学前儿童的听音、辨音、发音能力；词汇游戏可以帮助学前儿童正确地理解词汇、运用词汇，从而丰富其词汇量；句子游戏可以帮助学前儿童了解和应用多种句型和句式；描述性游戏可以发展学前儿童在观察的基础上连贯表达思想的能力；故事表演游戏可以发展学前儿童的文学语言和语言的表现能力。这些游戏可以从不同方面提升学前儿童的语言倾听和表达水平。

三、学前儿童听说游戏活动的特征

(一)语言教育目标内隐于游戏活动之中

听说游戏活动有明确的语言教育目标,每一个听说游戏活动都包含对儿童语言学习的具体要求。教师通过对听说游戏活动的设计和组织,将近阶段的语言教学目标内隐于听说游戏活动的内容和过程中,落实到学前儿童能接受、理解、尝试、掌握的教育过程中去。听说游戏活动的教育目标具有以下特点。

1.目标具有明确、具体的特点

一般而言,听说游戏活动对学前儿童提出的语言学习要求非常具体。例如,小班儿童 zh、ch、sh 和 z、c、s 的发音经常混淆,教师利用听说游戏活动来帮助学前儿童学习正确发音,这种活动便将发准 zh、ch、sh 三种翘舌音作为具体的教学目标。但它仍然能够对学前儿童的语言学习产生多方位的影响。因为学前儿童在参与听说游戏,学说 zh、ch、sh 的过程中,需要听懂教师的要求,想象自己扮演的角色,理解他人的语言和动作,以明了游戏的进程,按照游戏的规则说话和行动。可以说,在学前儿童参与听说游戏的过程中,他们的语言理解和表达能力获得多方面的锻炼。因此,听说游戏有着明确而具体的语言教育目标,实质上促进了学前儿童多方面语言能力的提高。

2.目标带有有针对性练习的特点

听说游戏活动往往不对学前儿童提出某个新的语言学习任务,而是根据学前儿童近阶段语言学习的重点需求进行设计,让他们在游戏中复习、巩固已学的语言内容,掌握一定的语言知识,真正获得某种语言运用能力。

3.目标具有含蓄、内隐的特点

语言教育活动,一般都直接将学习任务呈现在学前儿童面前,而听说游戏活动则是将教学目标贯彻在游戏活动之中,让学前儿童边玩边说,不知不觉地完成学习任务,达成教学目标,这是听说游戏活动的特点。

(二)将语言学习的重点内容转化为一定的游戏规则

凡是听说游戏,都带有一定的游戏规则。听说游戏以发展学前儿童的倾听或表述能力为目的,规则是达到目的的保证。听说游戏中的规则并不是随意制定的,而是教师根据具体的语言教育目标和语言学习内容而定的。

听说游戏活动的游戏规则按照性质可以分为以下两种类型。

一种是具有竞赛性质的听说游戏规则。竞赛性质的游戏活动会产生激励的效应,可以促使学前儿童更加积极主动地参与游戏活动。

另一种是不具有竞赛的性质的听说游戏规则,它同样能产生激励效应。例如小班听说游戏活动《小白兔吃青草》,一个教师扮演兔妈妈,带着学前儿童扮演的小白兔们到外面去"吃青草"。学前儿童边跳边念儿歌:"小白兔,跳跳跳,一跳跳到草地上。吃吃吃,吃青草,吃吃吃,吃个饱。"在学前儿童反复念儿歌后,一只"大灰狼"(由另一个教师扮演)跑出来大吼一声"大灰狼来了","小白兔"要跑到"兔妈妈"身边蹲下,表示受到了妈妈的保护,否则就会被"大灰狼"吃掉。

这个游戏的规则是:念完儿歌之后"大灰狼"才会跳出来并大吼一声"大灰狼来了";"小白兔"要跑到"兔妈妈"身边蹲下,否则会被"大灰狼"吃掉。

虽然游戏规则看似不直接与学前儿童说什么有关,但学前儿童知道念儿歌与后面的追逐活动密切相关。游戏规则激励着学前儿童全身心投入活动,并从中学习语言。

(三)在活动过程中增加游戏成分

从活动组织形式上看,听说游戏具有从活动入手,逐步增加游戏成分的特征。

听说游戏活动带有明确的学习任务。在活动开始时,教师需要帮助学前儿童理解活动内容、明确游戏规则,并且示范游戏的玩法,然后,教师带领学前儿童开展游戏活动;在学前儿童熟悉游戏规则并逐步掌握游戏玩法后,再放手让学前儿童独立进行游戏。应当说,听说游戏是以活动的方式开始,以游戏的方式结束的。教师的主导地位在活动开始时很突出,随着学前儿童对活动的熟悉水平的提高而逐渐减弱。

在听说游戏活动过程中,存在着由活动逐渐向游戏过渡的三种转换。

1. 由外部控制向内部控制转换

在游戏刚开始时,由教师创设游戏情境,交代游戏规则,学前儿童只是被动观察、听讲、思考;学前儿童产生兴趣后,会不由自主地跟随教师参与游戏;在掌握规则之后,学前儿童会尝试自己游戏,最终积极主动地投入到游戏中。这一过程实际上是由外部控制转换为内部控制。

2. 由真实情境向假想情境转换

实际上,无论教师提供的游戏场境如何形象、逼真,在听说游戏刚开始时,学前儿童所处的仍然是真实情境。教师向学前儿童交代活动内容、解释活动规则、示范游戏玩法时,学前儿童都是以旁观者的角色在观察、思考。当学前儿童自己参与游戏,他们开始扮演角色,并想象可能有的物品、情节、动作和语言,听说游戏活动实现了由真实情境向假想情境的转换。

3. 由外部动机向内部动机转换

学前儿童在参与听说游戏活动时,其活动动机逐渐由外部转向内部。和其他教育活动一样,学前儿童刚开始参加听说游戏时,外部动机决定了他们参与的积极性。随着学前儿童在游戏中自主性的提高,他们的主动性、积极性得到充分发挥。随着学前儿童逐渐掌握听说游戏规则和熟悉游戏内容、方式,他们在活动中保持着越来越明显的内部动机。当然,必须说明的是,学前儿童能否将外部动机转换为内部动机,很大程度上取决于这个听说游戏是否真正具有游戏的特点,是否能对学前儿童产生强大的吸引力,学前儿童自己能否真正地玩起来。

四、学前儿童听说游戏活动的主要类型

(一)依据听说游戏活动的教育目标划分

1. "听"的游戏

"听"的游戏是以提高学前儿童倾听水平为主要目的的游戏。这类游戏主要是培养学前儿童分辨多种大小、强弱等性质不同的声音,以发展学前儿童的听觉注意,提高学前儿童辨音的能力,使学前儿童能听懂普通话,能辨音、辨调,能理解指令和要求。

2. "说"的游戏

"说"的游戏是一种以口语表达练习为主要形式的游戏。学前儿童在听懂游戏规则后,用语言表现游戏的情节和内容。在游戏中,他们的语言理解能力和语言表达能力会得到提高。

在学前儿童语言学习活动中,"听"和"说"是相互依存、共同发展的,只是在一个具体的游戏中发展的侧重点不同。

(二)依据听说游戏对学前儿童语言发展的作用划分

1. 语音游戏

语音游戏是以帮助学前儿童练习正确发音、提高辨音能力为目的的一种语言教育活动。它可以细分为听音、辨音游戏和练习发音的游戏。这类游戏的形式和结构都比较简单,主要是为学前儿童提供练习发音的机会。教师既可以让学前儿童重点练习他们感到难发的音,也可以组织学前儿童进行方言干扰音的练习、普通话声调的练习、发声用气的练习等。但每次练习的语音不要太多,以免难点过于集中,影响学前儿童的学习兴趣和学习效果。如小班儿童普通话发音的难点主要是翘舌音 zh、ch、sh、r 的发音,教师可以根据学前儿童的实际情况,选取这些声母与一些韵母组成音节,设计一些游戏活动,利用游戏的形式帮

助学前儿童掌握这些难发的语音。

2.词汇游戏

词汇游戏是以丰富学前儿童的词汇和使学前儿童会正确运用词汇为目的的游戏。词是语言中最小的能够独立运用的有音、有义的语言单位,正确地理解词的含义是理解他人语言的前提。学前儿童语言学习的一个重要方面就是积累词汇量,丰富口语表达的内容。用听说游戏活动帮助学前儿童学习词汇,不仅可以教给学前儿童一些新词,还可以帮助他们进一步理解已学过的词的意义,学会正确地使用词汇,从而使消极词汇变成积极词汇。这类集中学习词汇的游戏,着重引导学前儿童练习使用词汇。

不同年龄的学前儿童应该做侧重点不同的词汇游戏。一般来说,3岁前学前儿童应以做丰富名词、动词的游戏为主,小班学前儿童的词汇游戏应重视动词的丰富与运用,中、大班学前儿童的词汇游戏应在丰富词汇的同时,注重提高词汇的运用能力。

3.句子和语法游戏

句子和语法游戏是以训练按语法规则正确组词成句并正确运用各种句式、句型为目的的游戏。学前阶段是学前儿童大量积累句型、按语法规则组词成句、习得和发展语法的重要阶段。一般来说,学前儿童的句子学习是从简单句过渡到复合句水平,学前阶段后期开始进入理解嵌入句的水平。教师在选择句子游戏时,应了解学前儿童的已有水平。无论是简单句还是复合句,都有多种类型的句式,学前儿童只有经过一定的练习,才能理解、掌握直至熟练运用。听说游戏的目的是帮助学前儿童练习,使他们通过专门的集中学习迅速地把握某一种句法的特点和规律,并在尝试运用的过程中逐渐提高使用的水平。

4.描述性游戏

描述性游戏是以训练学前儿童用比较连贯的语言生动、具体地描述事物,提高口语表达能力为目的的游戏。这类游戏一般在学前儿童掌握一定的语音、词汇、句子的基础上进行。它要求学前儿童的语言完整、连贯,要求学前儿童有一定的描述能力,是一种比较综合的、高级的语言训练游戏。

第二节 学前儿童听说游戏活动的目标与选编听说游戏活动的要求

一、学前儿童听说游戏活动的目标

(一)学前儿童听说游戏活动的总目标

1.帮助学前儿童按一定规则进行口语表达练习

听说游戏可以帮助学前儿童按一定规则进行口语表达练习。这里所说的一定规则,主要是指按照语言规范确定的游戏规则。在学前儿童参与听说游戏的过程中,他们需要自觉地参与规范语言的学习,在执行游戏规则的活动中掌握规范的口语表达能力。具体包括三个方面的子目标。

(1)复习、巩固发音。听说游戏包含学前儿童语音学习的目标,着重为学前儿童提供练习发音的机会,以帮助他们复习、巩固近期学习的发音。教师可以根据学前儿童语音学习的四种特别需要来组织活动。

一是难发的音的练习。对于一些近期学习的难发的音,采用听说游戏的方式去巩固练习,会取得较好的学习效果。幼儿园阶段普通话发音的难点主要有 zh、ch、sh、r 等声母。教师可以根据学前儿童的实际情况,选取这些声母与一定韵母相结合的音节的发音练习来帮助学前儿童学习。

二是方言干扰的音的练习。方言容易对学前儿童的普通话学习产生干扰,影响他们正确发音。例如南京方言中存在 n、l 不分和 an、ang 不分现象。在听说游戏中,学前儿童可以通过集中和比较学习,练习发准这些受到方言干扰的语音,产生对这些语音准确发音的敏感性。

三是声调的练习。因为普通话声调对学前儿童发音有很重要的意义,所以读准普通话声调也是学前儿童语音学习的一部分。利用听说游戏学习多种相似的语音和声调要素,可以让学前儿童在辨别中学说,在学说中提高分辨能力,从而掌握准确的声调。

四是发声用气的练习。许多刚入园的幼儿还不能很好地掌握说话用气的方法。因此,说话时常有气喘吁吁的感觉,尤其是在说长句子时,还有上气不接下气的现象。听说游戏的发音练习可培养学前儿童正确的用气方法,以使发声更自然、更趋向于正常。

(2)扩展、练习词汇。大量积累词汇、丰富口语表达的内容,是学前儿童语言学习的一个重要方面。应该说,学前儿童的词汇量是在日常生活经验积累的过程中逐步增加的,没有一个研究能确切地证明一个学前儿童一天能习得多少个词汇。用听说游戏的方式帮助学前儿童学习词汇,是专门提供给学前儿童学习词汇的机会。这类集中学习词汇的听说游戏,着重引导学前儿童积累以下两个方面的词汇学习经验。

一是同类词组词的经验。学前儿童听说游戏往往让学前儿童做同一类词汇的扩词练习,实际上也是向学前儿童提供某一类词的使用范例,鼓励他们在听说游戏中按照一定的规则组织扩展词汇。例如听说游戏《怎样说》要求学前儿童用一定的副词描述说话的音量和语速,学前儿童可以说"轻轻地说""小声地说""大声地说""慢慢地说"。在学习过程中,学前儿童可依据规则创造性地运用词汇进行描述练习。

二是不同类词搭配的经验。词汇的搭配通常与语言习惯和经验有关,有一定的规则。例如量词有明显的搭配规则,到大班阶段,儿童开始对量词产生一定的敏感性,在这个时期给他们提供参与听说游戏的机会,可以很好地帮助他们掌握一般量词的使用方法。此外还有对介词、方位词的学习等,都可以通过听说游戏活动收到良好的教育效果。

(3)尝试运用句型。学前儿童在语言学习的过程中积累大量句型,这是他们句法习得和发展的重要阶段。学前阶段的儿童要学习、理解、掌握并且熟练运用多种句型,都需要练习。听说游戏可以给学前儿童提供专门的、集中的句型学习机会,帮助他们迅速地掌握某种句型的特点和规律,并在尝试运用的过程中提高使用的水平。

2.在听说游戏活动中提高学前儿童积极倾听的水平

听说游戏活动为学前儿童提供了一种不同于其他语言学习的场合,学前儿童在参与学习时具有更多的主动性和自主性,因而有利于提高他们的积极倾听水平。教师在设定听说游戏的目标时,应对学前儿童提出以下要求。

(1)听懂教师的讲解,理解游戏的规则。教师在开展听说游戏活动前,要向学前儿童提出一定的要求,然后布置、解释活动的任务,并讲解、示范游戏的规则。这一过程对学前儿童的倾听提出了具体要求。学前儿童能否听懂教师布置的任务、理解游戏的规则,会直接影响其参与游戏的状态。这种倾听能力的培养,有利于提高学前儿童的倾听水平,对学前儿童入学后的学习也极为有益。

(2)听懂游戏的指令,把握游戏进程。在游戏过程中,学前儿童需要把握游戏中传出的指令信息并做出相应的反应。例如在听说游戏《金锁银锁》中,说完儿歌就有一个指令,要求问"这是什么锁",开锁人听后立刻回答。所有的指令信息一环扣一环,学前儿童在游戏中必须敏锐地感知,否则将无法进行游戏。这就要求学前儿童自觉地、主动地去倾听、捕捉指令信息。

(3)准确把握和传递有细微区别的信息,提高倾听的精准程度。有的听说游戏专门设置倾听的圈套,要求学前儿童辨别某几个相似的音,并做出相应的反应,例如前文提到过 zh、ch、sh 和 z、c、s 的辨音游戏;有的听说游戏要求准确传递信息,错了会闹出笑话,如传话游戏《我对你这样说》。准确把握和传递信息可以很好地提高学前儿童倾听的精准程度,有利于培养他们的倾听能力。

3.培养学前儿童在语言交往中的机智性和灵活性

听说游戏活动对学前儿童运用语言与人交往有一种特别的挑战,能够有效地锻炼学前儿童机智、灵活地运用语言的能力。教师在设计和组织活动时应做如下考虑。

(1)培养学前儿童迅速领悟游戏语言规则的能力。因为听说游戏将学前儿童语言学习的重点内容转换为游戏规则并贯穿活动始终,所以学前儿童掌握游戏规则的过程从某种意义上说也是掌握语言规则的过程。在听说游戏中,学前儿童需要迅速领悟游戏规则,否则便无法参与游戏。这可以培养学前儿童逐步掌握迅速领悟游戏语言规则的能力。

(2)训练学前儿童迅速调动个人已有语言经验进行编码的能力。听说游戏活动有一个进程,学前儿童在参与时需要根据一定的规则迅速调动个人已有语言经验进行编码。这种场合不允许学前儿童细细思考,否则游戏便会受到影响,因此,这种活动可以使学前儿童迅速调动个人已有语言经验进行编码的能力得到提高。

(3)提高学前儿童迅速以符合规则的方式进行表达的能力。在领悟编码的同时,学前儿童也获得了快速反馈信息的机会。听说游戏的规则要求学前儿童按照一定的规范方式说话,并且没有太多的时间让学前儿童仔细思考,这能很好地培养他们快速应答语言的能力。

(二)幼儿园听说游戏活动各年龄班目标

1.小班

(1)乐于参加游戏活动,能在游戏中大胆地说话。
(2)能发准某些难发的音,初步掌握方位词及人称代词,学习正确运用动词。
(3)在游戏中尝试按照规则运用简单句说话。
(4)养成在集体活动中倾听别人讲话的习惯,能听懂并理解较简单的语言游戏规则。

2.中班

(1)在游戏中巩固练习发音,能正确运用代词、方位词、副词、动词、连词和介词。

(2)能说简单而完整的合成句。
(3)能听懂并理解多重游戏规则。
(4)学习迅速地理解并执行游戏中的语言规则。

3.大班
(1)在游戏中学习运用反义词、量词和连词,并能说完整的合成句。
(2)养成积极倾听的习惯,迅速地掌握和理解游戏中较复杂的多重指令。
(3)不断提高倾听的精确程度,准确掌握和传递有细微差别的信息。
(4)在游戏中按照规则迅速调动个人已有的语言经验,并迅速进行语言表达。

二、选择与创编听说游戏活动的要求

听说游戏的教学内容比较丰富,形式比较灵活,既可以教学前儿童学习新词,也可以引导他们练习正确运用已学过的词;既可以让学前儿童练习听力和正确发音,也可以让他们练习描述、叙述和表演能力等。教师在给学前儿童选编听说游戏时,有以下共同要求。[①]

（一）明确内容适合通过游戏形式练习、巩固

语音、词汇、句型都可以通过游戏形式练习和巩固。例如小班儿童对翘舌音的学习比较困难,通过参与买东西之类的游戏,可以练习、巩固和掌握平舌音 z、c、s 和翘舌音 zh、ch、sh、r 的方法。

（二）确定不同年龄班游戏的重点内容,难易要适度

托班幼儿尚未对平舌音和翘舌音之间的区别产生敏感性,而大班儿童已经基本掌握翘舌音发音规则,所以巩固练习翘舌音的游戏不适合在这两个年龄班开展;而对于处于发音敏感期的小班儿童,这个游戏虽然有点难度,但经过一定的练习可以玩好,因此这个游戏在小班开展最为合适。

（三）注意每个游戏都有具体的侧重点

听说游戏根据不同的划分标准,可以分为"听"的游戏、"说"的游戏或语音游戏、词汇游戏、句子和语法游戏、描述性游戏等。每种类型的游戏都有侧重点,因此在选编听说游戏时应把握每个游戏的侧重点。

---

① 祝士媛:《学前儿童语言教育(第 2 版)》,第 88 页,北京:北京师范大学出版社,2011年。

第十一章 学前儿童听说游戏活动

（四）规则简单明确，易于学前儿童理解、记忆和执行

听说游戏的中心内容是引导学前儿童练习某方面的发音，规则是实现练习目的的保证。因此，教师在交代游戏规则时，要用简洁明确的语言和适宜的语速进行，讲清楚游戏的规则要点和游戏开展的顺序，以便学前儿童理解、记忆并执行。

（五）游戏的活动性强，保证每个学前儿童都有机会参加到活动中

游戏是一种轻松愉快的活动，是以参加游戏活动的过程和取得的游戏结果为目的的，是符合学前儿童好动的特点的，所以是学前儿童最喜欢的活动。教师选择和创编听说游戏活动时要注意把学习语言的内容融进游戏活动之中，这样，学前儿童就会对游戏活动过程充满兴趣，可以没有压力地在玩的过程中完成学习任务。

（六）游戏具有适当的竞赛性

听说游戏活动的游戏规则制定从性质上分为竞赛性质的游戏规则和非竞赛性质的游戏规则两种类型。教师在选择与创编听说游戏时应考虑到学前儿童的取胜心理，适当制定带有竞赛性质的游戏规则，使游戏产生激励效应，促使学前儿童更加积极主动地参与游戏活动。

第三节 学前儿童听说游戏活动的设计与实施

学前儿童听说游戏的设计和实施有其独特的规律。从听说游戏具有游戏和活动的双重性质出发，按照一定的思路去设计与实施活动，可能会取得更好的教育效果。

一、创设游戏情境，引发学前儿童兴趣

在听说游戏刚刚开始时，教师需要运用一些手段去设置游戏情境，目的是向学前儿童展示听说游戏的趣味，引发他们参与游戏的兴趣。

1. 用物品创设游戏情境

教师可以利用相关物品创设游戏的情境，营造游戏的氛围，引发学前儿童参与游戏的兴趣。如，在中班听说游戏活动《猜莲子》开始时，教师利用莲蓬、莲子创设游戏情境激发学前儿童参与的兴趣，使他们产生好奇心，乐意进一步探讨游戏的玩法。

2.用动作创设游戏情境

根据动作表演,让学前儿童想象游戏的角色或游戏的场所,也可以创设良好的游戏情境。例如在小班听说游戏《捉蜻蜓》开始的时候,教师通过边念游戏儿歌边抖动飞舞的蜻蜓教具或边做蜻蜓飞翔的动作,引起学前儿童的兴趣。

3.用语言创设游戏情境

运用生动有趣的语言感染学前儿童,营造游戏的气氛,引导他们进入游戏情境,这是教师最常用的创设游戏情境的方法。例如在小班听说游戏《摘果子》开始时,教师对小朋友说:"水果丰收啦,许多小动物要去摘果子。大家多快乐啊!请小朋友们把头饰戴起来,扮演小动物去果园里摘果子吧!"

二、交代游戏规则,明确游戏玩法

在创设游戏情境之后,教师接着就要向学前儿童交代游戏的规则,这一步骤的目的在于通过教师布置任务、讲解要求,使学前儿童明确游戏的玩法。教师可以用语言解释和动作示范相结合的方式,告诉学前儿童游戏的基本规则、步骤和要求。以中班听说游戏《猜莲子》为例,教师在用动作创设游戏情境之后,又用口头讲述的方法,向学前儿童交代如下游戏规则:

规则1:游戏的时候要一边念儿歌一边游戏。

规则2:扮演泥的幼儿必须将眼睛闭起来,不能偷看,等儿歌念完后才能睁开。

规则3:种莲子的人会在儿歌结束前将莲子放在一个小朋友的手里,并且用简短的语言来描述这个小朋友的外貌特征,请大家来猜。

规则4:被猜出的小朋友必须重复说出自己的外貌特征。

教师在交代游戏规则时,应注意以下几点要求:

第一,语言要简洁明了。教师在交代游戏规则时,切忌啰唆、重复,以免学前儿童无法把握要领,不能及时理解、领悟游戏规则,影响游戏的进程。

第二,讲清楚游戏的规则要点和开展顺序。听说游戏的规则要点一般都是要求学前儿童在游戏中规范地说话,教师应当让学前儿童明白说什么和怎样说,以便他们的游戏顺利进行。同时,教师还要帮助学前儿童掌握游戏开展的顺序,知道先做什么,后做什么等。这样他们才能够顺利地开展活动。

第三,要用较慢的语速进行讲解和示范。教师在交代游戏规则时应减慢语速,因为这种语言带有示范的性质,可以帮助学前儿童理解,一定要保证让学前儿童听清楚。实际上,教师减慢速度说话的行为本身,就可以让学前儿童感觉到这部分信息的重要性,能够有效地帮助学前儿童理解并掌握游戏规则。

三、教师指导学前儿童游戏

教师指导学前儿童开展游戏的目的是帮助学前儿童在活动过程中熟悉游戏规则，明确和掌握游戏的玩法，掌握在游戏中运用语言进行交往的基本思路，从而为独立开展听说游戏做好准备。教师在游戏中充当重要的角色，要把握游戏的进程。学前儿童参与活动的方式有两种，一种是部分参与游戏，即一部分学前儿童参与游戏活动，另一部分学前儿童认真观察；另一种是全体学前儿童先参加游戏的一部分活动，待他们熟悉、掌握游戏的规则和玩法后再参与全部游戏。

还是以中班听说游戏《猜莲子》为例。教师在交代完游戏规则后，指导学前儿童玩游戏。首先，教师指导学前儿童围坐成半圆形，闭上眼睛，手背在身后且手掌向上，这样就可以接住老师递过来的莲子。教师先扮演种莲人，学前儿童扮演池塘里的泥。然后，在玩第二遍游戏时，教师与某个学前儿童互换角色。这样，教师通过承担一定角色，成为游戏活动重要成员的形式，帮助学前儿童学习、掌握游戏中的对话及描述部分，为学前儿童独立开展游戏活动做准备。在游戏过程中，教师要有意识地鼓励学前儿童学习用多种不同的、简单的词语进行描述。

四、学前儿童自主游戏

在此阶段，教师应该从游戏中退出，放手让学前儿童自己开展活动。教师在旁观游戏时，应注意对个别不熟悉游戏规则的学前儿童进行及时的指导和点拨，帮助他们进入游戏。同时，教师也要注意学前儿童在游戏过程中可能出现的矛盾与纠纷，及时予以解决，以免影响游戏的顺利进行。此外，教师在场对学前儿童具有一定的激励作用，可以使他们意识到自己所参与的活动的价值，而当教师用点头、微笑或拍手的方式鼓励他们时，会更加激发他们活动的积极性。

学前儿童自主游戏可以根据每一个听说游戏的具体要求来采用适当的活动形式。有的以集体活动的形式进行游戏，全班学前儿童均可参与其中；有的以小组形式开展游戏，教师可让学前儿童自己组合，选择适当场地进行活动；也有的以一对一结伴的方式进行游戏。

例如在听说游戏《盖楼房》进入学前儿童自主游戏阶段后，教师可以组织分组游戏。先将学前儿童分成两组进行游戏，让他们熟悉游戏的玩法。然后可以请两名学前儿童结对表演，教师给予简单的评价。最后将学前儿童分成若干小组，进行多种形式的游戏。

哪种方式能够促使学前儿童更主动积极地活动、哪种形式有利于学前儿童进行口语练习，教师就应在设计活动时予以充分考虑，进行详细策划。

【案例1】 中班听说游戏活动《猜莲子》

一、活动目标

1.学习使用比较连贯的语句来描述同伴的发型、衣着等外部特征。

2.注意倾听同伴的发言,并能根据言语描述迅速做出正确的判断。

3.遵守游戏规则,体验语言游戏的愉悦。

二、活动准备

莲蓬一只。

三、活动过程

1.设置游戏情景,引发幼儿兴趣。

(1)让幼儿围坐成半圆形,教师出示莲蓬,剥出莲子,提问:这是什么?莲子长在特别的地方,跟着我一起去种莲子吧!

(设计意图:以实物激发幼儿参与活动的兴趣,引导幼儿关注莲子与游戏内容的关系。)

(2)教师边念儿歌边有节奏地做种莲子的动作(一只手掌心向上摊开,另一只手握拳拍在摊开掌心上):种莲子,种莲子,不知莲子种哪家。东一家,西一家,到了明年就开花。

(设计意图:此环节用肢体动作再现游戏情境,幼儿自然地融入游戏并跟念儿歌,为游戏的顺利进行埋下伏笔。)

2.交代游戏规则及玩法。

游戏规则有以下几点:

(1)游戏的时候要一边念儿歌一边游戏。

(2)扮演泥的幼儿必须将眼睛闭起来,不能偷看,等儿歌念完后才能睁开。

(3)种莲子的人会在儿歌结束前将莲子放在一个小朋友的手里,并且用简短的语言来描述这个小朋友的外貌特征,请大家来猜。

(4)被猜出的小朋友必须重复说出自己的外貌特征。

(设计意图:由于游戏规则中包含了活动目标,因此,教师需要用言简意赅的语言向幼儿解释规则,教师解释的同时可以示范举例,以加深幼儿对规则的印象。)

3.师幼集体游戏。

幼儿围坐成半圆形,眼睛闭上,手背在后面,手掌向上,这样就可以接住教师递过来的莲子。大家开始念游戏儿歌《种莲子》:种莲子,种莲子,不知莲子种哪家。东一家,西一家,到了明年就开花。

教师边说儿歌边从每个幼儿身后走过,然后悄悄把莲子放在一个幼儿手中。

最后走到中央,描述这个幼儿的特征,如"我把莲子种在一个短头发的女孩手里,她穿着黄衣服、蓝裤子和黑皮鞋"。请幼儿都来猜,如果有人猜对了,有莲子的幼儿就要到前面来说"我就是穿黄衣服、蓝裤子和黑皮鞋的短头发小女孩",然后游戏继续。

教师继续种莲子,鼓励幼儿有节奏地念儿歌,提醒幼儿拿到莲子以后要注意保密,不要暴露。

(设计意图:这一步要为幼儿自主游戏做好铺垫,所以非常重要。为了保证幼儿下一步能够按规则玩游戏,在幼儿感知、理解游戏规则的基础上,教师可根据幼儿掌握程度有个大致的评估,做到心中有数,便于在游戏中能够有效互动。)

4.幼儿自主游戏。

在幼儿对游戏内容和规则非常熟悉后,就可以请第一个猜对的幼儿来种莲子,大家一起念儿歌。教师在一旁提醒种莲子的幼儿要清楚、响亮地描述人物的外貌。若没有人猜出来,可请这个幼儿重新描述一遍,以使游戏能顺利进行。

(设计意图:逐步开放,给予幼儿更多自主游戏的空间,在游戏情境中,越来越深入地感受语言游戏的快乐。)

5.快乐分享。

幼儿一起分享、品尝莲子。

(设计意图:围绕着种莲子、猜莲子到品尝莲子,孩子们始终投入在游戏中,活动目标也在不知不觉中实现了。)

(本案例由安徽省淮南市直机关幼儿园李彩老师提供。)

【案例2】 大班听说游戏活动《盖楼房》

一、活动目标

1.学习运用"越……越……"句型创编句子并大胆表达。

2.认真倾听同伴的发言,不重复别人的语句。

3.积极愉悦地参与集体语言游戏。

二、活动准备

物质准备:鼓一面,教学课件。

三、活动过程

1.设置游戏情境,引发幼儿兴趣。

(1)教师把鼓藏在盒子内敲打,提问:听,这是什么声音?这个声音有变化吗?什么变化?(鼓声由轻到重,速度由快到慢。)

(2)点击播放课件音效,音效里的风声由大变小,猫叫声由响到轻,狗叫声由轻到响。提问:我们可以用一个什么词来说说这些声音的变化呢?启发幼儿用

"越……越……"句型来表达事物变化的过程,如:风越刮越小,猫越走越远,狗越叫越响等。

(设计意图:此环节的设计主要有两个目的,一是通过倾听培养专注和倾听能力,二是让幼儿结合自己的生活经验描述各种声音的变化及可能发生的事。)

2.交代游戏规则,明确游戏玩法。

播放课件——楼房墙基图和可移动的楼层图引起幼儿了解游戏规则的兴趣。过渡语:"今天我们来玩盖楼房的游戏,不用砖、水泥那些建筑材料,而是用嘴巴说话盖楼房,我们来用"越……越……"句型说话,说正确的小朋友就可以给你所在的小组盖上一层楼,看哪一组的小朋友盖的楼房高。"这是游戏规则一,规则二是注意倾听别人的说话,不能重复同伴讲过的内容,规则三是不用"越……越……"句型说话的幼儿、说得不恰当或重复同伴语句的幼儿,都不能给他盖楼房。

(设计意图:交代游戏规则是语言游戏活动的重点,通过层层递进的规则要求,让幼儿理解盖楼房不仅要会说,还要用固定的句式来说,帮助幼儿更好地游戏。)

3.师幼集体游戏。

集体游戏,鼓励幼儿运用"越……越……"句型编说完整的句子,进行"盖楼房"游戏活动。如孩子们会说"太阳越升越高""气越打越足""花越开越美丽""人越长越高"等,

(设计意图:此环节不但能充分调动幼儿表达的积极性,同时也能启发他们回忆和迁移自己的生活经验,对自己原有的认知经验进行有效筛选,再合理地表达。)

4.幼儿自主游戏。

分组进行"盖楼房"竞赛游戏,先将幼儿分成两组,然后分别请两组幼儿用"越……越……"句型创编语句,在某一组的某一幼儿讲得正确又不重复别人语句的情况下,给这一组添上一层楼。最后,比一比哪一组的楼房盖得最高,给最高的楼房插上一面红旗,表示这组小朋友齐心协力赢得了胜利。

(设计意图:幼儿在比赛的情境中,既认真又投入,进一步体验语言游戏过程中的愉悦情感。)

(本案例由安徽省淮南市直机关幼儿园李彩老师提供。)

▶阅读推荐◀

1.周兢.幼儿园语言教育活动指导[M].北京:人民教育出版社,2008.

2.周兢,余有珍.幼儿园语言教育[M].北京:人民教育出版社,2004.

3.姜莉,梁艳,杨闪闪.民间幼儿语言游戏的教育功能分析及入园策略探讨[J].基础教育研究,2018(26):74—77.

4.黄有芳.听说游戏中提高幼儿语言表达能力的实践探索.幼儿教育研究,2018(1):21—22.

▶思考与探索◀

1.什么是听说游戏活动？它对学前儿童的语言发展有什么意义？

2.听说游戏活动的特征有哪些？包括哪些类型？

3.学前儿童听说游戏活动总目标和各年龄班目标分别是什么？

4.根据听说游戏活动选择与创编的要求,创编一个听说游戏活动。

5.设计一个听说游戏活动方案并进行模拟教学。

第十二章
学前儿童早期阅读活动

【内容提要】 本章主要厘定学前儿童早期阅读活动的含义;讲解学前儿童早期阅读活动的作用、基本特征、主要类型及其特点;阐述了学前早期阅读活动的语言教育目标、内容以及学前儿童早期阅读活动的设计与实施。

【学习目标】 能正确理解学前儿童早期阅读活动的含义,了解学前儿童早期阅读活动的作用、基本特征、主要类型;能够依据对幼儿园教育的总目标、幼儿早期阅读的终期目标、各年龄阶段目标,以及对本班儿童早期阅读发展水平及存在问题的了解,来设置早期阅读活动的具体目标;能够联系实际,科学地设计和组织具体的学前儿童早期阅读活动。

阅读是人类文明活动必不可少的组成部分,在进入学习社会的今天更是如此,阅读已成为人们获取知识、经验、思想的重要途径。尤其是对于学前儿童而言,早期阅读习惯的养成和阅读能力的培养,对于他们的终身学习、发展具有特别重要的意义。

第一节 学前儿童早期阅读活动概述

一、学前儿童早期阅读活动的含义

关于学前儿童早期阅读活动的概念,目前尚无定论。但是如果在大教育观的指导下全面认识与实践学前早期阅读活动,我们可以把学前儿童的早期阅读界定为:根据学前儿童的年龄特点和经验范畴,有计划、有目地培养学前儿童学习书面语言的教育活动。它不是传统意义上的单纯的看书、识字活动,而是为学前儿童从口头语言向书面语言过渡进行的前阅读和前书写准备,是一种促进学前儿童全面、和谐发展的活动。

二、学前儿童早期阅读活动的作用

(一)扩大学前儿童的经验范围

学前儿童的年龄特征决定其生活经历较少、经验范围较小。早期阅读活动,不仅可以丰富学前儿童的交流方式,即由面对面的口语交流扩大到利用图画、文字等媒介进行交流,还可以扩大学前儿童的经验范围,使他们的经验不再局限于日常生活。比如,在大班阅读活动《小壁虎借尾巴》中,学前儿童了解了小鱼、老牛、燕子等动物尾巴的作用,知道了小壁虎的尾巴有再生的特点,从而扩大了学前儿童的经验范围。

(二)激发学前儿童的阅读兴趣

兴趣是学习的动力,学前儿童如果对某种事物感兴趣,就会积极参与。在早期阅读活动中,通过提供色彩鲜艳的图画、生动有趣的故事情节,可以使学前儿童的阅读兴趣得到激发,并产生愉快的情感体验,从而提高学前儿童阅读的积极性。幼儿园的早期阅读活动,向学前儿童提供了集体阅读的环境,教师与儿童、儿童与儿童之间的相互作用,不但可以使学前儿童获得共同阅读的乐趣,还能使他们获得最佳的阅读效果。

(三)初步培养学前儿童阅读的自信心

在幼儿园,学前儿童经常在游戏中开始他们的早期阅读活动,在宽松的游戏活动环境中,他们可以看自己想看的书,认识自己想认识的字,写自己想写、会写的字,演自己想演的故事。这些活动不仅可以培养学前儿童阅读的自信心,还有助于学前儿童进行与阅读有关的读、写的尝试,激发他们读、写的欲望,使他们有信心开始正式的阅读学习活动。

(四)开发学前儿童的想象力

学前儿童读物具有形象的画面、浅显易懂的内容、生动的情节,这些为开发学前儿童的想象力提供了条件。学前儿童会在阅读故事的同时展开丰富的联想,把自己想象成图书中的某一个角色。在阅读活动中,教师可以利用符合学前儿童年龄特点、满足学前儿童兴趣需要的阅读材料,为学前儿童的想象提供素材,开发他们的想象力,从而避免现实的局限。一项对3～6岁儿童的研究发现,"随着年龄和阅读经验的积累,幼儿想象的有意性逐渐发展,想象的内容逐渐丰富、完整,并且再造想象的创造性成分也逐渐增加"。①

总之,早期阅读有利于学前儿童借助符号,如文字、图画等来表达他们的经历、情感和想法,它是学前儿童增长知识、开阔眼界和陶冶情操的重要途径,为学前儿童书面语言的阅读奠定了扎实的基础,对促进学前儿童语言发展具有重要价值。

三、学前儿童早期阅读活动的基本特征

(一)丰富的阅读环境

早期阅读活动的关键在于为学前儿童提供丰富的阅读经验。因此,给学前儿童创设含有阅读信息的教育环境成为教师的一项重要工作。早期阅读环境的创设主要包括以下两个基本方面的内容。

1.物质环境

早期阅读活动的物质环境包括为学前儿童提供充足的阅读时间和充分的阅读空间、阅读材料。

(1)充足的阅读时间。早期阅读活动不能仅仅局限为专门、正式的阅读活动,还包括大量的日常阅读活动。因此,教师在有计划地安排专门的阅读活动后,还应该在日常活动中保证学前儿童有较多的阅读时间。教师可以利用学前儿童日常生活的各个过渡环节让他们进行阅读。如早晨来园时,来得比较早的学前儿童可以选择自己喜欢的图书来阅读。也可以充分利用教育活动的间隙,如动作比较迅速的学前儿童可能很快就完成了盥洗、饮水等任务,教师可引导这部分学前儿童到阅读区阅读图书。

(2)充分的阅读空间、阅读材料。物质环境还包括充分的阅读空间,即教师为儿童提供充分的阅读场所。如设立阅读区,根据学前儿童的年龄特点提供各种读物,学前儿童可以根据自己的阅读能力和兴趣选择图书。

除此之外,教师还可以在主题墙上设立"识字角",把生活中、学习中经常遇到的汉字贴在"识字角"中,供学前儿童在自由活动时间随意辨认、探索,让学前儿童潜移默化地感受书面语言、接受有关书面语言的知识,以激发他们感知汉字

---

① 康长运:《想象力与幼儿图画故事书的阅读》,载《学前教育研究》,2002(3)。

的积极性和主动探索汉字的欲望。同时，还可以在布置活动室时适当配上文字，诸如"积木角""娃娃家"等文字标签，在电灯开关上贴上"开关"等，以帮助学前儿童集中获得这些文字的信息，从而为他们提供含有丰富阅读刺激和信息的教育环境，使他们在不知不觉中获得语言文字方面的知识。

2. 精神环境

早期阅读活动的精神环境主要是指阅读氛围。教师要为学前儿童营造宽松、自由的阅读氛围，使他们能轻松、愉快地投入到阅读活动中。精神环境主要是教师态度、师幼关系、同伴关系所构成的人际环境，良好的精神环境能激发学前儿童阅读的兴趣和愿望，也是学前儿童乐于阅读的良好心理基础。良好的精神环境可从以下几个方面创建：一是营造温馨的阅读氛围，教师和学前儿童围坐在一起阅读。这样做不仅可以拉近教师和学前儿童之间的距离，而且能让学前儿童看到教师的表情、动作，清楚地听到教师的声音，使他们更容易将兴趣和注意力投入到阅读中。二是教师要用积极的态度关注学前儿童的阅读行为，及时表扬和鼓励学前儿童较好的阅读行为，刺激学前儿童主动与教师进行交流的意愿，使他们建立初步的阅读自信心。教师还要创设条件增加学前儿童之间的互动，组织他们进行交流。此外，教师要为学前儿童树立良好的阅读榜样，做到喜欢读书、经常向学前儿童讲述图书中的动人故事，吸引他们主动读书、从书中获得信息。学前儿童会在浓厚的阅读氛围中养成良好的阅读习惯、提升阅读能力。

（二）与讲述活动紧密相连

在早期阅读活动中，学前儿童不仅要理解图书的主要内容，还要以口头语言的形式将图书的主要内容表达出来，这是阅读活动的一个主要目标。因此，阅读活动与讲述活动是紧密结合在一起的。从时间上看，学前儿童可以一边看书一边说，也可以在看完之后把图书的主要内容讲述出来。从阅读讲述的组织方式来看，学前儿童可以在阅读后独自讲述图书的主要内容，也可以在小组中互相交流阅读的内容。但早期阅读活动不是看图讲述活动，教师应将早期阅读活动的目标与看图讲述活动的目标区分开。看图讲述活动主要是发展学前儿童的独白语言，要求学前儿童运用规范的语言将阅读的内容完整地表述出来。而早期阅读活动重点在于让学前儿童理解图书，理解各画面之间及其与整个故事之间的关系，是先理解后讲述。

（三）具有整合性

幼儿园早期阅读活动不是一种单纯的学习书面语言的活动，而是一种整合性教育。教师要提供整合的阅读活动，将书面语言学习与其他方面的学习有机地结合起来。教师可以考虑进行以下三种形式的整合。

一是阅读活动和其他学习领域内容的整合。可以将阅读与语言教育活动的其他形式以及其他领域教育活动紧密结合起来。例如，把阅读活动与美术活动结合起来，在学前儿童阅读完一本图书后，让他们画出图书中出现的事物，或模仿图书的结构制作图书，从而提高学前儿童参与阅读活动的兴趣和积极性。

二是书面语言与口头语言的整合。阅读活动有利于学前儿童口头表达能力的发展，与此同时，他们在阅读中也会认识一些文字，获得有关书面语言的初步知识。因此，在早期阅读活动中，可以适当地进行一些书面语言的学习。但教师要记住培养学前儿童良好的阅读习惯、正确的阅读方法和必要的阅读技能才是活动的主要目的，而认识文字及文字结构是次要的。

三是静态学习与动态学习方式的整合。阅读活动可以采用安静的阅读方式，也可以在理解阅读内容的基础上，结合游戏、表演等动态方式进行，加深对阅读材料的掌握、提高他们的阅读兴趣。

（四）具有鲜明的文化和语言背景

在早期阅读活动中，文化和语言信息互相作用可以产生相得益彰的教育效果。在进行早期阅读活动时，应当充分考虑学前儿童母语的特性和文化的特色，帮助他们学习、认识母语的文化和语言背景。例如有关汉字的起源、汉字独特的书写工具——毛笔的尝试运用等，都能有效地帮助学前儿童感受母语的文化气息。同时也可以通过祖国文化信息的渗透来加深学前儿童对书面语言的认识。

四、学前儿童早期阅读活动的主要类型

（一）有计划的早期阅读活动

有计划的阅读活动是指教师根据活动目标，有计划、有目的地组织的阅读活动，旨在帮助学前儿童养成良好的阅读习惯和阅读态度，提高阅读的基本技能。有计划的阅读活动一般以分组的形式来进行，其中一个小组的学前儿童与教师共同阅读，并把阅读的内容讲述出来；另一个小组的学前儿童则根据前一组讲述的内容，采用其他形式再现书中人物形象，如画出书中的人物形象、表演故事等。

（二）阅读区活动

早期阅读除了可以在有计划的阅读活动中进行，还可以延伸到日常活动中，其中最主要的活动是阅读区活动。

1.阅读区的功能

(1)提高学前儿童的阅读水平。学前儿童在阅读区时,可以根据自己的兴趣选择图书,多读书、多思考,积累阅读经验,从而提高阅读水平。教师要为学前儿童建立阅读情况记录表,对每个学前儿童到阅读区活动的次数、阅读图书的种类、阅读能力、阅读习惯及讲述水平等方面做详细的观察记录,并以此为依据,及时调整教师的阅读活动目标和进行个别指导。例如,如果教师发现近期几乎没有学前儿童选择科技类图书,那么就要反思出现这种现象的原因,是投放时间过长、摆放位置过高,还是图书内容不能吸引学前儿童,并采取相应的措施。这样,教师就能较好地掌握阅读区的情况,可以及时提醒、鼓励那些很少光顾阅读区的学前儿童积极参加阅读区的活动,从而有效地提高他们的阅读水平。

(2)为有计划的阅读活动做准备。在有计划的阅读活动开展之前,向阅读区投放图书时要注意以下几个方面:一是图书内容应符合学前儿童的生活经验和发展水平,应在他们的"最近发展区"内,避免过难或过于简单,使学前儿童望而生畏或失去兴趣。二是遵循循序渐进的原则为不同年龄的学前儿童选取阅读材料。不同年龄阶段的学前儿童对阅读材料的兴趣点是不同的。三是图书应以图画为主或图文并茂,从学前儿童年龄特点和认知水平出发,提供的阅读材料一定要有具体的意义,要有色彩鲜艳的图画和生动活泼的画面,要突出主要感知对象,减少无关刺激物对学前儿童产生的干扰。同时,图书中的文字要具有实在意义并有一定的规律可循,要能帮助学前儿童形成有关书面语言的初步知识,并逐渐认识到书面语言具有表意的性质。四是图书的内容要有启发性、向上性。要选择那些宣扬真善美的内容,避免出现宣扬暴力、邪恶等思想内容,因为这个阶段的学前儿童模仿性强,缺少辨别能力。五是在有计划的阅读活动进行前一周投放与本次活动相关的图书材料,使学前儿童可以提前阅读,初步了解书中的人物、情节,提高阅读活动的质量。

(3)培养学前儿童对图书的兴趣。阅读区活动可以采用灵活多样的方式,培养学前儿童对图书的兴趣。比如,在学前儿童了解图书的基本结构后,教师可以让他们自制图书:发动学前儿童收集废旧图书、图片,并让他们从旧图画书上选择自己喜欢的人物、动物等,将它们剪贴在一张张白纸上,然后再把自己绘制的封面和封底粘贴上去,就做成一本完整的图书。此外,阅读区的活动还可以用绘画、折纸等形式来开展。例如,学前儿童制作图书"夏天",第一次,他们画了夏天的景色;第二次,他们画了小朋友在夏天穿的衣服和参与的活动;第三次,他们又以折纸的形式表现了夏天的动物。每次活动后,学前儿童都要给画面配上解说词,由教师帮助他们写在上面。这样,把三次活动的内容汇总在一起,并装订成册,就变成了一本学前儿童自己亲手制作的图书。学前儿童自己动手制作图书,既增强了自豪感,也引发了对图书浓厚的兴趣,还培养了他们爱护图书的愿望和动手操作能力。

2.阅读区活动的指导策略

(1)教师和学前儿童一起确定阅读规则。规则的内容一般包括:一是阅读区人数要适量。采用"入区卡"制度,拿到入区卡的学前儿童才能进入阅读区,当入区卡全部为学前儿童所使用时,后面的学前儿童就不能再进入,需要自动转到其他活动区活动。二是按标记取图书,正确使用借书卡。三是在阅读区中要保持安静,不能大声喧哗,不能影响其他小朋友阅读图书。四是当两个学前儿童一起阅读一本书时,为了避免发生争执、培养学前儿童的合作能力,当遇到由谁翻阅或由谁先讲述问题时,可以由两个小朋友协商决定。五是要求学前儿童在阅读完图书后,把图书放回原处。六是要爱护图书,不撕页、不乱画,保持页面整洁。确定了阅读规则后,教师要向学前儿童说明遵守规则的重要性,并做好监督工作。

(2)引导学前儿童积极、主动、自觉地阅读图书,充分利用图书资源,提高图书的使用率。教师要运用多种方式引导学前儿童主动选择书架上的图书进行阅读。除提供学前儿童喜爱的读物、定期更换图书外,教师还可以采用设置悬念法来引导学前儿童主动、自觉阅读图书。如教师可以为学前儿童讲述某本书中的精彩故事,当讲到故事的高潮部分时,便停下来。若学前儿童想知道后面的情节,教师便可以告诉他们相关图书在阅读区中,他们可以自己去阅读。这种悬念法不仅能够调动他们阅读图书的兴趣,而且能够让他们认识到许多有趣的、有用的信息可以从图书中获得。

第二节 学前儿童早期阅读活动的目标与内容

一、学前儿童早期阅读活动的目标

(一)学前儿童早期阅读活动的总目标

1.培养良好的阅读习惯,提高对书面语言的兴趣

(1)热爱书籍,建立自觉阅读图书的良好习惯。从小培养学前儿童对图书的热爱,可以有效地培养他们阅读的兴趣和积极性。在早期阅读活动中,学前儿童有大量机会接触图书,在阅读图书过程中理解故事,被图文并茂、生动形象的故事吸引,从而产生愉快的感觉,并能与教师、同伴分享这种快乐。在大量阅读图书的过程中,通过教师的帮助,学前儿童会形成挚爱图书的情感态度,建立起良

好的阅读习惯,形成自觉阅读的习惯。

(2)乐意观察各种符号,对文字有好奇感。《纲要》指出,要"培养幼儿对生活中常见的简单标记和文字符号的兴趣"。尽管学前儿童尚未正式进入学习、掌握文字阶段,但仍然需要通过一系列活动培养他们对文字的兴趣。学前儿童对生活中含有一定意义的符号会表现出极大的好奇感,适当的引导可激发他们探索文字的兴趣,帮助他们形成乐于学习文字的态度,这将有利于他们成长为自觉学习掌握文字的人。

2.帮助学前儿童学习口头语言与书面语言的对应转换

学前阶段是儿童口头语言发展的关键期,而口头语言是书面语言发展的基础。对学前儿童来说,他们的早期阅读过程与他们已经获得的口语是分不开的,在学习书面语言时调动自己原有的口语经验,将书面语言信息与自己已有的口语经验对应起来,是儿童早期阅读活动目标的一个重要方面。

在早期阅读活动中,学前儿童可以得到这几个方面的认识:一是懂得书面语言与口头语言一样,都可以储存信息,但书面语言用文字的方式记录储存,具有可视的特点;二是懂得书面语言与口头语言都可以用来表达人们的思想,口头语言可以直接说出来,书面语言具有文字反映的特点;三是懂得书面语言和口头语言一样,都是人们交际的工具,但是交际的方式不同。如果没有书面语言,在空间和时间条件限制下,人们的交际将会出现障碍。学前儿童在初步获得以上认识的基础上,可以理解书面语言和口头语言的对应关系,并且认识到书面语言学习的重要性。

3.初步掌握书面语言的视觉感知辨别能力

书面语言的接受途径与口头语言不同,很大程度上是通过视觉来进行的。学前儿童早期阅读,应在以下两个方面做好准备。

(1)对汉字的敏感性。要成为一个好的阅读者,就必须对汉字有一定的敏感性。在学前阶段,儿童会在阅读过程中了解文字的作用,对文字符号产生兴趣和探究愿望,他们逐渐将汉字与其他符号区分开来。这些都是学前儿童感知辨别书面语言的基本能力。

(2)了解汉字构成的规律。汉字的构成有其独特的规律。在帮助学前儿童学习阅读时,很有必要引导他们从视觉上关注这些规律,联想具体的某个符号特征与语义之间的联系。在视觉接受文字符号信息的同时能够敏锐地抓取文字符号特征,并且能通过特征、规律去推导文字符号特征与文字意义之间的联系,这有助于学前儿童成长为一名好的阅读者。

4.获得成为流畅阅读者的阅读策略预备能力

学前儿童还不可能是流畅的阅读者。即使是认识不少字的学前儿童,包括那些能认识上千字的学前儿童,也不是流畅的阅读者,因为他们对阅读内容并不理解,也不可能真正地理解。要成为一个流畅的阅读者,需要各个方面的准备,其中最为重要的是整合阅读内容的阅读策略准备,包括反思、质疑、假设等阅读策略预备能力。反思预备能力是指学前儿童在阅读图书、听故事的过程中,对故事里发生的事情的思考。比如,事情开始时是怎样的? 后来有什么结果? 这种对阅读内容的反思过程,有助于学前儿童对阅读内容的理解、感受。质疑能力一般是指学前儿童在阅读完图书之后,养成喜欢问"为什么"的习惯,这有助于学前儿童在阅读过程中寻找事情发生的原因,从而比较深刻地理解阅读内容。假设能力是与想象联系在一起的。在阅读完图书之后,教师可以让学前儿童针对阅读内容做出假设。假设能力的培养会对学前儿童未来的阅读和写作产生较大的影响。

(二)幼儿园早期阅读活动各年龄班目标

1.小班

(1)喜欢阅读,知道阅读的基本方法,能初步看懂单幅儿童图画书的主要内容。

(2)能用口头语言讲述儿童图画书的主要内容。

(3)对文字感兴趣,能在成人的帮助下认读最简单的汉字。

(4)在活动中以描画图形的方式练习基本笔画。

2.中班

(1)能仔细观察画面中人物的细节,能看懂单页多幅儿童图画书的主要内容,增强预知故事情节发展和结局的能力。

(2)懂得爱护图书,初步了解图书的制作过程,有兴趣模仿制作图书。

(3)初步了解简单的汉字认读规律,并积极主动地认读汉字。

(4)喜欢描画图形,尝试用有趣的方式练习汉字的基本笔画。

3.大班

(1)能与同伴合作制作图画书,进一步了解图画书的构成。

(2)知道图书画面与文字的对应关系,开始有兴趣阅读图书中的简单文字。

(3)积极学认常见的汉字,并能在生活中学习和运用书面语言。

二、学前儿童早期阅读活动的内容

《纲要》提出要"利用图书、绘画和其他多种方式,引发幼儿对书籍、阅读和书写的兴趣,培养前阅读和前书写技能"。根据幼儿园早期阅读活动的目标,学前儿童早期阅读活动内容主要包括为学前儿童提供前图书阅读经验、前识字经验和前书写经验。

(一)为学前儿童提供前图书阅读的经验

图书是书面语言的载体。但学前儿童阅读的图书,是由文字和图画两种符号系统构成的,具有图文并茂的特点。前图书阅读经验不仅仅利用给学前儿童提供图书的方式来培养其阅读能力,还要帮助学前儿童学习积累若干具体的阅读行为经验。教师既可以利用学前儿童感兴趣的、丰富多彩的图书来帮助他们学习阅读,也可以挖掘合适的阅读材料,例如报纸、宣传单、说明书、菜单等,这些与生活紧密结合的材料同样能丰富学前儿童的前图书阅读经验。学前儿童要学会看图书,至少要学习以下几种具体的行为经验。

1.翻阅图书的经验

学前儿童能掌握一般的翻阅图书的方式,比如按照页码有次序地翻看,在一页纸上按照从左到右的顺序逐字地阅读,或者按画面排列的顺序阅读,等等。

2.读懂图书内容的经验

学前儿童会看图书画面,能从图书画面中得出关于人物表情、动作、背景及其关系的信息,并能将这些信息连起来理解故事情节。

3.理解图画画面与文字、画面与口语之间有一一对应关系

学前儿童会用口语讲出图书画面所包含的内容,或者在听教师念图书文字时,知道教师是在讲图书内容。

4.图书制作的经验

让学前儿童知道书中的故事是作家用文字写出来、用图画画出来,并印刷装订成图书的。学前儿童也可以自己尝试运用一定的方式来成为"小作家",把自己想说的事情画成一页一页的画,最后装订成一本"图书"。

(二)为学前儿童提供前识字的经验

集中、大量的识字是学龄阶段的学习任务,而不是学前儿童早期阅读活动的内容。但是在学前阶段,有计划、有目的、有组织的早期阅读活动可以帮助学前儿童获得前识字经验,提高他们对文字的敏感性及学习文字的兴趣。但要注意的是,前识字活动绝不应当要求学前儿童机械地认读和记忆那些文字。

为学前儿童提供的前识字经验主要有以下几个方面。

第一,知道文字所包含的具体意义,可以把它读出来,并且能把书面语言、口头语言与概念对应起来。如看到"花"字,知道它读"huā",并知道什么是花。

第二,理解文字功能、作用的经验。如学前儿童知道自己想对好朋友说的话,可以用文字写成信,然后寄到好朋友的家中,好朋友会明白他(她)写信的具

体意思和感受。

第三，初步了解文字来源的经验。学前儿童能初步了解文字的产生及演变过程。

第四，知道文字是一种符号，它代表一种或几种含义，并可以与符号系统中的其他符号互相转化。如认识各种交通指示标志，知道每种交通指示标志代表一定的意思，并且可以用语言表达出来。

第五，知道文字多样性的经验。要让学前儿童知道世界上有许多种语言，同样一句话，可以用不同的语言来表达，不同文字可以相互解释说明。

第六，了解识字规律的经验。要让学前儿童明白文字的构成是有一定规律的，掌握这些规律有助于更好地识字。如部首是三点水的汉字大多与水有关，如海、洋、湖、泊、河等。

（三）为学前儿童提供前书写的经验

尽管学前阶段不要求儿童像小学生那样集中学习写字，但是通过游戏化的前书写活动帮助学前儿童获得一些有关汉字书写的信息仍然是很必要的，如让学前儿童了解汉字的基本间架结构、学会用正确的姿势写字等。

1. 认识汉字的独特书写风格

知道哪些字是汉字，知道汉字书写与其他文字书写的区别。

2. 了解书写的初步规则

能尝试运用有趣的方式练习基本的书写笔画，学习按照规则来书写汉字。

3. 知道汉字的基本间架结构

懂得汉字可以分成上下结构、左右结构等。教师可以创设一定的情境使学前儿童获得相关的经验。比如在玩餐厅游戏时，教师帮助学前儿童设计用来订餐的订单（田字格），让他们尝试填写相关内容，积累前书写经验。

4. 知道书写汉字的工具

知道铅笔、钢笔、圆珠笔、毛笔等书写工具的使用方法。

5. 初步学会正确的书写姿势

包括正确的坐姿和握笔姿势等。

教师可以在阅读区投放一些本子和铅笔、钢笔、圆珠笔等写字工具，为学前儿童提供书写的机会，鼓励他们在阅读时尝试书写。

第三节 学前儿童早期阅读活动的设计与实施

早期阅读活动是促进学前儿童阅读能力发展的活动，有目的、有计划地培养

第十二章 学前儿童早期阅读活动

学前儿童良好的阅读习惯和态度,因此结合阅读活动的特点深入探讨它的活动步骤是非常必要的。

一、阅读前的准备活动

学前儿童理解图书内容不是单靠一次活动就能完成的。在阅读活动前的一两周,对于学前儿童不熟悉的阅读内容,教师应该让学前儿童先熟悉一下,为正式阅读活动的开展打好基础。

在这个阶段中,教师应该注意以下几点。

第一,阅读前的准备性活动只是为正式阅读做好准备,它并不能代替正式的阅读活动。因此,教师引导学前儿童熟悉阅读内容,只是让他们对阅读内容有一个大概的了解,否则学前儿童在正式阅读时就会对图书失去兴趣,影响正式阅读活动的质量。

第二,教师指导的重点是学前儿童的阅读方法是否正确、阅读习惯是否良好,而对学前儿童阅读讲述的内容是否准确一般不给予过多的评价,要让学前儿童充分地按照自己的理解将图书内容讲述出来。

第三,对学前儿童理解不正确的地方,教师可以给予提示,提示完后要给他们提供思考的机会,而不是将正确的答案告诉他们。教师要将学前儿童普遍无法理解的内容记录下来,作为正式活动时的重点、难点问题加以解决。

二、学前儿童自由阅读

这是正式阅读活动的第一个阶段。教师在简单地介绍完图书的名称后,就要提供机会让学前儿童自由阅读,使他们能回忆起看过的情节,加深对内容的理解。学前儿童可以小声地边翻阅图书边讲述,也可以在翻阅完后自由讲述,一般不与同伴发生语言交往。具体步骤如下:

在阅读活动开始时,教师应创设机会让学前儿童自己阅读,让他们自由地接触本次活动的学习内容,获得有关信息。在学前儿童自己阅读的过程中,教师要巧妙地起到引导和支持的作用。教师可以用问题引导学前儿童,向他们提一些启发性的问题,使他们能带着问题边思考边阅读,这对学前儿童理解图书内容中的重点和难点有一定的帮助。教师还可以向学前儿童提出观察的要求,然后教师操作、表演,让他们安静地阅读、观看。教师在巡回指导时,要注意观察每个学前儿童的表现,对那些阅读速度很快的学前儿童,要鼓励他们仔细阅读内容细节,以更好地掌握故事情节;而对那些阅读速度较慢的学前儿童,则要予以重点观察,了解他们是在哪些方面遇到了问题,从而为下一步的学习活动做好准备。

三、教师与学前儿童共同阅读

这是阅读活动的重要步骤。这个步骤又可以分为以下几个阶段：

首先，在学前儿童对图书的主要情节和内容具有一定熟悉度的前提下，教师与学前儿童一起阅读图书，可以用提问的方式理解图书内容。教师提出的问题数量不应太多，两三个即可，但问题应该涵盖多个画面，即学前儿童必须在理解一两幅画面的基础上才能回答出这个问题。这样可以有效地将阅读图书与看图讲述区分开，使活动的形式更加活泼、活动的进程更加流畅。

其次，围绕阅读重点开展活动。每一次的阅读活动都有一定的教学重点、难点。对这些问题教师要给予特别的关注，要做到心中有数，并能组织学前儿童围绕阅读重点、难点开展活动，从而帮助学前儿童更深层次地掌握学习内容。如果学前儿童没有理解某本书中的某个重点或难点画面，往往会影响学前儿童对主要内容的把握。因此，教师一定要在观察了解学前儿童实际困难的基础上，组织他们围绕阅读重点开展活动，着重帮助他们深入地掌握学习内容和正确的学习方式，使他们能将图书的细节与内容相结合，并能体验书中人物的内心感受。比如，教师可以采用讨论的方式帮助学前儿童掌握重点信息，可以有意识地鼓励他们针对阅读内容提出问题，并让他们就某个问题展开讨论，然后帮助他们明辨是非、得出答案，这样做有利于提高他们的思考能力和口语表达能力。当然教师也可以灵活地采用其他形式，比如表演、游戏、绘画，等等。

再次，归纳图书内容。归纳图书内容是总结性的活动环节。当学前儿童对图书的主要内容有深入的理解后，教师要鼓励他们将主要内容总结、归纳出来。这能帮助学前儿童消化所学内容，是整个活动中不可缺少的部分。一般来说，归纳图书内容可以采用以下三种形式：

一是用一段话来归纳，即要求学前儿童用一段话将故事的主要内容讲述出来。例如，在中班阅读活动《母鸡和小鸡》中，学前儿童这样归纳："有一天，鸡妈妈带小鸡去草地上捉虫子。小鸡捉不到虫子，着急地哭了。这时，鸡妈妈走过来，教给小鸡捉虫子的方法，不一会儿小鸡就捉到虫子了。"这种形式仅仅要求学前儿童将图书的主要内容讲述出来，比较适合小班后期和中班前期的学前儿童。

二是用一句话来归纳，即要求学前儿童用一句话将图书的主要内容总结出来。如在阅读完图书《母鸡和小鸡》后，学前儿童可以用一句话"鸡妈妈和小鸡一起在草地上捉虫子"来概括图书的主要内容。

三是归纳图书名称。这种形式要求学前儿童在理解图书内容的基础上，准确地用简短的语句概括图书主要内容。这要求学前儿童具有丰富的想象力和一定的创造性思维能力，对学前儿童的要求较高，一般适合中班后期以后的学前儿童。例如在给图书《母鸡和小鸡》命名时,有的说"好妈妈",有的则说"小鸡的一家"。只要这些名称符合故事的主题,教师就应该予以鼓励。

总之,归纳阅读内容的方式多种多样,只要有利于学前儿童掌握、巩固阅读内容,有助于他们形成正确的书面语言表达特点,教师都可以在设计和组织阅读活动中尝试运用。

四、讲述、表现阅读的主要内容

在这一阶段,学前儿童会用口头语言表达图书内容,将图画符号转化为语言符号,这是阅读活动中不可缺少的一个环节。学前儿童讲述阅读的形式较多,可以在小组内自由讲述,可以在集体中讲述,也可以与同伴合作讲述。教师在指导时应注意以下问题。

第一,学前儿童只要基本上将图书的主要内容讲述出来就可以了,不必反复斟酌每个画面,以免降低学前儿童对阅读的兴趣。同时,教师还要鼓励学前儿童大胆想象,将与情节有关的动作、对话和内心体验讲述出来,引导他们围绕图书重点将主要情节尽可能讲得生动、详细,而不是要求他们用规范的语言将每个画面的信息都彻底讲清楚。

第二,要注意学前儿童的个别差异。对于语言能力较强的学前儿童,教师可以让他们选择有些难度的阅读内容进行讲述,讲述之后对他们好的表现进行表扬;对于语言能力较弱的学前儿童,可以让他们选择较简单的阅读内容进行讲述,使这部分学前儿童也能从讲述中获取乐趣、提高自信心。

此外,教师还可以引导学前儿童用自己的动作、表情等把阅读的主要内容表现出来,将静态的画面与动态的体验结合起来,使学前儿童动态地体验阅读的内容,加深他们对作品的理解。

在每次阅读活动之后,教师应该对学前儿童的阅读活动进行总结,及时鼓励他们,使他们的阅读学习由外部动机转化为内向动机,体验到阅读的乐趣,获得进一步阅读的兴趣。比如教师可以采用语言激励,如"你的想法真独特""你真聪明"等;可以采用动作激励,如对着学前儿童伸出大拇指、拍拍学前儿童的肩、抱抱学前儿童等;还可以采用物质奖励等。这些方法可以让学前儿童在阅读中体验成功,产生自信,从"要我读"转变成"我要读"。

五、延伸拓展活动

在正式的阅读活动结束之后,教师可以组织儿童在阅读内容情节的基础上,以绘画、表演、游戏等形式继续开展活动,让学前儿童在有趣的活动中巩固和丰富对阅读材料的理解,进一步激发学前儿童对阅读活动的喜爱之情。比如在大班阅读活动《猫和老鼠》中,在欣赏故事内容的基础上,教师组织学前儿童自由组合并分配角色进行角色表演。

此外,教师还可以组织学前儿童开展制作图书的活动,然后让他们相互介绍自己的作品。通过这个活动,学前儿童能够进一步了解书的内容结构,并且获得了满足感和成就感。

阅读教育是一个文化传承工程,它起着继承和发扬优秀传统文化的作用。学前儿童在丰富的阅读内容中体验了多元文化,教师在活动的组织过程中要重视培养学前儿童的阅读兴趣,帮助他们掌握正确的阅读方法,引导他们形成良好的阅读习惯,为他们进入小学学习甚至是一生的发展奠定良好的阅读基础。

【案例】 大班阅读活动《认识早上、中午和晚上》

一、活动目标

1.认识早上、中午、晚上三组汉字,并会按时间排序。

2.学习正确的书写姿势。

3.学习竖钩、竖弯钩、撇、捺等简单的笔画。

二、活动准备

1.写有早上、中午、晚上汉字的卡片各一张。

2.小狗在幼儿园的图片,早上、中午、晚上的各一张。

3.描画纸若干张。

三、活动过程

1.活动导入。

出示三幅图片,让幼儿自由看图片。鼓励幼儿自由结伴,将自己的发现说给同伴听。

(设计意图:教师采用简单直接的导入形式,为幼儿创设阅读的机会,让他们自主探索画面内容,初步获得有关的信息。)

2.理解阅读。教师和幼儿共同阅读、理解图画内容。

教师引导幼儿观察和讨论画面内容,并理解故事情节的发展。

(1)这幅画发生在什么时间?你是怎么看出来的?

(2)每幅图上方都有两个字,表示的是当时的时间,请你猜猜是什么字?认读早上、中午、晚上。

(3)故事中小狗在早上、中午、晚上分别做了什么事情?

(设计意图:在集体阅读过程中,教师引导幼儿通过观察画面内容讲出时间和事件,并带领幼儿认读早上、中午、晚上。教师采用提问的方式,用问题引导幼儿思考,帮助幼儿理解早上、中午、晚上的时间与事件顺序的关系。)

3.认读重点字词:早上、中午、晚上。

出示与早上、中午、晚上相应的太阳图片,帮助幼儿识别并理解早上、中午、晚上的字形和含义,知道:太阳升起来是早上,太阳升在头顶是中午,太阳落山是晚上,星星、月亮升起来也是晚上。请幼儿按时间进行排序。

(设计意图:教师采用直观法和操作法,引导幼儿理解时间的概念和相应汉字。)

4.描画练习。

幼儿人手一张描纸片。教师先向幼儿示范正确的书写姿势、握笔方法,然后再让幼儿沿着虚线进行描画练习,使幼儿了解落笔点和起笔点,掌握笔画的顺序。

5.结束活动。

教师和幼儿一起总结本次活动,并对表现好、有进步的幼儿给予表扬,增强其阅读的兴趣和自信心。

6.延伸活动。

出示另外三张图片,请幼儿按时间顺序排序并讲述内容。

图片一:小鸡和鸡妈妈来到草地上。

图片二:鸡妈妈捉到了很多虫子,而小鸡一条都没有捉到,于是哭了起来。

图片三:鸡妈妈教小鸡如何捉虫子,在鸡妈妈的帮助下,小鸡捉到了虫子,高兴地笑起来。

(设计意图:幼儿通过再次排序和讲述巩固时间概念。)

(本案例由安徽省淮南市直机关幼儿园高洁老师提供。)

▶阅读推荐◀

1.[美]凯瑟琳·斯诺,等著.胡美华,等译.预防阅读困难——早期阅读教育策略[M].南京:南京师范大学出版社,2005.

2.[日]松居直著,郑雯霞,徐小洁,译.我的图画书论[M].上海:上海人民美术出版社,2009.

3.许芳芳.自主阅读——幼儿园阅读教学活动链的实践与研究[M].上海:华东师范大学出版社,2013.

4.吴念阳.绘本是最好的教科书——跟着儿童心理学家读绘本[M].北京:北京大学出版社,2015.

5.陈世明.图像时代的早期阅读[M].上海:复旦大学出版社,2008.

6.史大胜.美国儿童早期阅读教学研究——以康州大哈特福德地区为个案

[M].北京:北京师范大学出版社,2011.

7.康长运.幼儿图画故事书阅读过程研究[M].北京:教育科学出版社,2007.

8.舒华,李平.学前儿童语言与阅读的发展及其促进[J].学前教育研究,2014(10):3—10.

▶思考与探索◀

1.什么是早期阅读活动?它对学前儿童的语言发展有什么意义?
2.早期阅读活动的特征有哪些?包括哪些类型?
3.学前儿童早期阅读活动的总目标和各年龄班目标分别是什么?
4.设计一个早期阅读活动方案并进行模拟教学。

第十三章
学前儿童语言教育评价

【内容提要】 本章介绍了学前儿童语言教育评价的基本含义,阐述了学前儿童语言学习和发展评价的作用、内容和方法,还阐述了学前儿童语言教育活动评价的目的、内容、原则和方法。

【学习目标】 掌握学前儿童语言教育评价的基本含义;了解学前儿童语言学习和发展评价的作用与目的,理解并掌握学前儿童语言学习和发展评价的内容;学会使用学前儿童语言发展评价的几种常见方法;联系实际领会学前儿童语言教育活动评价的目的;掌握学前儿童语言教育活动评价的内容和常用方法。

评价是指对某个事物进行考察和分析以确定其价值和适宜性。教育评价就是对教育的价值和适宜性进行判断的过程。学前儿童语言教育评价是指评价者根据学前儿童语言发展目标以及与此相适应的学前儿童语言教育目标,运用教育评价的原理和方法,对学前儿童语言发展状况与学前儿童语言教育目标、内容、方法、效果进行价值和适宜性判断的过程。语言教育评价是学前儿童语言教育过程中不可缺少的环节,它调节、控制着整个教育过程,是学前儿童语言教育活动的终点,也是语言教育继续发展的起点。

第一节　学前儿童语言学习和发展评价

学前儿童语言教育评价是以引起学前儿童身上出现的语言行为变化或学前儿童在语言活动中的表现为着眼点的,因此学前儿童语言学习和发展评价是学前儿童语言教育评价的重要组成部分。学前儿童语言学习和发展评价指的是对学前儿童在语言教育活动中的学习效果和语言各方面内容指标的发展状况进行价值判断并作出解释的过程。

一、学前儿童语言学习和发展评价的作用

开展学前儿童语言学习和发展评价有助于了解学前儿童语言学习和发展的状况。客观、公正、有效地对学前儿童语言学习效果和发展状况进行评价，不仅可以帮助教师修正、调整语言教学内容、方法，制定下一阶段语言教学计划，还可以为语言学习和发展困难儿童的预测、诊断和教育干预等提供重要的依据和指导。

（一）导向作用

学前儿童语言学习和发展评价的导向作用，从宏观方面来讲，体现在为决策者制定学前儿童语言教育政策提供依据。通过学前儿童语言学习和发展的评价，可以获得关于学前儿童语言学习和发展状况的相关信息，为决策者提供制定决策的必要参考；从具体实践层面来讲，学前儿童语言学习和发展的评价方法和评价结果也对学前儿童语言发展具有导向性。首先，灵活多样的评价方法可以引导教育者从多个方面和角度对学前儿童语言能力进行衡量和判断。其次，评价结果及有效的反馈可以使教育者对学前儿童语言发展的指导、研究方向和内容等做出及时的调整和改进。

（二）诊断作用

通过对学前儿童语言学习和发展进行评价，教育者可以判断学前儿童的语言发展状况、语言发展过程中存在的问题及影响语言能力发展的因素等。一方面，不但可以判断不同语言发展水平的学前儿童的语言发展状况，而且可以判断学前儿童在语言发展过程中存在的问题是由什么原因造成的。另一方面，还可以帮助教育者诊断学前儿童在语言学习的知识经验和能力技能上的准备程度，系统地观察学前儿童在语言方面的兴趣、需要、个体差异等，以便为其选择合适的语言教育内容、方法和形式提供依据。

（三）预测作用

学前儿童语言学习和发展评价的预测作用主要体现在对正常发展儿童的预测及对有语言发展落后风险儿童的预测。一方面，学前儿童语言学习和发展评价可以对正常儿童的语言发展水平进行检测，评价结果可以提醒教育者采取更

有效的教育方法,以充分发挥学前儿童自身语言能力发展的优势;另一方面,学前儿童语言学习和发展评价可以对那些由于受环境和自身发展影响,在语言发展方面存在潜在问题的学前儿童进行预测,这可以帮助教师和家长及早为其提供合适的语言学习环境,从而提供有针对性的语言教育。

总之,学前儿童语言学习和发展评价的最终目的是通过评价发现学前儿童语言发展方面的需求和困难,提升学前儿童语言学习的兴趣和自信,及时调整和改进指导学前儿童语言学习的方法和策略,从而进一步促进学前儿童语言健康发展。

二、学前儿童语言学习和发展评价的内容

(一)学前儿童语言学习效果的评价

对学前儿童语言学习效果的评价就是了解和考量学前儿童在语言教育目标的达成情况。学前儿童语言教育领域的目标分为语言教育领域总目标、各年龄阶段语言教育的目标和单元语言教育活动目标等。这几个层次的目标都包含认知、情感与态度、能力与技能三个方面。在评价学前儿童各层次目标达成情况时可以从这三个方面来考查。

1.学前儿童认知方面语言学习效果的评价

学前儿童认知方面语言学习效果的评价包含口头语言和书面语言两方面,就是要评估学前儿童是否获得了目标中有关语音、词汇、句型、阅读等方面的语言知识,是否掌握了儿歌、诗歌、散文和故事中的相关内容,等等。

2.学前儿童情感与态度方面语言学习效果的评价

学前儿童情感与态度方面语言学习效果的评价主要是了解学前儿童是否乐意与人交谈,是否养成了倾听对方讲话的习惯,是否愿意参与语言活动,是否有语言学习的兴趣和主动性,是否能够大胆地在集体面前讲话,是否喜欢听故事、看图书,是否会使用礼貌语言与人交往,是否养成文明交往的习惯等。

3.学前儿童能力与技能方面语言学习效果的评价

学前儿童能力与技能方面语言学习效果的评价主要是评价学前儿童语言运用能力的发展情况,即了解学前儿童是否能够听懂和会说普通话,是否能够运用恰当的语言形式表达自己的交往倾向,是否能够根据不同情境的需要运用连贯的语句清楚地表达自己的想法,是否能够运用恰当的策略与他人交谈等。

一般情况下,评价者可以将上述三个方面作为评价的纵向维度,把目标的达成情况作为评价的横向维度,对学前儿童的语言学习效果作简单的综合评价(如下表)。

表 13-1 学前儿童语言学习效果评价表

	目标		完全达到	基本达到	未达到
学前儿童语言学习效果评价	认知方面	目标 1			
		目标 2			
	情感态度目标	目标 1			
		目标 2			
	能力技能方面	目标 1			
		目标 2			

（二）学前儿童参与语言活动过程的评价

对学前儿童语言学习效果的评价是一种结果性的静态评价，它关注学前儿童已经学到的东西，一般是在教学活动开展之后进行。而对学前儿童语言学习和发展评价是对学前儿童参与语言活动情况的分析与评价，是一种过程性的动态评价。对学前儿童参与语言活动情况进行评价，就是对学前儿童在语言活动中的参与和投入程度进行考查，它有助于教师发现学前儿童语言学习的个体差异及特殊需要，从而采取有针对性的教育策略以引导其健康发展。如当教师观察到某个学前儿童对语言阅读区几乎无兴趣，而经常选择积木区活动时，便可以有意识地请其将搭建的作品在集体面前进行展示或用语言描述出来。

具体来讲，学前儿童参与语言活动过程的评价包含的评价内容有学前儿童参与活动的主动性、兴趣性、专注性和创造性表现等。

1. 主动性

主动性是观察与评价学前儿童在参与语言活动时的状态的标准。学前儿童参与语言活动的主动性主要受其对语言活动的兴趣的影响，主要分为以下四种水平：完全由自身兴趣支配，主动地参与语言活动；看到同伴参与语言活动而跟着一起参与；参与语言活动是由特定的材料所引发；在教师的要求和引导下才愿意参与语言活动。

2. 兴趣性

对学前儿童参与活动兴趣性的评价主要是分析学前儿童是否积极、乐意参与活动。一般包括以下四种水平的行为表现：热情地参与语言活动，完全沉浸于其中；在教师的引导和暗示下能愉快地参与活动；不太乐意参与语言活动，在活动中企图离开或张望；完全不愿意或拒绝参与语言活动。

3. 专注性

专注性与学前儿童对语言活动的兴趣、注意品质以及语言活动环境有直接的关联,主要是指学前儿童在语言活动中注意力的集中与持久程度,主要包含四种水平:完全不受外界刺激的影响,集中持久地参与语言活动;基本能保持注意力持续进行活动,偶尔有注意力不集中的现象,但能自我调整,很快投入活动;参与活动时有烦躁表现,需要教师不断地提醒和鼓励才能保持注意力,且保持时间很短;不能保持注意力,自始至终不能集中精力,甚至有离开活动现场的想法。

4.创造性

对学前儿童参与语言活动创造性的评价主要是考察学前儿童在语言活动中是否具有独创的意识、表现和能力,包括学前儿童在活动中是否表现出独有的见解,是否运用独特的词语或句型,是否有丰富的想象力,是否能独立自编或与同伴共同创编故事、诗歌和散文等。创造性可分为以下四种水平:创造性非常高,指学前儿童在活动中经常运用独特的表达方式,想象力丰富,或能独立创编;创造性较高,指学前儿童在语言活动中偶尔有独创表现,能与同伴合作创编;创造性一般,指学前儿童重复使用以前学过的词语、句型,无独特的语言表现,在教师或同伴帮助下能创编;创造性差,指学前儿童只能按部就班地参与活动,语言表达不流畅,在创编活动中无任何表现。

根据以上阐述的四个方面、四种水平,评价者就可以对参与语言活动的过程作出简单的综合评价了。评价时可参照下表:

表 13-2　学前儿童参与语言活动过程评价表①

	项目	原始记录	分析评价			
			水平1	水平2	水平3	水平4
学前儿童参与语言活动过程的评价	主动性					
	兴趣性					
	专注性					
	创造性					

注:本书编者有改动。

(三)学前儿童语言能力各要素发展情况的评价

不同研究者对学前儿童语言能力构成的见解并不完全相同。张明红在构建学前儿童语言教育目标的内容时,选择倾听、表述、欣赏文学作品和早期阅读四个方面,②而国际儿童语言界将语音、语法、语义和语言运用能力作为学前儿童

---

① 周兢:《学前儿童语言教育》,第107页,南京:南京师范大学出版社,2001年。
② 张明红:《学前儿童语言教育》,第147页,上海:华东师范大学出版社,2001年。

语言发展的四个重要范畴。结合前人研究，我们将学前儿童语言能力发展评价的要素分为以下几个方面：

1. 语音

学前儿童语音能力发展包含听音和发音两个方面。对学前儿童语音发展的评价，即评估学前儿童能否按普通话的基本发音标准准确地发音，能否辨析语音的细微差别。

评价者对学前儿童语音的评价可以在日常生活和教育活动中随机、个别地进行，也可以设计一些简单的游戏，编一些儿歌、绕口令进行测查。如：设计小班语言游戏卡片，测查本班学前儿童 zi、ci、si、zhi、chi、shi 等近似音的语音掌握情况。对中班学前儿童采用图片进行测查，说出树木—书目、知道—指导、午睡—污水等音节，让学前儿童指认说出的语音所对应的图片。再如通过说绕口令可以考查大班儿童对发音相同、相近的语词的掌握情况。

2. 词汇

学前儿童词汇能力发展主要表现在词汇数量的增加、词类范围的扩大以及对词义理解的准确性等方面。对学前儿童词汇发展的评价，即评估学前儿童是否了解和掌握了常用的词汇，是否理解日常用语等，可以与发音发展评价一起进行。

评价者可以利用一些图片或实物来对学前儿童所掌握的词汇进行测查，如测查学前儿童是否掌握了常用名词、动词、形容词和量词，可以向学前儿童展示相关图片，并提问。

3. 表述

学前儿童表述能力的发展主要表现在语句的完整性、连贯性和逻辑性等方面。对学前儿童表述能力发展的评价，即评价学前儿童能否运用恰当的音量说话，能否有积极的表述愿望，是否在适宜的场合积极、主动、有礼貌地与他人交谈，能否运用恰当的语句和语调表达意见和想法，并伴有恰当的面部表情、眼神和手势，能否用完整、连贯的语句讲述图片和事件等。

4. 倾听

学前儿童倾听能力的发展主要包含有意识倾听、辨析性倾听和理解性倾听。学前儿童倾听能力的评价主要表现在评价学前儿童能否懂得别人对自己说话时要注意倾听；能否集中注意力、有礼貌、安静地倾听；是否能听懂普通话，分辨出不同的声音和语调；能否理解并执行别人的指令。

5. 欣赏和理解文学作品

欣赏和理解文学作品是感知、理解、体验文学作品并尝试运用文学艺术语言的能力。对学前儿童欣赏和理解文学作品的评价，表现在以下几个方面，即评价学前儿童是否乐意聆听和阅读文学作品;是否能够理解文学作品的内容、体会文学语言的美;是否能够用动作、语言、美术、音乐等不同表现方式积极表达对文学作品的理解;是否能够有表情地表演文学作品;是否能够自编或与同伴共同创编文学作品等。

6.早期阅读

学前儿童早期自主阅读的核心能力包括口头语言与书面语言对应的能力、书面语言的视觉感知辨别能力和成为流畅阅读者的策略预备能力。对学前儿童早期阅读的评价主要是评价以下几个方面:是否对图书和文字有兴趣;能否将口头语言与文字和图书进行对应与转换;能否掌握阅读图书的基本方法;能否注意阅读图书,倾听、理解图书内容;是否了解汉字的书写风格、主动积极地认读常用字;能否按规范笔顺书写自己的姓名和一部分常用字等。

三、学前儿童语言发展评价的原则

(一)发展性原则

发展性原则是指评价者在进行学前儿童语言发展评价时必须明确评价的目的不是甄别学前儿童语言发展的优劣,而是从评价的结果中获得学前儿童语言发展的相关信息,并对其进行分析和思考,有针对性地为学前儿童提供适宜、优化的语言环境和教育,进一步合理地调整和改进语言教学。值得指出的是,对于语言发展落后或语言发展困难的儿童,评价者必须以发展的眼光看待他们,为他们提供适宜的帮助和指导,最终有效地促进他们的语言表达水平不断提高。

(二)全面性原则

全面性原则是指评价者需要从多个方面对学前儿童语言发展水平进行全面的价值判断。这就要求评价者既要对学前儿童语言知识和技能进行评价,也要对学前儿童语言活动的情感态度等进行评价;既要对学前儿童语言学习的静态结果进行评价,也要对学前儿童参与语言活动的动态过程进行评价;既要对正规的语言教育活动进行评价,也要在日常情境和生活环节中对学前儿童的语言发展表现进行评价。

(三)定性和定量评价相结合原则

定性和定量评价相结合原则是指在对学前儿童语言发展进行评价时既需要有量的方面的显式评定,也需要从质的方面进行分析评价。只有把定性评价和定量评价结合起来,才能对学前儿童语言发展作出科学、合理、全面的评价。这样不仅能看出学前儿童语言发展的水平和程度,还能具体了解学前儿童语言发展各方面情况,从而找到学前儿童语言发展落后或困难的原因,有针对性地进行纠正、改善。如利用图片词汇测验对中班学前儿童的词汇能力进行测查,了解每一个中班学前儿童的词汇掌握水平,再在日常生活或教学情境中对词汇水平低的学前儿童进行有针对性的观察记录,分析其词汇发展落后的原因,然后有针对性地进行个别辅导。

四、学前儿童语言发展评价的方法

学前儿童语言发展评价的方法是指搜集学前儿童语言发展评价信息的方法。学前儿童语言发展状况和水平反映和表现在学前儿童日常生活中的语言交流和教育者组织安排的专门的语言教育活动中。教育者、研究者、家长可以通过观察、谈话、问卷、测试等方法对学前儿童语言发展作出相应的评价。

(一)观察法

观察法是指有目的、有计划地对学前儿童语言学习和活动进行即时的观测记录,并对得到的数据作出一定分析判断的方法。一般可分为自然观察和情景观察两种。自然观察是在不加控制的自然条件下,即在学前儿童日常生活中、在学前儿童最自然真实的语言活动中进行,因此能观察到学前儿童最真实的语言发展情况。而情景观察则是指人为地创设一定的环境和条件(与学前儿童现实生活场景类似),以观察学前儿童语言行为反应或变化。比如,教师设计图片讲述、阅读等活动场景,通过此场景有目的性地测查学前儿童表述能力和早期阅读能力的发展情况。通过观察,教师可以获取来自于学前儿童语言发展的多方面的反馈信息。在观察中,应做到客观记录,避免主观性,为评价提供科学的依据。

表 13-3 学前儿童语言发展情况自然观察评价记录表[①]

观察对象		性别		班级		场所	
观察项目						观察者	
学前儿童语言表现			观察分析			教育措施	

注:本书编者有改动。

[①] 张加蓉、卢伟:《学前儿童语言教育活动指导》,第 166 页,上海:复旦大学出版社,2006 年。

（二）谈话法

谈话法是指评价者通过与被评价者或有关人员进行面对面的接触和有目的的口头交流，直接获取有关学前儿童语言发展信息的方法。谈话获得的信息的有效性和科学性往往取决于评价者自身的素质和水平。教师在运用谈话法时可采用录音记录的方式保存资料，也可采用图加文的方式将谈话的内容记录、展示出来。谈话法简便易行，灵活性较大，随意性很强，一般用于测查个别学前儿童，以自由交谈的方式了解其发展状况及原因。

（三）问卷法

问卷法是指评价者将所要调查的内容以问题的形式对学前儿童及教师、家长、管理者进行调查，从而获取有关信息的一种评价方法。通过问卷调查，可以在较短时间内收集到广泛的材料信息，适合进行大面积调查。比如可以通过问卷法调查学前儿童语言学习兴趣爱好、语言能力发展水平、参与语言活动情感表现特征等方面的情况。

（四）档案袋评价法

档案袋是一种收集有关学前儿童学习和发展信息、文件的资料夹。档案袋评价法是指教师有计划、有目的地选择、收集和积累各种学前儿童学习和发展材料、观察记录资料、语言教育活动的照片、录音、录像等，为学前儿童语言发展水平的评估提供全面、丰富、生动的信息的一种质性的评价方式。它展示了学前儿童在一段时间内语言学习的过程和发展进步的动态过程。档案袋评价法融过程与结果为一体，兼容了多种具体评价方法，如观察法、谈话法、问卷法等，是一种综合性的评价方法。

（五）测验法

利用专家学者以及权威机构所制定的学前儿童语言能力发展的标准化测量工具和测验，能更细致地了解和评价学前儿童语言能力发展的具体情况。对学前儿童语言发展的评价，在西方运用标准化测验比较普遍。测验的适用范围不限于学前期，也包括小学年龄阶段。其中，口语技能的标准化测验的类别包括智力测验中的言语测验、一般语言测验、词汇测验、语言使用测验、语音测验、阅读准备测验等。①

目前具有代表性的语言发展测量工具有邓恩夫妇编制的皮博迪图片词汇测验②，林宝贵、林美秀编制的幼儿语言障碍评估表，柯克和麦卡锡编制的伊利诺斯心理语言能力测验等。

第二节 学前儿童语言教育活动评价

学前儿童语言教育活动评价是指评价者参照一定的标准对学前儿童语言教育活动本身各个要素，如目标、内容、方法、效果以及教学环境材料等的利用，作出价值判断的过程。

一、学前儿童语言教育活动评价的目的

《纲要》中明确规定："教育评价是幼儿园教育的重要组成部分。教师应自觉地运用评价手段，了解教育活动对幼儿发展的适宜性和有效性，以利调整、改进工作，提高教育质量。"根据《纲要》要求，学前儿童语言教育活动评价的主要目的是通过分析学前儿童语言教育活动的适宜性、有效性，为教师反思、调整和改进现有的语言教育活动提供客观依据，从而提高语言教育质量，最大限度地促进学前儿童语言发展。

学前儿童语言教育活动评价在实际操作过程中的具体目标有可能是各不相同的。有的评价是青年教师或骨干教师培养工作的一部分，主要以观摩交流、听课评课、评优竞赛等形式进行，其首要目的是发现被评价教师组织、开展语言教育活动的成功和不足，帮助、指导被评价教师较快、有针对性地提高开展语言教育活动的水平；有的评价是学前儿童日常教育管理工作的一个环节，是上级部门对一线教师的语言教育活动进行检查和督促，其主要目的是考评学前儿童语言教学计划是否落到实处，衡量日常的语言教育活动是否科学、有效；还有的评价是教研工作中的一个步骤，其直接目的是为了开展学前儿童语言教育活动的研究工作。无论是哪种类型的语言教育活动评价，其最终目的也是根本目的，都是为了改进语言教育活动，使之更适合于学前儿童在语言教育活动中学习和发展的规律，从而进一步提高语言教育质量，促进学前儿童语言能力发展。

---

① 赵寄石、楼必生：《学前儿童语言教育》，第210页，北京：人民教育出版社，1993年。
② 梁卫兰：《儿童语言发展与评估》，载《中华实用儿科临床杂志》，2010(6)。

二、学前儿童语言教育活动评价的内容

（一）活动目标的评价

学前儿童语言教育活动目标是由教师按照一定语言教育要求和学前儿童语言发展的需要而制定的。各种类型的语言教育活动包含不同的语言教育目标，能起到循序渐进地促进学前儿童语言发展的重要作用。评价学前儿童语言教育活动目标主要包括：活动目标是否涵盖了认知、情感和态度、能力和技能三个方面的要求；是否以学前儿童语言发展水平等因素为依据；是否与语言教育总目标、年龄阶段目标以及具体活动目标存在密切联系；是否在活动内容和活动过程中得到落实等。

对学前儿童语言教育活动目标与语言学习效果的评价存在内在的必然联系。对学前儿童语言学习效果的评价可以印证学前儿童语言教育活动目标的达成程度。但两者之间也存在区别，学前儿童语言学习效果的评价侧重于个别儿童在活动中的表现，学前儿童语言教育活动目标的评价则侧重于对全班儿童的总体评价，主要是考查全体儿童或绝大多数儿童的语言学习任务的完成情况。

（二）活动内容的评价

学前儿童语言教育活动内容的评价主要包括内容的选择和内容的设计两个方面。具体来说，评价者应当主要考虑教师所选择的活动内容是否符合学前儿童语言教育的需要，是否符合学前儿童语言发展的实际情况，是否与目标要求相一致，是否符合学前儿童的认知水平；活动内容的量是否恰当，有无过多或过少的情况；内容安排是否重难点突出、主次分明等。

（三）活动形式和方法的评价

对活动形式的评价主要考查教师是否在活动中做到了因材施教，是否根据不同内容组合或变换不同的活动形式，是否合理地开展了集体、小组或个别活动，是否注意到了不同组织形式中学前儿童的人际交往，是否顾及每个教学环节和步骤之间的层次性、紧凑性、递进性，是否体现了动静交替的原则等。

在评价活动方法时，主要分析以下几个方面：方法的选择和运用是否与活动目标和内容相呼应；是否适合大部分学前儿童的学习特点；是否强调并体现了学前儿童的自主性和主体性，学前儿童是否有机会自主观察、体验、表达与操作；是否注意到与语言活动环境和有关设备相联系等。

(四)活动环境和材料的评价

在语言教育活动中,对教师来说,环境和材料是物化的教育内容,是教育意图的物质载体。对学前儿童来说,环境和材料是引发他们语言学习欲望的刺激物。在对活动环境和材料进行评价时主要涉及以下几个方面:环境的创设是否是活动所必需的,能否激发学前儿童感受、表达和创造的兴趣;材料和玩教具的选择与设计是否适合活动内容和学前儿童的操作水平,是否得到最大限度的利用;材料和环境是否有利于学前儿童的主动交往等。

(五)教师教学语言和行为的评价

对教师教学行为的评价重点在两个方面:一方面是语言教育活动中教师个人的教学行为,包括口头表达能力与普通话水平、教学态度与精神面貌、体态语言(目光、表情、姿势)的运用等;另一方面是语言教育活动中师幼互动的情况,包括师幼地位是否平等民主、师幼关系是否和谐融洽、师幼之间的心理关系是否温馨、宽松、安全等。

在对上述几个方面进行评价的基础上,评价者还应进一步对活动效果进行总体分析,如对活动的总体印象进行简单概括,总结活动设计与组织中的得失及其原因,并提出改进的建议或措施,为教师下一次的活动设计与组织提供参考等。

三、学前儿童语言教育活动评价的方法

对学前儿童语言教育活动进行评价,需要有一定的科学方法。常用方法有自由叙述法、观察评价法、案例分析法和综合等级评定法。教育评价是一项系统、复杂的工作,为了有效地进行学前儿童语言教育活动评价,可综合运用多种方法,以作出可靠的价值判断。

(一)自由叙述法

自由叙述法是指评价者通过观察将学前儿童语言教育活动的某类评价项目的具体情况或对教育活动的想法、判断、建议用文字直接描述记录下来,然后再进行简单分析评价的方法。这种方法能较综合地反映语言教育活动过程中的情况,它不需要采用专门的标准化测量工具和复杂的测查程序,也不必进行定量分析,对一线教师来说操作简便(如表13-4所示)。

表 13-4 学前儿童语言教育活动自由叙述表

	项目	描述记录	分析评价
学前儿童语言教育活动评价	活动目标		
	活动内容		
	活动形式		
	活动方法		
	活动环境和材料		
	教师的教学语言和行为		
	师幼互动情况		

（二）观察评价法

观察评价法是最常用的一种评价方法。在运用观察法评价学前儿童语言教育活动时，评价者需要观察整个教育活动的实施过程，主要通过对学前儿童在教育活动中的具体行为表现和活动开展的具体情况的观察来分析、评估活动目标的达成情况，活动内容和方法与学前儿童语言学习的适宜程度，活动材料的应用情况，以及教师的教学语言和行为状况，等等。在应用观察法时有两种方式：一是观察评定，评价者在观察前将所要观察的项目和行为、行为表现的等级等预先列出来，观察时只需要在所列的项目和行为表现的等级上做出标记即可；二是叙述详录，评价者在日常语言教育活动场景中，借助笔录、录音、拍照、摄像等方式将学前儿童在语言教育活动中的具体行为表现和活动开展的具体情况进行原始、详尽、真实地描述记录，然后再对记录资料进行分析评价。

（三）案例分析法

案例分析法是指先现场观摩一个语言教育活动案例或观摩拍摄下来的活动视频，然后组织教师采用个人、小组或集体形式对所观摩的语言教育活动案例进行研讨和评估的一种评价方式。这种评价方式重在引导教师围绕语言教育活动案例的优缺点进行团队反思，每个教师都应主动积极参与，都可以围绕案例进行思考，都可以自由地发表自己的意见，并通过讨论，澄清一些模糊认识，树立新的教学理念和培养良好的教学行为。

（四）综合等级评定法

综合等级评定法是指从横向和纵向两个维度确定具体评价指标，对学前儿童语言教育活动作出评价的方法。通过这种评价，可以获得对儿童语言教育活动的总体印象。教师在评价时只需要在事先列好的观察表格中相应的位置做上记号即可,简便易行。

表13-5 学前儿童语言教育活动综合评定表[①]

学前儿童活动名称			班级		
			教师		
评价项目	评价要点	符合程度			
		完全符合	基本符合	完全不符合	
活动目标	涵盖认知、情感与态度、能力与技能三个方面的要求				
	符合学前儿童语言发展水平				
	与语言教育总目标、年龄阶段目标以及单元目标存在密切联系				
	在活动内容和活动过程中得到落实等				
活动内容	符合学前儿童的认知水平				
	分量恰当				
	内容安排重难点突出、主次分明				
活动形式	因材施教,合理地开展了集体、小组或个别活动				
	注意到了不同组织形式中学前儿童的人际交往				
	顾及每个教学环节和步骤之间的层次性、紧凑性、递进性				
活动方法	适合大部分学前儿童的学习特点				
	强调并体现了学前儿童的自主性和主体性,有机会自主观察、体验、表达与操作				
	注意到了与语言活动环境和有关设备相联系				
活动环境和材料	环境的创设是活动所必需的,能激发学前儿童感受、表达和创造的兴趣				
	适合于活动内容和学前儿童的操作水平				
	得到最大限度利用				

---

① 张明红:《学前儿童语言教育》,第257页,上海:华东师范大学出版社,2001年。

续表

教师教学语言和行为	教师个人的教学语言和行为	表达规范,条理性好			
		普通话标准			
		正确使用体态语言,目光、表情、姿势恰当			
	师幼互动情况	师幼地位平等、民主			
		师幼关系和谐、融洽			
		心理关系温馨、宽松			
其他					
活动特色描述:					

时间： 年 月 日 评价人

注：本书编者有改动。

【案例】 小班语言活动《唱歌比赛》

一、活动目标：

1.能理解故事的主要内容,并能够模仿几种动物的叫声。

2.能理解故事中的词汇：轻、响、快、慢；感受到不轻也不响,不快也不慢的声音是最好听的。

二、活动准备

材料准备：小鸭、小鸡、小狗、小羊、小猫、小白兔手偶各一个,动画课件《唱歌比赛》。

经验准备：认识小鸭、小鸡、小狗、小羊、小猫、小白兔的图片,能够分辨小鸭、小鸡、小狗、小羊、小猫的叫声。

三、活动过程与分析

1.谈话引出话题,激发幼儿兴趣。

教师："今天森林里要举行一场唱歌比赛,小白兔是评判员,都有谁来参加呢？仔细听哦。"(教师模仿各种小动物的叫声,幼儿猜测。猜对后出示相应的动物手偶。)

(设计意图：因为幼儿都认识小鸭、小鸡、小狗、小羊、小猫,能够辨别它们的叫声,为了调动幼儿的原有经验,教师采用谈话的方式直接进行导入。)

2.引导幼儿理解故事的主要内容,并模仿几种动物的叫声。

教师:"这么多小动物来参加比赛呀。

"叽叽叽,叽叽叽,大家好,我是小鸡!(出示小鸡手偶)

"呷呷呷,呷呷呷,大家好,我是小鸭!(出示小鸭手偶)

"汪汪汪,汪汪汪,大家好,我是小狗!(出示小狗手偶)

"咩——咩——咩——大家好,我是小羊!(出示小羊手偶)

"喵,喵,喵,大家好,我是小猫!"(出示小猫手偶)

(设计意图:这是本次活动的重点之一,教师通过边操作手偶边介绍小动物的方式来完成。在这一过程中,教师采用直观教学法激发幼儿的兴趣,启发幼儿仔细倾听并分辨各种声音,让幼儿有意识地模仿所听到的小动物的声音,给幼儿一个表现的机会。教师引导幼儿利用身体来表达体会,内化自己的理解,为解决活动难点做了铺垫。)

3.教师边操作手偶边分段讲述故事。理解故事中的词汇:轻、响、快、慢。

教师:"谁会获得唱歌比赛第一名呢?请听故事《唱歌比赛》。"

(1)教师边操作手偶边讲故事。

教师:"小鸡是怎么唱歌的? 小兔说小鸡唱得怎么样?"(学习词:太轻)

幼儿模仿小鸡的叫声。

教师:"小鸭是怎么唱歌的? 小兔说小鸭唱得怎么样?""(学习词:太响)幼儿模仿小鸭的叫声。

教师:"小狗是怎么唱歌的? 小兔说小狗唱得怎么样?""(学习词:太快)幼儿大声模仿小狗的叫声。

教师:"小羊是怎么唱歌的? 小兔说小羊唱得怎么样?"(学习词:太慢)

幼儿慢声模仿小羊的叫声。

教师:"小猫是怎么唱歌的? 小兔说小猫唱得怎么样?"

幼儿:"不轻不响,不快不慢。"

教师:"谁获得第一名?"

引导幼儿用最好听的声音模仿小猫的叫声。

(设计意图:这也是本次活动的难点,教师按故事情节边操作手偶边讲述。在这一过程中,教师采用直观教学法、提问谈话法进行教学,有意识地强化"小鸡唱得太轻了,小鸭唱得太响了,小狗唱得太快了,小羊唱得太慢了",使幼儿对难点有一定的认识,请幼儿在视听结合中听清小鸡、小鸭、小狗、小羊、小猫是怎么唱的。)

4.观看视频《唱歌比赛》,完整地欣赏故事。

教师:"我们小朋友们真聪明,都像小猫一样,唱起歌来不轻也不响快也不

第十三章 学前儿童语言教育评价

慢。老师把今天唱歌比赛的事拍成了电视,我们一起来看看,看完后可以回去告诉爸爸妈妈,以后大家说话,唱歌都要不轻也不响、不快也不慢。"

(设计意图:教师引导幼儿在欣赏、观看视频的过程中反复感受,懂得说话、唱歌声音不大也不小、不快也不慢才是最好听的声音,突破难点。)

5.结束活动。

幼儿选择自己喜欢的动物手偶,用好听的声音模仿动物叫声。

教师:"其他小动物也想把歌唱的好听,请你们教教它们吧。选择你喜欢的动物手偶,用好听的声音模仿它的叫声,教它唱歌吧。"

(设计意图:教师引导幼儿教"动物"唱歌的过程中反复感受体验,懂得说话、唱歌声音不大也不小、不快也不慢才是最好听的声音,突破难点。)

(本案例由安徽省淮南市直机关幼儿园高洁老师提供。)

▶阅读推荐◀

1.教育部教育信息管理中心.全国优秀幼儿语言教育活动课例评析[M].重庆:西南师范大学出版社,2011.

2.王坚红.学前教育评价[M].北京:人民教育出版社,2011.

3.吴瑞林,王华,赵晓非,等.大规模幼儿语言能力测评的设计与实践——基于表现性评价理念与平板电脑技术[J].学前教育研究,2017(9):34—44.

▶思考与探索◀

1.什么是学前儿童语言教育评价?

2.学前儿童语言发展评价主要包含哪些方面内容?

3.尝试运用观察法对学前儿童参与语言活动的过程进行描述和评价。

4.学前儿童语言教育活动评价的目的是什么?

5.学前儿童语言教育活动评价包含哪些内容?

6.观摩一个学前儿童语言教育活动,尝试运用综合等级评定法对其进行评价。

参考文献

[1]中华人民共和国教育部.幼儿园教育指导纲要(试行).2001.
[2]周兢.学前儿童语言教育[M].南京:南京师范大学出版社,2001.
[3]李淑华.外国教育简史[M].南昌:江西高校出版社,1998.
[4]韩宝育.语言与人的意义世界[M].北京:中国社会科学出版社,2002.
[5]徐通锵.基础语言教程[M].北京:北京大学出版社,2001.
[6]曹炜.语言学概论导学[M].北京:北京大学出版社,2002.
[7]赵寄石,楼必生.学前儿童语言教育[M].北京:人民教育出版社,1993.
[8]闫文培.全球化语境下的中西文化及语言对比[M].北京:科学出版社,2007.
[9]朱文俊.人类语言学论题研究[M].北京:北京语言大学出版社,2000.
[10]张积家.普通心理学[M].广州:广东高等教育出版社,2004.
[11]张明红.学前儿童语言教育(修订版)[M].上海:华东师范大学出版社,2006.
[12]李宇明.儿童语言的发展[M].武汉:华中师范大学出版社,2004.
[13]周宗奎.现代儿童发展心理学[M].合肥:安徽人民出版社,2000.
[14]王春燕.幼儿园课程概论[M].北京:高等教育出版社,2007.
[15]教育部基础教育司.《幼儿园教育指导纲要(试行)》解读[M].南京:江苏教育出版社,2002.
[16]祝士媛.学前儿童语言教育(第2版)[M].北京:北京师范大学出版社,2010.

[17]张加蓉,卢伟.学前儿童语言教育活动指导[M].上海:复旦大学出版社,2006.

[18]周兢.幼儿园语言教育活动指导[M].北京:人民教育出版社,2008.

[19]朱海琳.学前儿童语言教育[M].北京:科学出版社,2009.

[20]教育部教育管理信息中心.全国优秀幼儿语言教育活动课例评析[M].重庆:西南师范大学出版社,2011.

[21]梁卫兰.儿童语言发展与评估[J].中华实用儿科临床杂志,2010(11).

[22]陈世明.动画片讲述活动探究[J].学前教育研究,2007(1).

[23]冯晓霞.生成课程与预成课程[J].早期教育,2001(15).

[24]周兢,余珍有,温碧珠,郑荔.幼儿园整合课程状态下的语言教育—关于目前我国幼儿园语言教育问题的讨论[J].幼儿教育,2006(12).

[25]康长运.想象力与幼儿图画故事书的阅读[J].学前教育研究,2002(3).

[26]贺红,蒋蕙.多元化早期阅读材料的研究[J],2005(2).

[27]李晓燕.不同教育背景母亲在亲子会话中词汇运用的差异比较[J],学前教育研究,2010(3).